하르츠 보고서

- 슈뢰더 정부의 노동시장 및 사회국가 개혁 -

전종덕・김정로 옮김

2020
백산서당

노동시장에서 기회평등을 주목하고 배려한다

　급속한 경제적, 기술적, 구조적 변화와 관련하여 어떤 국가도 자국민의 능력과 노하우를 활용하지 않을 수 없다. 높은 고용수준과 지속적으로 개선되는 고용구조를 달성하기 위한 전제는 노동시장에서의 여성과 남성의 기회평등이다.
　독일의 노동시장정책은 이와 관련하여 유럽연합의 고용정책 기본노선과 유럽연합위원회의 권고를 준수한다. 그것은 중요한 과제로서 여성과 남성의 동등권 요구와 회원국의 특별 과제로서 차별완화를 명확히 규정하고 있다.
　여기서 적극적 노동시장정책은 실업자가 되거나 실업자로 남게 되는 여러 가지의 높은 위험에 대처해야 하는 특별한 과제를 가지고 있다. 이는 구조변화에 대한 적응력을 높여야 하고, 다양한 근로관계와 가족과 직업의 결합을 촉진하며, 가족과 취업 간의 전환을 보장하고, 여성과 남성에게 자신의 독립된 생활을 가능하도록 하여야 한다.
　이는 이 보고서의 제안의 향후 실행 시에 고려되어야 한다. 이를 배경으로 향후 시행에 나가는 모든 조치가 평등 기준을 어느 정도까지 고려하고 있는지, 직접 혹은 간접적으로 계속 불이익을 받고 있는지 아니면 새로이 발생된 것인지 어떻게 이것이 평등권의 요구를 고려할지 그리고 직간접적인 차별을 수정하거나 새롭게 만들지 자세히 검토되어야 할 것이다.

노동시장 업무 현대화

실업 축소와 노동청 개편을 위한 위원회*의 제안

노베르트 벤젤 박사 (Dr. Norbert Bensel)
욥스트 피들러 박사 (Dr. Jobst Fiedler)
하인츠 피셔 (Heinz Fischer)
퍼터 가세 (Peter Gasse)
베르너 얀 교수 (Prof. Dr. Werner Jann)
페터 크랄직 박사 (Dr. Peter Kraljic)
이졸데 쿤벨-베버 (Isolde Kunbel-Weber)
클라우스 루프트 (Klaus Luft)
하랄드 샤르타우 (Harald Schartau)
빌헬름 쉬클러 (Wilhelm Schickler)
한스-에버하르트 슐라이어 (Hanns-Eberhard Schleyer)
귄터 슈미트 교수 (Prof. Dr. Günther Schmid)
볼프강 티펜제 (Wolfgang Tiefensee)
에게르트 포셰라우 (Eggert Voscherau)

페터 하르츠 박사 (Dr. Peter Hartz)

---

* 페터 하르츠 박사-폴크스바겐사 노동 담당 이사; 노베르트 벤젤 박사-독일철도(DB) 노동담당 이사; 욥스트 피들러 박사-기업 컨설팅사인 롤란트 베르거 전략 컨설턴트사 전략상담 담당; 하인츠 피셔-독일은행(Deutsche Bank) 부장; 퍼터 가쎄-금속노조 노르트베스트팔렌 지부장; 베르너 얀 교수-포츠담 대학 교수; 페터 크랄직 박사-메킨지 사 이사; 이졸데 쿤벨-베버-서비스 노동조합연맹 집행위원; 클라우스 루프트-골드만 삭스 유럽 부회장 겸 국제 고문; 하랄드 샤르타우-노르트베스트팔렌 주 노동사회기술부 장관; 빌헬름 쉬클러-헤센 주 노동청장; 한스-에버하르트 슐라이어-독일 수공업중앙회 사무총장; 귄터 슈미트 교수-베를린 자유대학 경제학; 볼프강 티펜제-라이프치히 시장; 에게르트 보쉐라우-바스프 사 이사

** 주는 역자 주며, 보고서의 주는 원문 주로 표시하였다.

역자 서문

슈뢰더 총리의 적-녹(사민당-녹색당) 연립정부가 출범한 지 8개월이 지난 1999년 6월 3일자 '이코노미스트'(The Economist) 지는 독일을 가리켜 유로지역의 병자(The sick man of the euro)라는 제목의 기사를 실었다. 1993년부터 유럽연합이 단일 시장으로 통합되었다. 그리고 마스트리히트 조약에 따라 1999년 1월 1일부터 유럽의 단일통화인 유로(EURO)가 전면적으로 통용되기 시작하였다. 2000년 1월 1일부터 법정통화 자격이 폐지됨으로써 독일 마르크화(DM)는 역사 속으로 사라졌다. 우선 11개국으로 이루어진 유로존이 출범한 것이다.

당시 독일의 국내총생산은 유로존 전체 국내총생산의 1/3 이상을 차지하고 있었다. 그런 독일 경제 부진은 이제 막 출범한 유로존 전체를 암영으로 뒤덮었다. 그런데 독일 병은 1999년 당시 유로존 여타 국가보다 거의 1% 낮은 저성장, 대외 의존도가 상대적으로 높은 독일의 수출 부진, 두 자릿수 대량실업의 장기화, 국가부채의 급등을 특징으로 하고 있었다. 그런데 독일 병은 어제 오늘의 일이 아니라 이미 1980년대 말부터 시작된 것으로 1990년의 통일은 이를 더욱 심화시켰다. <이코노미스트>는 이렇게 적고 있다.

> 2차 대전 후 독일에서 만들어진 사회적 시장경제는 시장 자본주의, 강력한 노동보호와 관대한 복지국가가 주의 깊게 혼합된 것으로 수십 년 동안 독일에 기여하였다. 그러나 이는 과거와 전혀 다른 압력에 처

해 있다. 경제성장이 다시 정체되면서, 독일은 유럽의 병자(혹은 일본까지 포함하여)로 낙인 찍혔다. 이는 불가피하게 유럽 단일 통화 즉 유로를 구름으로 가리고 있다. 독일이 유로 국가의 생산의 1/3 이상을 점하고 있기 때문이다. 독일이 재채기를 하면, 이웃 나라는 추위를 느낀다―그리고 신경질적인 시장은 유로를 매각할 것이다. 그래서 오늘날 유럽 최대의 경제 문제는 어떻게 독일 경제를 소생시키느냐는 것이다.

많은 사람들이 우울한 이야기를 하고 있다. 독일의 국내총생산은 1998년 4/4분기에 0.2% 감소하였다. 반면에 여타 유로 지역은 0.5% 성장했다. 다음 주일에 공개될 금년 1/4분기의 수치가 희망적일 것으로 기대되지 않는다. 비록 소수이기는 하지만 몇몇 예측자들은 경제가 2분기 연속으로 축소되어 기술적으로 독일이 불황에 빠질 수 있다고 생각한다. 기록되는 어떠한 성장도 높지 않을 것이 확실하다. 독일 정부는 금년의 성장률 전망을 1.5%로 하향하였다. 이것조차 낙관적일 수 있다. 여러 민간 이코노미스트들의 전망은 1%다.

그런데 15년이 지난 2014년 6월 15일자 '이코노미스트'지는 독일 경제의 "기적의 분석"(Dissecting the Miracle)이라는 제목의 글을 실었다. 슈투트가르트 근처 중소도시의 중소기업 이야기에서부터 글이 시작된다.

지멘스(Siemens), 보쉬(Bosch), 베엠베(BMW) 같은 산업계 거인과 함께 이 작은 도시의 챔피언들은 독일의 제조와 수출의 능력 유지에 기여하고 있다. 독일 국민총생산(GDP)에서 제조업의 비율은 다른 부유한 나라보다 높으며 독일의 수출, 특히 빠르게 성장하는 신흥경제에 대한 수출은 더 강하다. 지난 10년간 독일 성장의 반은 수출에서 나왔다. 국민총생산의 7%인 1,880억 유로(2,430억 달러) 대외수지 흑자는 절대금액에서 세계 최대며, 독일은 경제 규모 대비 최대 흑자국가 중 하나로 흑자 규모는 계속 증가하고 있다.

독일의 시각에서 강력한 수출과 대규모 무역 흑자는 경제력의 상징이다. 그러나 외국인들은 독일의 최근 고용 기록에 더 인상을 받았다. 10년 전에 독일은 부유한 나라 중 최악의 실업률을 보여주던 나라였다. 오늘날 독일의 실업률 5.4%(OECD 자료)은 유럽에서 최저. 8% 이하의 청년 실업률은 미국의 반이고 유럽 평균의 1/3이다. 독일에서도 이는 20년 동안 최저다.

이는 성장 붐의 결과가 아니다. 10년 이상 독일 경제의 성장률은 미국과 영국보다 낮았고 유로존 전체보다 높지 않았다. 그러나 독일은 금융위기 후 해고 파동을 피하고 청년과 고용이 취업이 어려운 사람들 고용에서 다른 나라보다 잘 했다.

어떻게 해냈는가? 대부분의 설명은 중소기업 모델과 직업교육제도 평가에 집중된다. 슈트로팍크(Stropack)나 뢰쉬(Rösch) 사 같은 기업은 현장 실무와 학교 교육을 혼합한 도제제도를 채택하고 있다. 독일 정부도 2003년부터 노동시장을 자유화한 대담한 노동개혁("아젠다 2010")을 도입하여 "숙제를 풀었다"고 이야기하고 있다. 그리고 공동결정제도(노동조합이 회사 이사회에 참여 허용)가 임금인상 자제를 도왔다.

본격적인 독일 개혁 시작 후 15년 후의 독일 경제의 "기적"의 열쇠를 대담한 노동개혁으로 본 것이다. 이런 노동개혁의 마스터 플랜이 '노동시장에서 현대적 서비스 위원회(Kommission "Moderne Dienstleistungen am Arbeitsmarkt") 보고서', 즉 위원회 위원장인 페터 하르츠(Peter Hartz) 박사의 이름을 딴 '하르츠 보고서'인 것이다. 이외에도 사회보험제도 개혁을 위한 "사회보험제도 재정의 지속가능성을 위한 위원회"(Kommission für die Nachhaltigkeit in der Finanzierung der sozialen Sicherungssysteme. Rürup-Kommission)의 보고서, "독일기업공동결정제도 현대화위원회"(Kommission zur Modernisierung der deutschen Unternehmensmitbestimmung. Biedenkoph-Kommission) 보고서 등 다양한 위원회의 보고서가 있다.

그 중 하르츠 보고서가 특히 주목받는 것은 내용에서 알 수 있듯이, 하르츠 위원회는 실업 문제 해결을 단순한 노동시장 개혁 문제가 아닌, 경제, 구조조정, 개발, 특히 구조적으로 취약한 지역 개발 등 전반적인 사회경제 정책 수단에서 접근하고 있었다. 그리고 이의 실현 과정에서 결국은 타협으로 마무리되지만, 정당, 노동조합, 사용자 단체, 전문가 집단, 세대간, 구 동독과 서독의 지역 간의 이해가 적나라하게 분출되고 대립하였다.

이 개혁의 대표적 개념인 하르츠 Ⅳ 법률을 둘러싼 찬반은 보이지 않게 독일 사회를 분열시켰다. 아젠다 2010 개혁에 처음부터 반대한 구 동독을 기반으로 하는 동독의 사회주의통일당 후신인 민사당과 하르츠에 반대한 사회세력 그리고 1998년 총선에서 게르하르트 슈뢰더 총리후보와 쌍두마차 역할을 한 당시 당수 오스카 라퐁텐 등 하르츠 개혁에 반발하여 탈당한 사민당 좌파가 결집한 좌파당이 좌파 정치 세력의 일각을 점하면서 독일의 정치구도를 변화시키기 시작하였다. 개혁 당시의 민사당과 구 동독 지역 주 그리고 반대세력의 반대 논거와 우려대로 화려한 독일 경제의 "기적"의 그림자 아래 소득과 재산의 양극화, 동서독 지역 간 격차 등은 특히 구 동독 지역 주민의 불만과 불안의 파도를 타고 2017년 총선에서 제3당, 구 동독 지역 제2당으로 부상하여 자리를 잡고 있는 "독일의 대안"(AfD)으로 인하여 2차 대전 후 형성된 독일의 정치구도를 개편하였다.

현재도 이런 변화의 중심에 하르츠 Ⅳ가 있다. 하르츠 개혁을 주도했던 슈뢰더 전 총리의 독일사회민주당은 지금도 하르츠 Ⅳ라는 살아 있는 유령 아닌 유령에 시달리고 있다. 2019년 2월 당대회를 앞두고 당시 당수인 안드레아 날레스(Andrea Nahles)는 독일 언론 편집들과의 대담에서 미래에 맞는 사회적 국가 개념을 만들기로 하였다고 말했다.

> 시민을 불신하는 국가에서 위험으로부터 안전을 보장하고 기회를 마련해주는 배려하는 사회적 국가의 길로, 우리는 사회적 국가가 통제자나 후원자가 아닌 국민의 동반자로서 거듭나기를 원한다.
> 이를 실현하기 위하여 사민당은 복지행정 개혁을 원한다. 우리는 관할권의 원칙에서 벗어나서 현대적인 국민의 동반자로 가야 한다.
> 우리는 하르츠 Ⅳ를 떠났다.
> 사민당은 현재의 기초보장을 시민수당으로 대체하고자 한다. 하르츠 Ⅳ와 달리 시민수당은 사회적 국가를 필요로 하면서도 이를 남용하지 않는 사람들의 전망에서 나온 것이다. 이에 의해 우리는 우리가 대량실업이 만연하던 16년 전에 도입하였던 관점을 수정하여야 한다… 시민수당 도입에 의해 우리는 제도와 그 정신을 철저하게 바꾸고자 한다.
> 시민수당의 중점은 지원과 격려를 목표로 하는 인센티브에 있다. 부당한 제재는 없어야 한다.
> 장래에는 실업자이면서 계속 교육을 받은 사람은 누구나 일정한 자격 기간 동안 실업급여 Ⅰ을 더 오래 받을 수 있어야 한다 - 실업급여 Q라 한다.

그러나 2019년 6월 당대회에서 당수 안드레아 날레스와 연방 재무장관 올로프 숄츠는 패배하였다. 사민당만 그런 것은 아니다. 물론 사민당은 트라우마에 시달리고 있지만, 개혁에 대하여 타협한 기민련/기사연은 물론, 노동조합의 사정도 정도의 차이는 있지만, 마찬가지다. 기민련/기사연 역시 선거에서 득표율은 하락추세다. 노동조합 조직율은 1990년 47% 이상을 정점으로 현재 20% 이하다.

그런데 우리 사회에서는 슈뢰더 정부의 개혁에 대하여 신자유주의에

굴복한 개혁이라는 전면적 부정과 긍정의 극단적 입장만 있다. 긍정적인 시각에서는 "독일 병"(Deutsche Krankenheit)을 치유하여 "유럽의 병자"(Sick Man of Europe)에서 "경제의 수퍼스타"(Economic Superstar)로 부활한 독일 경제의 "기적"만 부각되고 있다. 이 기적의 관건인 개혁의 마스터 플랜인 '하르츠 보고서' 그리고 이의 실현을 둘러싼 최소한 슈뢰더 총리 정부의 7년 간에 벌어진 독일 사회의 갈등과 타협, 그 이후에 본격적으로 드러난 깊은 굴곡을 가진 개혁의 그늘과 현실적인 결과에는 상당히 무관심하다.

도처에서 개혁을 요구하는 목소리가 들리는 우리 사회에서 독일 슈뢰더 정부의 개혁은 벤치마킹 대상이자 반면교사다. 그런 의미에서 본격적인 개혁의 출발점이자 마스터플랜인 하르츠 보고서는 충분히 그 이름에 값 할만하다.

이 책은 "하르츠 위원회"로 통칭되는 노동시장에서 현대적 서비스 위원회(Kommission "Moderne Dienstleistungen am Arbeitsmarkt)가 2002년 8월 16일 발표한 보고서(Bericht der Kommission)를 완역한 것이다.

선입견 없이 끝까지 읽어보는 것만으로도 충분한 의미가 있을 것이지만, 이 책과 함께 발간되는 역자들의 저서인 "독일의 개혁과 논쟁 – 슈뢰더 정부의 하르츠개혁(우리의 정면교사인가 반면교사인가)"와 함께 읽어본다면 우리 사회가 개혁에 어떻게 접근해야 할 것인가에 대한 근본적인 생각을 하게 해 줄 것이라고 확신한다.

원래 보고서의 많은 그림들이 내용을 요약해서 보여주기에는 적격이지만 출판사에게는 매우 번거로운 편집 작업이었을 것이다. 귀찮은 작업을 잘 진행해준 백산서당에 감사드린다.

2020. 1. 역자

차 례

역자 서문·7
서문·21
2002년 2월 22일 "노동시장 업무 현대화" 위원 위촉·23

요 약 ···31
새로운 노동시장정책·32
전략적 방향·33

도 전 ···53
사회의 우선 과제로서 실업과의 싸움·54
더 많은 고용을 위한 전제·55
위원회의 해결 원칙·58

새로운 노동시장정책 ···65
지도원칙: 자기활동을 유발 - 안정 회복·66
예방적 행동(Präventiv handeln)·67
정책수단의 정비·70
법적 요건 완화와 규제 폐지·74
노동시장 정책에 지자체 고용전략 포함·76

새로운 연방노동청의 전략적 목표와 핵심 업무 ·················79

완전고용과 서비스 질 · 80
새로운 연방노동청이 노동시장의 핵심 참여자 · 80
새로운 연방노동청의 활동 중심은 취업알선과 취업에 있다. · 82
새로운 연방노동청은 예방적으로 일하고 특별활동기간을 충분히 이용한다
· 82
핵심업무에 집중 · 84
대외업무의 면제 · 84
안정적인 재원 · 85
민간 노동시장서비스업자와 협력 · 86

13가지 혁신 모듈

---

1. 대(對)고객 서비스: 일자리센터 ···91

1. "새로운 노동청"으로서 일자리센터 · 93
2. 구직자 서비스 · 96
3. 직군(職群)과 정보화에 의한 취업알선 개선 · 98
사례관리자 · 100
4. 사용자 고객 업무 · 103

2. 신속한 가족친화적 취업알선 및 취업알선 속도 향상 ·······107

1. 해고예고 접수 후 실업등록 · 109

2. 취업알선 속도 향상 · 113
   3. 가족친화적 취업알선 · 114
   4. 보너스제도 - 취업알선에 대한 인센티브 · 117

3. 새로운 적정성과 자발성 ·············· 119

   1. 새로운 적정성 · 121
   2. 선택의 자유 - 성과 없이는 보상도 없다 · 123

4. 청년 실업자/직업교육시간-증권 ·············· 129

   1. 장기적으로 청년들의 장래 지속 가능성 보장 · 131
   2. 직업교육과 자금조달 - 직업교육시간 증권 · 135

5. 노령근로자 지원과 "교량체계" ·············· 141

   1. 재취업 지원 - 개인적 하차 가능 · 143
   2. 임금보험 - 저임금 일자리로 취업알선을 위한 인센티브 · 145
   3. 사용자의 노령자 고용에 대한 인센티브 · 146
   4. 노령실업자를 위한 교량체계 · 146

6. 실업부조와 사회부조의 통합 ·············· 149

   1. 업무 분장 · 151
   2. 새로운 급부구조 · 153
   3. 등록카드 도입 · 155
   4. 급부와 행정의 간소화 확대 · 159

7. 뉘른베르크에 대한 보급은 없다 ··········165

1. 뉘른베르크에 대한 보급은 없다 · · 167
2. 고용결산서 · 170
3. 일자리를 유지하고 창출한 기업에 대한 보상 · 171

8. 근로자파견사업부 ··········175

1. 근로자파견사업부 · 177
2. 이점과 인센티브 · 187
3. 직업교육시장 방향 재설정 · 190

9. "1인 기업"과 "가족 기업" ··········195

1. 불법노동으로부터 출구 · 197
2. "1인 기업"과 "가족 기업"을 통한 새로운 자립 · 198
3. 미니잡 · 203
4. 가계의 세금 공제 · 205

10. 인사, 조직, 조정 ··········207

1. 직원 · 209
2. 지역 수준에서의 통제 · 229
3. 서비스와 업무처리에 목적을 둔 정보통신기술의 지원 · 234
4. 업무 기능별 조직 · 251
5. 새로운 연방노동청[BA-n]의 (법적) 형태 · 253
6. 노동시장연구와 평가 · 258

11. 역량센터 ······269

1. 초점: 새로운 일자리를 통해 실업의 근절 · 271
2. "개발 담당기관"으로서 역량센터 · 272
3. 지역 경제계(界)에 클러스터 형성을 통한 새로운 일자리 · 278
4. 역량센터의 출발점 · 281
5. 새로운 연방 주에서 시작 · 284
6. 새로운 일자리 창출을 위한 추가 정책 · 291
7. 실업 상태의 고급인력의 외국 파견과 개발 원조 · 297

12. 자금조달/고용보조금 ······305

1. 고용보조금: 실업/인프라 정책 대신 일자리에 자금투입 · 307
2. 기대되는 실업의 근절과 절감액 · 313

13. 국가의 전문가들 ······329

1. 국가의 전문가 · 331
2. 마스터플랜 · 333
3. 일자리 연대에 이은 프로젝트연합 · 360

전망: 유럽 차원의 노동시장정책 ······361
유럽연합-고용정책의 원칙 · 361
고용정책 기본노선 2020 · 362
결연한 현대화 실행 · 363

◇ 용어 · 366
◇ 찾아보기 · 369

그림 차례

<그림 1> 정책수단에서 활동예산까지 75
<그림 2> 일자리센터 목표 94
<그림 3) 일자리센터 개념 95
<그림 4> 고객유형별-관리 97
<그림 5> 일자리센터의 업무 흐름 100
<그림 6> 법적 해고예고기간 110
<그림 7> 해고예고 시 활동시간 선택 111
<그림 8> 유예기간 규정 112
<그림 9> 실업은 얼굴을 가진다 115
<그림 10> 보너스제도 예 117
<그림 11> 기능적 차원의 적정성 모델 123
<그림 12> 적정성 표 124
<그림 13> 청년실업, 노동청 2002 132
<그림 14> 재정 모델 137
<그림 15> 소득보장 급부의 개편 154
<그림 16> 고용자료의 중앙집중식 관리 체계 156
<그림 17> 보안절차 157
<그림 18> 생산능력 조정 수단 170
<그림 19> 고용결산서 용 "생생한 통계" 사례 171
<그림 20> 일자리센터와 협력 181
<그림 21> 근로자파견사업부 취업 시 소득 183
<그림 22> 근로자 파견 184
<그림 23> 임금 모델 187
<그림 24) 효과의 투명성 190
<그림 25> 불법노동을 줄이기 위한 인센티브 198

<그림 26> 실업보험 보조금의 단계화(안)	200
<그림 27> 고용 시의 지원금 수입 비교	202
<그림 28> 미니잡 활동	204
<그림 29> 경영정책수단으로서 개인별 목표 약정	215
<그림 30> 성과 평가	216
<그림 31> 이사회와 본부의 업무협력	226
<그림 32> 관리 업무와 통제실무의 협력	230
<그림 33> 일자리센터 통제관련 업무 협력	230
<그림 34> 경영정책을 위한 경영정보	234
<그림 35> 새로운 연방노동청[BA-n] 구조	240
<그림 36> 이관 경로	243
<그림 37> 새로운 연방노동청[BA-n] 기구	255
<그림 38> 새로운 연방노동청[BA-n] 기관의 업무	257
<그림 39> 행동과 태도의 논리 – 출발점	266
<그림 40> 직원의 개혁 동참	268
<그림 41> 역량센터 업무와 인력 배치	274
<그림 42> 역량센터와 일자리센터의 업무 분장	277
<그림 43> 클러스터 형성: 역량 분야 정의	279
<그림 44> 지역적 성장 동력	280
<그림 45> 성공적인 클러스터 구축 사례	288
<그림 46> 새로운 연방 주에서 시작:	293
<그림 47> 고용보조금 개요	309
<그림 48> 고용지원금 – 세 단계 지출업무	310
<그림 49> 프로그램 구조 – 가능한 프로젝트의 사례	313
<그림 50> 실업기간별 분포, 2000년 6월	314
<그림 51> 재정효과	316

서 문

2002년 2월 22일 연방정부의 "노동시장 업무 현대화" 위원회의 15명의 위원 위촉은 공동체에 대한 시민의 의무에서 나온 것으로 이는 우리들의 본업 이상으로 힘겨운 과제였다. 보고서 작업은 혁신적이고 합의 가능한 제안을 가지고 진척이 되지 않는 토론 이상으로 여러 해에 걸쳐 만연하고 있는 사회적 질병인 실업에 효과적으로 그리고 지속적으로 대응하는 인간적 도전이었다.

위원회는 이런 도전을 극복하였다. 최고의 해결책과 용기 그리고 새로운 길을 가기 위한 인력상의 독립성, 공정하고 끈기 있고 건설적인 노력과 때로는 높은 미디어의 관심에 대한 냉정함 유지가, 하나가 되어 마무리한 최종보고서로 이어졌다.

기초는 사실관계에 대한 세밀한 분석, 학문적인 전문가 의견의 평가, 위원들의 수많은 출장, 해당 관련자의 의견 청취 및 토론, 외국의 최근 개혁사례에 대한 참고 등이다. 위원회는 우리가 위임 받은 것을 충분히 잘 해석하고, 조직과 과정의 효율성을 검토뿐만 아니라 3년 안에 200만 실업자를 해소하는 것을 전체 구상의 목표로 삼았다. 전체적인 개념의 경우에는 다양한 변수를 서로 대립적으로 파악하고 공통의 고용효과를 실현하고자 했다. 계획은 시험프로젝트로부터의 긍정적 사례와 관련시켰고, 사회보장과 함께 시장경제적 해결과 결합하였다. 급부와 반대급부의 균형이 철저한 원칙이다; 노동이 유익하다는 것이고, 실업은 유익하지 못하다는 것이다.

보고서는 즉각적인 집행을 위한 구체적 증거를 제공한다. 보고서는 효율성 증가와 나타난 진전의 평가에 근거한다. 개발된 정책수단은 유연하고 변화된 관계에 적용할 수 있다.

위원회는 작업 중에 귀중한 지원을 받았으며, 많은 조언과 자극을 갖고 생산적으로 완성할 수 있었다. 이것에 대해 나는 깊은 감사를 드린다. 우선 어려운 전환 시기에 똑같은 방식으로 높은 성과와 변화에 대비해온 노동청의 직원들에게 감사한다. 나는 노동청과 노동사회부 그리고 전문적으로 자문해준 위원회 사무소장과 직원들에게 감사한다. 나는 처음부터 동반자관계로 논의에 임해준 노동청의 새로운 이사회에 감사한다. 나는 직원대표(Personalvertretern)와 자치운영기관(Selbstverwaltung)에 감사한다. 나는 많은 외부의 의견, 전문적인 자문, 실무에서의 깊은 통찰에 감사한다. 특히 나는 특별한 방식으로 프로젝트 발전과 최종보고서 작업에서 나를 도와준 직원들에게 감사한다. 모두를 대표하여 나는 하인츠 반 델렌 박사와 페터 옥스를 거명하고자 한다.

나는 무엇보다 위원회 동료들에게 존경을 표하고자 한다. 이들은 모두 직원들과 함께 아주 특별한 방식으로 노력을 다하였으며 언제나 나를 고무하였다.

나는 모두에게 값진 독서가 되기를 희망하며 개인적인 지원을 부탁한다.

페터 하르츠 박사
베를린, 2002년 6월 16일

2002년 2월 22일 "노동시장 업무 현대화" 위원회 위원 위촉

노동시장에 대한 고객지향적, 경쟁지향적 업무를 위한 연방정부의 2단계 계획

연방노동청의 신뢰는 자신의 취업알선에서 드러난 실책을 통해 크게 손상되었다. 노동청 이사회 자체가 발표한 개선안 방향은 옳았고, 연방정부에 의해 지지를 받았다. 그러나 급속히 발전되고 변화하는 노동시장의 배경 앞에서 이는 충분치 못하다.

기회 이용

연방정부의 노동시장정책은 지원과 요구라는 원칙을 지향한다. 이것은 개인의 잠재력과 구직자의 문제점 그리고 기업의 수요 등에 대한 집중적인 이해를 필요로 한다. 따라서 이미 "노동시장정책 수단 개혁에 관한 법률"(Gesetz zur Reform der arbeitsmarktpolitischen Instrumente. 약칭 Job-AQTIV(Aktivieren, Qualifizieren, Trainieren, Investieren, Vermitteln-Gesetz))[1]

---

1) 게하르트 슈뢰더 정부 하에서 2002년 1월 1일 발효된 법률로 1998년 사민당 "일, 혁신, 정의"라는 제목의 총선강령에 기본 방향이 제시되고 1998년 11월 10일 연방의회에서 있었던 총리 취임사에서 실업은 사회의 모든 구성원이 참여하여야 해결될 수 있어서 조세정책, 감세, 미래를 위한 투자, 임금정책이 서로 보완해주어야 하며, 노동조합, 사용자 단체, 정부가 참여하는 '일과 직

은 취업알선의 새로운 방향을 겨냥하고 있다. 현재의 위기는 경직된 관료구조와 제도로 인한 잘못된 운영을 근본적으로 바꿀 수 있는 기회일 것이다. 그러므로 연방정부는 이번 회기에 연방노동청 개편에 착수할 것이다.

연방정부는 이 개편을 노동청의 많은 관련 직원들과 함께 추진할 것이다; 이들 역시 자신의 전문능력과 자신의 발안을 최대한 이용하는 것이 자신들을 위해서도 필요하다. 탈관료제와 핵심과제에 집중, 그럼으로써 그리고 재량권의 확대가 그들의 참여와 성과 제고의 틀을 창출할 것이다.

개혁 모델

빠르고 효율적으로 구직자를 취업시키기 위하여 독일은 책임 있는 운영과 엄격한 성과 관리를 가진 유연한 서비스기관을 필요로 한다.

개혁은 다음의 원칙을 지향해야 한다:
* 경쟁 속의 업무
* 취업알선을 중심으로 핵심과제에 집중
* 아주 능률적인 현대적인 고객지향적 기관 운영

성공적인 전환은 두 단계로 실행될 것이다:

1단계: 효과적인 즉각 조치

연방정부는 즉각 조치로 현대적 거버넌스 구조를 도입하고, 취업알선

업교육 연합'을 만들겠다는 맥락에서 제정된 법률이다. 이 법률의 여러 정책 수단이 하르츠 보고서에 많이 반영된 점에서 하르츠 개혁의 출발점이다.

에 경쟁을 강화하며, 제3자와의 협력을 확대하며, 더 높은 업무의 질과 고객 지향을 보장할 것이다.

거버넌스 구조의 현대화

* 연방노동청은 관청조직에서 민간기업식 경영구조를 가진 서비스 공급기관으로 바뀔 것이다.
* 업무는 앞으로는 세 사람으로 구성되는 이사회가 이끌 것이다. 그 구성원은 계약에 따라 고용될 것이다; 그들은 공무원이 아니다.
* 단체협약 당사자(Sozialpartner)[2]의 노동시장에 대한 책임은 자치행정기구 내에 존속할 것이다. 법적인 경영 감독 의무를 가진 새로운 이사회(감사위원회: Aufsichtsrat)[3]가 도입될 것이다. 지방 노동시장의 자치행정기구는 개편될 때까지 존속한다.

더 많은 경쟁

* 취업알선 업무의 자유로운 시장접근(민간 취업알선 기관에 대한 허가 의무 폐지, 민간 취업알선 기관의 이용자에 대한 수수료 청구 제한 폐지, 남용의 경우 취업알선 업무 금지).
* 실업급여 수급자의 취업알선 바우처(일정 실업기간 – 3~6개월 – 민간 취업알선 기관을 자유로이 선택할 수 있는 법적 권리). 알선이 어려워서 더 많은 경쟁이 필요한 경우에도 보상되어야 한다. 성공불 최고액은 선별 알선을 방지하기 위하여 난이도에 따라 차등화되어야 한다.

---

2) 단체협약 당사자는 한편으로는 노동조합 대표, 다른 한편으로는 경영자연합(Arbeitgeberverbänden) 대표를 의미한다; 독일노동조합총연맹(www.dgb.de)
3) 독일 회사법(Aktiengesetz) 제111조 (1)항에 "감사위원회는 경영을 감독한다"(Der Aufsichtsrat hat die Geschäftsführung zu überwachen)라고 규정하고, (2)~(6)에 그 구성과 임무에 대해 규정하고 있다.

* 연방노동청의 취업알선 및 외국인 취업 업무 독점은 폐지된다.

제3자와 더 많은 협력

* 노동시장 정책 수단 개혁에 관한 법률(Job-AQTIV-법) 상 기회의 일관된 활용(실업 6개월 후 민간 취업알선 기관의 법적 참여권).
* 제3자의 참여활동 강화를 위하여 노동청의 예산 관련 인센티브 검토.

더 높은 수준의 질과 고객지향

* 연방노동청 인력 개편을 통하여 취업알선 업무에 집중
* 기업 내 일자리 확보 확대와 노동청 내에 신속한 접수(일자리 지향적 취업알선 업무, "콜센터")
* 독립적 노동청-서비스 검증(TÜV. 고객 및 직원 대상 조사, 노동청 내에서의 비공개 검증)과 불만처리 제도 도입.[4]
* 노동청 간의 "벤치마킹"
* 민간 취업알선 기관의 서비스 질 확보(자기책임 혹은 단체적인 업무 인증).
* 성공적 취업알선 유인체계(예를 들어 성과 보상).
* 확실하고 타당한 자료를 제공할 수 있도록 연방노동청의 취업알선 통계 개혁.

위에서 언급된 기술된 즉각 조치 부분에 필요한 법률개정은 2002년 7월 1일까지 효력을 발휘해야 한다.

---

4) TÜV (Technischer Überwachungsverein): 독일의 TÜV Rheinland를 모기업으로 하는 규정준수 시험 인증, 경영시스템 감사 인증, 현장평가 서비스, 소비재 서비스 평가 및 인증서를 발급하는 가장 권위 있고 규모가 큰 기업.

2단계: 신속한 구조개혁

노동시장 업무 현대화 위원회

즉각 조치에는 종합적 개혁을 위한 원칙적 방향 설정이 수반된다. 목표는 연방 노동청을 현대적 서비스기관으로 전환하는 것이다.

필요한 입법 추진을 준비하기 위해 "노동시장 업무 현대화 위원회" 위원이 즉시 위촉될 것이다. 위원회는 이번 연방의회 회기 말까지 활동하면서, 다음의 계획안을 제안할 것이다.

* 미래 과제 안
* 새로운 조직구조 안,
* 실행 계획.

"노동시장 업무 현대화" 위원회는 기업, 경제단체, 노조, 정치, 학계, 기업 컨설팅, 주와 지자체의 인물들로 구성되었다.5) 페터 하르츠 박사가 위원장을 맡았다. 또 연방노동청 개편 성공을 위하여, 노동청의 창조적인 두뇌들이 위원으로 위촉되었다.

업무 지원을 받기 위해 위원회는 연방 노동사회부 내에 사무실을 지원받았다. 위원회는 전문가의 자문을 청취하고 의견을 구했다.

위원회 작업은 연방정부의 유연한 업무방식과 현대적인 업무 조직에 의한 고용촉진 모델을 지향한다.

이의 핵심요소는 다음 4가지다.

---

5) 실제로 위원장인 페터 하르츠가 폴크스 바겐사의 노동 담당 이사, 노베르트 벤젤(Nobert Bensel) 위원이 다이믈러 크라이슬러사의 서비스 담당 이사, 욥스트 피들러(Jobst Fiedler) 위원이 롤란트 베르거사의 전략 담당 자문역, 페터 크라직(Peter Krajic) 위원이 메켄지 사 이사, 에게르트 포셰라우(Eggert Voscherau) 위원이 바스프사 이사 등이다.

1. 핵심분야에 집중

현대의 노동시장 서비스 공급기관의 업무는 취업 및 직업교육 알선, 임금대체급부(Lohnersatzleistung)6) 지급, 적극적 노동시장정책 등 핵심분야에 집중되어야 한다. 연방노동청이 자녀수당 지급과 불법고용과의 싸움 업무를 맡아야 할지는 검토되어야 한다.

2. 중심에는 취업 알선과 취업 상담

여러 업무 중에서 취업 알선과 취업 상담에 비중이 주어져야 한다.
* 목표설정과 정책예산과 같은 현대적 경영개념이 도입되어야 한다.
* 동시에 행정절차와 관행이 현대적 정보기술의 효과적인 도입으로 간소화되고 이의 중복작업이 제거되어야 한다.
* 실무에서는 직원들이 창의력을 발휘하도록 현장의 자유재량권이 확대되어야 한다.

여기에는 책임을 즐기고 책임을 부담하는 문화의 발전도 포함된다.

---

6) 임금대체급부(Lohnersatzleistung)는 근로소득 상실에 대한 사회보험법상 보상(der sozialversicherungsrechtliche Ausgleich)을 말한다. 사회보장기금을 재원으로 사용자가 여러 사유로 전부 혹은 부분적으로 지급한다. 보상급부(Entgeltersatzleistung)라 지칭되기도 하는 이 급부에는 다음이 포함된다:
  - 사회보장법전(Sozialgesetzbuch: SGB) Ⅲ권(Buch)에 의거한 실업급여(Arbeitslosengeld) Ⅰ
  - 질병 수당 및 장애인의 질병 및 잠정 수당 혹은 비교에 의한 임금대체급부
  - 모성보호법에 의한 모성수당
  - 연방 노령수당 및 노후법에 의한 노령수당
  - 사회보장법전(Sozialgesetzbuch: SGB) Ⅲ권(Buch)에 의거한 단기 및 임시 근로수당(Kurzarbeitergeld 및 Saison-Kurzarbeitergeld)
  - 사회법전(Sozialgesetzbuch: SGB) Ⅲ권(Buch)에 의거한 파산 시의 파산수당
  - 노령 취업자의 보조금
  - 공무원법 혹은 부분 퇴직법에 따른 장려금

3. 조직 개편

현장 책임과 결정권 확대는 지금까지의 관료기관에서 현대적 서비스 공급기관으로의 전환을 요구한다. 전문가로 구성된 이사회 외에, 책임과 결정의 지방화와 분산화의 강화, 지역 단위에 이르기까지의 기업적 구조와 중앙 및 중간 단위 기관의 업무 재고가 필요하다.

4. 실업부조와 사회부조의 통합

연방정부는 다음 회기 내에 경제활동 능력이 있는 사회부조 수급자에 대한 실업부조와 사회부조를 통합할 계획이다. "노동시장 업무 현대화 위원회"는 이러한 개혁에 앞서 나가서는 안 된다. 하지만 위원회는 현대적 노동시장 서비스공급기관의 구조에서 효과적인 통합이 가능하도록 지금이라도 조직모델을 제안해야 한다. 따라서 모든 구직자들에게 필요한 상담, 취업알선 및 고용지원 업무 및 생계보장 업무를 "원스톱-센터"에서 통합하여 제공되도록 노력해야 한다.

시행 계획 개발

노동시장 업무 현대화는 설득력 있는 시행 계획을 요구한다. 이것은 지금까지의 노동행정의 개편이 직원들의 참여 하에 가능한 한 마찰 없이 어떻게 진행될 것인가를 보여주어야 한다. 연방노동청의 경영진 수준의 즉각 조치에서 단행되었듯이, 기업적 구조 도입은 계속되어야 한다.

위원회는 금년 8월 중순까지 계획을 제출할 것이다. 연방정부는 개편 작업을 2004년 말까지 완료할 계획이다.

요 약

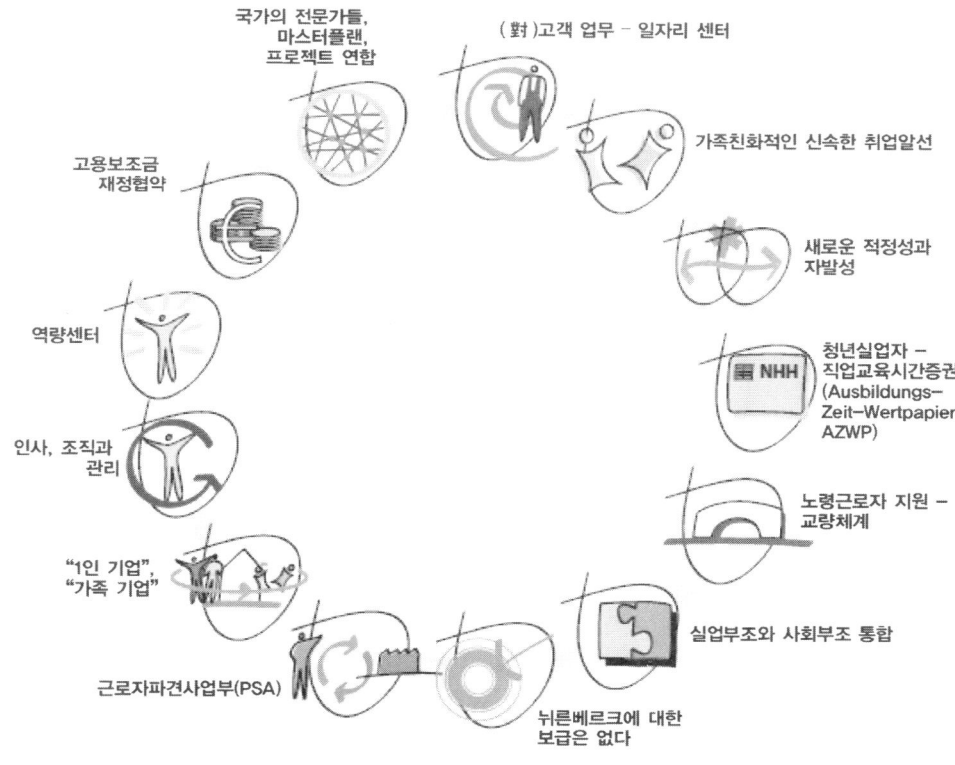

요 약

새로운 노동시장정책

- 새로운 구상은 이렇다. "자기활동은 유발하고 – 안정은 회복시킨다". 고용지원정책은 노동시장 활성화 정책의 의미로 전환된다. 중심에는 서비스와 지원에 의해 유지되고 보장되는 실업자의 재취업이 있다. 제공되는 서비스 – 기간제노동을 받아들이고 직업교육에 참여하는 것에서 고용까지 – 에 의해 실업자는 재취업 목표라는 의미에서 스스로 취업할 수 있게 된다. 이에 대하여 상담, 관리 및 물질적 보장의 통합체계가 목표에 적합한 행위의 선택을 도와줄 것이다.
- 적극적 취업 지원 정책은 일관되게 각 지역의 구직자와 기업의 수요에 따를 것이다. 이의 기초는 고용능력이 약화된 개인집단에 집중하는 것이고, 활동을 지원하고 영향을 주는 정책을 통해 자기책임을 강화하고, 개인에 맞춘 정책수단을 제공하고 1차노동시장 정책수단을 명확히 제공하는 것이다.
- 적극적 취업 지원 정책의 법적 요건과 규제는 단계적으로 축소되고 간소화될 것이다. 중기적으로는 개별 정책에 대한 규정은 핵심업무를 지향하는 데 유리하도록 완전히 없앨 것이다. 일자리센터의 전문인력은 재량권을 가지는 활동 예산을 받게 된다. 이 예산은 취업에 필요한 구체적이고 개별적인 수요에 따라 사용된다.
- 새로운 노동청의 강력한 권한 분산과 예산능력의 확대는 "자연스

런 경제계"에서 일하는 모든 경제정책 및 노동정책 참여자의 활동을 지역적으로 지원하고 결합하게 만든다. 구속력 있는 경영정책 목표 관리와 효과적인 통제 그리고 기준 설정은 업무를 목표에 맞게 효율적으로 추진하도록 만들 것이다.
- 실업보험은 장기적으로, 경제활동 기간 동안 다양한 근로관계 사이의 이행기로 인한 소득위험을 보장하는 "고용보험"으로 발전될 것이다. 이의 방향은 이미 준비되었다.

전략적 방향

- 노동시장정책은 통화정책, 재정정책, 경제정책, 교육정책, 사회정책과의 협력적 공동노력 속에서 완전고용 목표 달성을 지원한다. 따라서 노동시장정책은, 가능한 한 더 적은 자금으로 실업을 없애거나 급속히 끝내는 데 이른다면, 효율적이고 효과적인 것이 될 것이다.
- 노동시장정책과 경제정책은 효과적으로 결합되어야 하고, 지역 차원에서 모든 노동시장정책 참여자들의 협력 아래 시행되어야 한다.
- 유럽연합의 고용정책 기본노선과 일치하는 적극적 노동시장정책에서 노동시장 활성화 정책으로 노선 전환은 획기적인 것이다.[1]

---

1) 유럽연합의 고용전략은 사용자의 유연한 노동력 요구와 노동자의 안정 요구 - 즉, 장기실업에 처하지는 않을 것이라는 것에 대한 믿음 - 를 절충하려고 노력하고 있다. 유럽연합은 회원국 공동의 유연안정 원칙을 개발하여 유럽연합 고용정책의 핵심인 다음 4가지 요소에 의해 회원국이 어떻게 시행할 수 있는가를 모색하고 있다;
- 유연하고 신뢰할 만한 협약

- 새로운 노동청은 1차 노동시장에서의 **빠르고 지속 가능한 (재)고용**의 목표를 우선 추구하며, 취업알선과 재취업을 그 활동의 중심에 둔다. 따라서 이들은 예방적으로 일하고 사업기간을 충분히 활용한다.
- 새로운 노동청의 핵심 업무는 "지원과 요구"의 의미에서 취업알선과 취업알선 지원 업무 및 실업의 경우 최저생계보장의 통합을 확대하는 것이다. 이러한 업무의 조직상 통합 방식은 일관된 업무처리 과정의 성과에 의해 결정되며 유연하게 설계될 것이다.
- 새로운 노동청의 핵심 업무 이외의 업무는 앞으로, 보험금 이외의 재원으로 외주를 주거나 업무 위탁이란 의미에서 인력, 조직, 재정에서 분리되어 이관될 것이다.
- 새로운 노동청의 업무가 미래 투자의 성격을 강화하거나 혹은 사회정책적 성격을 가지기 때문에, 재정의 기초는 넓어야 한다. 보험에 의한 재정은 법적 연방보조금과 주와 지자체의 적절한 분담에 의해 보충되어야 한다.
- 공공 자금 지원에 의한 고용은 중기적으로 구조적으로 취약한 지역-특히 신 연방 주에서는 1차 노동시장의 흡수 능력 부족 때문에 불가피하다. 그러나 이것은 지역의 기반시설(인프라) 정책과 연계되고 그 재원은 조세가 되어야 한다.
- 새로운 노동청은 민간 부문의 공급자(취업알선기관, 기간제노동)를 크게 활용한다. 목표는 다른 유럽 국가와 마찬가지로 공법상, 공익적 및 민간 취업알선 기관 간의 이념과 관계없는 상호협력이다.

- 종합적인 평생학습 전략
- 효과적이고 적극적인 노동시장정책
- 현대적 사회보장제도: ec.europa.eu의 "European employment strategy-Employment guidelines" 참조.

1. **이중의 역할: 구직자와 사용자 ─대(對)고객 업무 개선─ 일자리센터**

    - 일자리센터는 앞으로 노동시장에 대한 모든 업무의 지역센터가 된다. 노동청은 운영형태에서 일자리센터로 전환된다. 과거의 본부와 사무소를 대상으로 전국적으로 도입하는 것이 가장 우선시 된다.
    - 새로운 노동청의 원래 업무 외에 일자리센터는 노동시장 관련 상담과 보호업무(사회복지 업무, 청소년 업무, 주택 업무, 중독 및 채무상담 업무, 기간제 일자리 소개 등)를 통합한다.
    - 일자리센터 업무처리는 상담과 관리의 신속한 해결, 근로자파견 사업부를 포함한 필요한 정책의 조기 도입을 목표로 한다. 일-가족개념에 따른 자유로운 자리의 분배를 통해 취업알선 기회가 증대될 것이다.
    - 정보센터(Clearingstelle)가 출발점이다. 여기서부터 고객관리가 준비되고 전문인력의 부담을 완화하기 위한 행정업무가 집행된다. 정보고객에게는 더 많은 자동화 정보시설 활용이 가능하다. 상담고객에게는 알선기관이 적합한 일자리를 제의한다. 보호고객-취업알선에 상당한 장애가 있는 사람-은 특별히 교육을 받은 전문관리자의 관리를 받는다.
    - 취업 알선 담당자에게는 행정 업무와 부수 업무가 면제된다. 알선 담당자는 기업접촉과 담당 기업에서 빈 자리 확보 및 구직자 상담에 집중한다. 이들의 활동 범위는 활동비와 IT 서비스를 통해 확대된다.
    - 일자리센터와 취업 알선기관은 담당 기업 관련 업무를 개발한다. 중소기업은 일자리센터의 특별한 관리를 받는다. 대기업은 고정 담당자를 배치한다. 대기업 상대 서비스는 역량센터에 의해 수행

된다.
- 사용자 및 구직자의 일자리센터 접근은 전용통신망에 의해 보장된다. "훌륭한 서비스 처리 규정"이 노동시장의 양 측에 양질의 서비스를 보장한다.

2. 가족 친화적인 조기 알선과 알선 업무 처리 속도 제고

- 일자리센터 활동 시간 연장은 취업알선 속도를 향상시킨다. 근로자는 적기에 일자리센터에 실직 위험에 관한 정보를 제공하여야 한다.
- 사용자는 근무 제외와 빈 자리 자료 작성을 통하여 조기 취업알선 노력을 지원한다. 일자리센터에 제 때 정보를 제공하지 못한 근로자는 신고 지체 일수만큼 감액된 실업급여를 지급받는다.
- 일련의 정책에 의해 취업알선 속도가 향상될 것이다: 업무처리와 정책수단의 간소화, 전문인력의 재량 확대, 자동화정보기기의 확대, 담당 기업 축소, 근로자파견사업부 활용, 사용자와 유대 강화 및 일관적인 새로운 적정성 기준 적용.
- 취업알선은 가족친화적으로 될 것이다. 보호가 필요한 피부양자나 가족을 특별히 책임져야 하는 실업자는 취업알선에서 우선순위가 부여된다. 자녀돌봄에 대한 이제까지의 정책수단이 가족과 일의 결합 개선과 연계된다. 지자체와 함께 매개조직(Intermediäre Organisationen)[2], 기업, 기타 민간 시설에 자녀돌봄 수용능력이 추가로 강화될 것이다.
- 실업자도 "체면을 유지해야 한다." 책임 있는 전문관리자에 의한

---
[2] 국가, 공동체, 시장 간에서 매개 역할을 하는 조직.

실업자 관리 강화로 그의 개인 및 인간적 생활 상황이 중점적으로 관리될 것이다.
- 더욱이 새로운 [노동청의] 이사와 [새로운 지방노동청]의 상임이사는 돌봄이 필요한 피부양자나 가족을 특별히 책임져야 하는 실업자와 매주 자리를 같이 할 것이다. 이에 의해 [새로운 지방노동청] 상임이사의 필요한 활동과 개인적 책임이 명료하게 될 것이다.
- 실업에 처한 가족에게 부여되는 우선순위는 취업알선 기관과 그 구성원에 대한 성과급 체계에 반영될 것이다. 목표는 신속한 취업알선이지만 또한 젊은이나 중증장애인, 장기실업으로 고통 받는 사람들과 같은 표적집단의 취업알선에도 있다.

3. 새로운 적정성 기준과 자발성

- 일자리의 적정성 기준은 지리적, 물적, 기능적 기준과 사회적 기준에 따라 새로이 규정되고 자발성과 의무를 결합하여 일관되게 적용된다.
- 적정성 기준은 또한 실업자의 가족상황에 따라 결정되어야 한다. 독신인 젊은 실업자는 보호가 필요한 피부양자나 가족을 책임져야 하는 실업자에 비해 이동성에서 특히 유리하다. 직업-가족-개념에 의해 통해 능력에 비해 낮은 대우를 받는 일 역시 적정한 것이 분명하다.
- 실업자가 취업을 거부하면 그는 거부한 고용이 적정하지 않음을 증명해야 한다. 이것은 실업자의 개인 영역에 해당되는 모든 이의제기에 적용된다.
- 경력단절기간(Sperrzeiten)은 앞으로는 법제화하여 관리될 것이다.

이를 위해 다양한 경력단절기간 상태에 따라 차별화된 규정이 만들어질 것이다. 예를 들어 복직 거부는 적정한 일자리 제공에 대한 거부보다 더 짧은 경력단절기간으로 인정될 것이다.
- 재취업 약정에 의해 "자기활동 유발-안정 회복"이라는 지도원칙이 실현된다. 약정된 활동은 정기적으로 검증된다. 차별화되고 유연하게 조절 가능한 경력단절기간 규정을 통해 자신의 복직 노력의 진정성이 강화될 것이다.
- 개인의 생활상태를 더 잘 생각해 볼 수 있기 위해서 실업자는 개인적 이유에서 일자리센터에 등록을 취소할 수 있다. 그래서 그는 일자리센터의 취업알선 노력을 거절하는 동시에 실업보험료 납부를 거절한다. 기존의 급부청구권은 유지되고 그 후 일정 시점에서 다시 청구할 수 있다. 청구권은 5년 후에 소멸된다.

4. 청년 실업자 - 직업교육시간-증권

- 일자리센터는 쌍방의 적극적인 실습이나 직업교육을 찾는 노력 없이 젊은이가 집에 있으면서 이전급부(移轉給付)를 받는 일이 없도록 하여야 한다.
- 앞으로는 학교의 일반교육 체계에서 젊은이의 잠재능력을 조기에 파악하고 이를 목표로 하는 것이 장려되어야 할 것이다. 이론적 소양이 부족한 학생들은 강력한 실습에 중점을 둔 수업형태에서 자신의 잠재능력을 발전시킬 기회가 주어져야 한다.
- 직업교육에 더 많은 기업이 포함되고 젊은이의 다양한 잠재능력이 더 잘 계발되도록, 더 많은 차별화된 노동시장에 적합한 직업교육이 발전되어야 한다.
- 청년실업자에 대해서는 기존의 직업교육으로부터 제공되는 노동

시장에 적합한 기술적 기초가 강화되어야 한다.
- 취업이 어려운 청년은 학교, 교육, 노동시장, 일자리센터의 청년정책 등의 담당자들의 밀접한 협력을 통해 집중적인 관리를 받는다.
- 직업교육시간-증권은 추가적 직업교육을 지원하는 새로운 수단이다. 이는 그 소지자에게 직업교육을 보장하는 특정 목적의 개인적 유가증권이다.
- 지역의 공익재단에 이전하여 매매될 수 있다.
- 재원은 할인카드제도, 직업교육시간-증권(AZWP)의 취득, 보조금, 고정자산 기준의 기부금과 별도정책에 의해 확보된다. 직업교육시간-증권의 재원에 대한 기여는 자발적인 것이다; 이것은 어떤 분담금도 발생하게 하지 않는다.
- "직업교육시간-증권" 소지자는 자본시장에 대한 안전한 투자를 넘어 직업교육 자금을 보장받는다.

5. 노령근로자의 지원과 "교량체계"

- 인구변화를 감안할 때 노령근로자의 경제활동참여의 장려는 독일과 유럽연합의 노동시장정책과 고용정책의 중요한 과제이다. 이를 위해 고용 유지가 보장되고 지원되어야 한다.
  동시에 여전히 높은 노령자 실업에 대하여 진지하고 책임감 있게 접근되어야 하고, 이들에게 전망을 보여주어야 한다.
  따라서 두 가지 보완적인 방안이 제안된다: 임금보험(Lohnversicherung)을 통해 고용을 유지하거나 교량체계를 통해 일자리센터의 실업급여 중단 혹은 관리 중단이다.
- 임금보험은 이제까지의 실업보험을 보완할 것이다: 이는 퇴직 후 1년간 노령실업자(55세 이상)에게 사회보장책임 고용에서의 저임

금으로 인한 소득상실의 일부를 보전해준다. 급부는 사용자에 대한 임금비용보조로 누적될 수 있다.
- 노령실업자 재취업을 위한 추가 보상수단이 마련될 것이다. 노령자가 새로운 취업을 받아들이면, 그의 실업보험 보험료율이 인하된다. 노령자의 단기 취업 기회가 확대된다.
- 교량체계는 일시적으로 실업급여 조기 중단이나 일자리센터의 상담 조기 중단을 가능하게 한다. 남녀 노령근로자(55세 이상)는 자신의 희망에 따라 일자리센터의 상담을 중단할 수 있다. 실업급여 대신 그들은 추가비용 없이 계산된 매달의 급부와 사회보장의 완전한 보호를 받는다. 이를 통해 일자리센터는 노동시장을 자유롭게 이용할 수 있는 사람들에게 취업알선 노력을 더욱 집중할 수 있게 된다.
- 교량체계는 실업보험에 추가 비용이 발생되지 않도록 설계될 것이다. 예상되는 인구변화의 시각에서 이것은 단계적으로 소급될 것이다.
- 교량체계의 참여자는 앞으로 노동시장통계에 명시될 것이다.

6. 실업부조와 사회부조의 통합

- 두 가지 사회급부 제도의 병행은 상당한 행정 부담과 불투명으로 이어졌다. 재취업노력에서 합의와 책임성의 부족은 신속한 취업알선에 장애가 되었다. 앞으로 이런 중복을 가능한 한 피하기 위하여, 급부 수급자는 누구나 한 담당기관의 관리를 받으며 한 가지 급부만 받을 것이다. 앞으로는 세 가지 급부가 제공될 것이다:
- 실업급여-I은 보험에서 나오는 원래의 보험급여다. 급여 금액과 청구기간은 원칙적으로 종전 규정에 따른다. 새로운 노동청

[BA-neu]의 소관업무다. 상담은 일자리센터(Job-Center) 소관 사항이다.
- 실업급여-Ⅱ는 실업급여-Ⅰ 수령 후나 청구요건 미달인 경우에 경제활동 능력이 있으면서 실업상태인 사람의 생계를 보장하기 위해 필요에 따라 지급되는 재정에 의한 급여이다. 실업급여-Ⅱ 수급자는 사회보험 가입 대상에 포함된다. 실업급여-Ⅱ는 새로운 노동청[BA-neu]의 소관업무다. 실업급여-Ⅱ의 청구기간은 제한되지 않는다. 상담은 마찬가지로 일자리센터 소관 사항이다.3)

---

3) 실업급여-Ⅰ과 실업급여-Ⅱ는 다른 개념이다. 2004년 1월 1일에 발효한 하르츠 Ⅳ 법률에 따른 개정된 사회법전-Ⅲ(SGB)에 실업급여-Ⅰ은 실업보험에 따른 급여로 그에 규정된 것으로 지급기간은 1년 혹은 노령 실업자에 대해서는 2년이다.

　실업급여-Ⅱ는 실업급여-Ⅰ과 달리 사회법전-Ⅱ에 "구직자에 대한 기초보장"(Grundsicherung für Arbeitsuchende)이라 규정되어 있으며, 독일 기본법 1조의 1항의 "인간의 존엄은 불가침이다. 국가는 이를 존중하고 보호하여야 한다"는 규정에 따른 사회적 국가의 의무에 따른 것이다. 이에 따라 사회법전-Ⅱ 1조에 "구직자에 대한 기초보장은 수급권자가 인간다운 가치에 상응하는 생활을 영위할 수 있도록 하기 위한 것이다"라고 규정하고 있다. 그리고 이 기초보장에는 서비스 제공, 금전 급부, 현물 급부가 있으며(사회법전-Ⅱ 4조). 따라서, 급부 기간은 제한 없다. 금전 급부의 경우 2019년 기준으로 1인당 월 3세 이하 245유로에서 성인 424유로까지 지급된다. 그리고 이는 하르츠 보고서의 "지원과 요구"의 원칙에 따라 법률에 수급권자의 의무를 규정하고 있다. 즉, "경제활동 능력이 있는 수급권자 및 그와 생활공동체를 구성하여 살고 있는 사람은 부조의 종식 혹은 축소를 위하여 가능한 모든 것을 활용하여야 한다. 경제활동 능력이 있는 수급권자는 취업을 위한 모든 정책에 참가하여야 하며 특히 취업약정을 체결하여야 한다. 그가 가까운 장래에 일반적인 노동시장에서 취업이 불가능하다면, 경제활동 능력이 있는 수급권자는 그에게 제공된 적정한 일자리를 받아들여야 한다"라고 규정하고 있다(SGB-Ⅱ 2조).

- 사회복지수당(Sozialgeld)은 경제활동 능력이 없는 사람에 대한 종래의 사회부조에 해당한다. 이는 사회복지부서(Sozialämtern) 소관 사항이다.4)
- 급여와 노동증명서 신청용 카드는 관할 기관(예, 새로운 지방노동청)에서 처리될 것이다. 앞으로 사용자는 근로자의 동의 하에 노동증명서를 전자문서 형식의 자료를 중앙집중적으로 보관하는 제3자에게 위탁하여 보관할 수 있다.
- 급여의 계산과 관리는 다음과 같이 간소화된다: 지난 12개월의 평균임금에 기초한 급여 계산, 기준소득(Bemessungsentgeld)5)의 연간 조정 폐지, 일괄 지급, 급부의 통합과 재정의(再定義), 사회보장증명의 기탁의무 폐지 등. 입법기관과 [신 노동청]은 추가 간소화 가능성을 검토하고 이를 즉시 시행한다.

7. 뉘른베르크에 대한 보급은 없다!
고용결산서 – 기업을 위한 제도

- 모든 기업은 가능한 한 해고를 피하기 위해 가령 탄력 근무시간 모델과 같은 기업의 활성화수단을 이용하고 일자리의 보장과 창출에 대한 자신의 책임을 다해야 한다.
- 일자리센터와 역량센터(Kompetenz Center)는 기업을 지원하고 "고용 상담" 서비스를 제공한다. 고용상담은 오늘날 노동권과 기업의 근로조건 설계 분야와 관련된 현대 기업의 모든 활동 분야에

---

4) 사회복지수당은 사회법전-Ⅱ 2장 19조 이하에 규정되어 있다.
5) 일일 평균임금으로 실업급여 산정의 기초가 된다; 연방노동청(www.arbeitsagentur.de)

걸친다.
- 자발적인 고용결산서에 의해 기업은 자신의 사회적 책임을 표현한다. 여기서 사회적 책임이란: 고용 창출과 보장을 뜻한다. 고용결산서는 전 종업원의 구조와 개발에 관해 설명해준다(기술수준, 임시직 비율, 이동과 유연성 지수 등).
- 고용결산서 일자리센터와 역량개발센터에 의해 취업상담의 출발점으로 활용된다.
- 적극적으로 고용을 개발한 기업은 실업보험에서 보상금을 받는다. 일자리를 적극적으로 보장하고 고용을 유지하는 기업 역시 마찬가지이다. 그래서 고용 지원과 고용보장에 대한 인센티브가 마련될 것이다.
- 지원금 제도 이행 시에는 중소기업과 대기업의 차이에 주의하면서 실업보험에 대한 기업 분담금총액 증가를 목표로 하는 단순하고 비관료적인 평가가 필요하다.

8. 근로자파견사업부(PSA)의 강화
기업 지향의 재교육 – 어려운 취업알선 기관의 통합

- 근로자파견사업부는 실업 축소에서 아주 효과적인 수단이다. 근로자파견사업부의 목표는 채용장벽을 없애고, 새로운 형식의 취업알선을 목표로 근로자 파견(Arbeitnehmerüberlassung)[6]에 의해 실업

---

6) 파견근로(Arbeitnehmerüberlassung)는 기간제 노동(Zeitarbeit)또는 임대노동(Leiharbeit)이라고도 불린다. 한 사용자가 고용한 근로자를 일정한 기간 동안 일정한 임대료를 받고 제3자에게 임대해주는 경우를 말한다. 이 경우 사용자는 임대인이 되고 제3자는 임차인이 된다. 어느 기업이 시간제 노동자를 고용하고자 하는 경우에는 모든 법적 요건을 충족하여야 한다. 요건을 유지하

자를 신속하게 1차 노동시장에서 취업시키는 것이다(접착 효과)[7].
- 독립된 조직 단위인 근로자파견사업부 새로운 지방노동청 [AA-neu]의 위임에 의해 그리고 이를 대리하여 서비스를 제공한다. 이는 단체협약상 임금 구조에 통합된다. 지역 여건에 따라 근로자파견사업부는 다른 서비스업자에 의해 혹은 사적 개인의 공동사업으로 혹은 민사법상 형식의 기업 단위로서 새로운 지방노동청에 의해 운영될 수 있다. 가능한 곳에서 새로운 지방노동청은 제3자의 개입을 통해 해결을 추진한다. 근로자파견사업부는 민간의 제3자와 경쟁하며, 특히 민간 서비스업자가 특별한 시장지식을 이용할 수 있는 곳에서 협력한다.
- 일자리센터는 새로운 노동청의 추가 핵심과제를 인수하고, 추가적으로 종래의 경제활동 능력이 있는 사회부조 수급자에 대한 상담을 유지한다. 이에 반해 근로자파견사업부 새로운 중점업무는 취업알선을 목표로 한 근로자 파견이다.
- 근로자파견사업부에서 실업자의 고용 의무는 새로운 일자리 적정성 규정에 따라 발생한다. 거부는 급부 관련법의 결과와 연계되

느냐 여부는 전국 단위의 점검기관에 의해 점검된다. 근로자와 관련하여 중요한 점은 다음과 같다:
1) "근로자파견법"(Arbeitnehmerüberlassungsgesetz)에 따른 파견근로계약, 2) 인사관리 업무 제공, 3) 파견근로자와 정규직 근로자의 동등대우 원칙, 4) 최저 근로조건(최저임금 보장, 보상-무노동 시산에 대한 보상 포함, 휴식, 임금 하한선 준수 및 사회보장보험 가입-연방노동청(Bundesagentur für Arbeit (BA)). "근로자파견법"(Arbeitnehmerüberlassungsgesetz)은 1972년에 제정되었으며, 현재 효력을 가지고 있는 법률은 2017년 4월에 개정된 것이다.

7) 접착 효과(Klebeeffekt): 파견 근로자가 파견 대상 기업의 신임을 받아서 정규직으로 고용되는 효과를 말하며, 통계에 의하면 3명 중 1명의 파견 근로자가 고객 기업에 취업 된다.

어 있다. 실업자의 채용 결정은 근로자파견사업부의 의무다. 여러 목표의 결합은 새로운 지방노동청과의 계약에 의해 보장된다.
- 실업자는 근로자파견사업부와 계약체결과 함께 사회보장보험 가입 의무를 가지게 된다. 납부 유예에 의해 단축될 수 있는 수습기간 중에 그는 실업급여 한도에서 실질임금을 받는다. 여기에는 단체협약 상의 근로자파견사업부의 임금이 포함된다. 정규직으로 전환되면, 근로자가 정식 고용관계로 바뀌면, 그는 그 직장에서의 통상적인 임금을 받는다.
- 근로자파견사업부 이외에 1차 노동시장에서 취업알선을 위한 조언과 기업친화적 기술향상 정책이 가능할 것이다.
- 근로자파견사업부는 기간제 근로 기관과 마찬가지로 – 근로자파견법(Arbeitnehmerüberlassungsgesetzes (AÜG))의 제한이 적용되지 않는 경우에만 효과적으로 운영될 수 있다. 그래서 단체협약 체결 조건 하에서 법률의 폐지 가 규정되어야 한다.

9. 완전한 사회보험 적용이 되는 "1인 기업"과 "가족 기업"에 의한 새로운 취업과 불법노동 폐지

공과금 일괄공제 대상인 개인적 서비스의 미니잡

- 1인 기업과 가족 기업이라는 두 가지 수단은 불법노동 문제 극복의 새로운 방안을 제시하고 있다. 1인 기업 개념은 실업자의 불법노동을 축소하는 것을 목표로 하며, 미니잡은 가사도우미의 불법노동 축소를 목표로 한다.
- 1인 기업의 경우 중요한 것은 이것이 완전한 자영업으로 가는 전(前)단계라는 것이다. 실업자는 1인 기업 등록 인센티브로 3년

동안 새로운 지방노동청의 보조금을 받는다. 실업급여를 한도로 지방노동청이 납부한 사회보험료를 고려한 보조금은 시기별로 차등화 되고, 1인 기업의 수입에 따라 결정된다.

- 1인 기업의 모든 수입은 10% 일괄부과 대상이다. 1인 기업의 수입 상한선은 25,000유로다. 이 이상의 1인 기업은 완전한 사회보험 납부 의무를 부담한다.
- 중소기업과 수공업은 1인 기업 소유자 대 정규 근로자 최대 1:1 비율의 1인 기업의 권한을 이용할 수 있다. 가사도우미에게는 이에 대한 어떤 제한도 없다. 가족 기업은 함께 일하는 가족구성원으로 확대된다.
- 자영업 취업으로 전환될 수 없는 불법노동의 소득을 합법화하기 위해서, 가사도우미 미니잡의 소득 상한을 500유로로 올리고 저임금 고용의 보험료 부담을 간소화한다. 소득은 10%의 사회보험 일괄 부과 대상이다. 1인이 신고한 여러 미니잡은 총액으로 500유로를 넘을 수 없다. 미니잡에 대한 규정은 실업자와 경제활동에 참여하고 있지 않은 사람 모두에게 적용된다.
- 1인 기업과 가족 기업은 물론 미니잡 보유자도 앞으로는 무엇보다 이전에 불법노동자를 고용했던 가정에 고용될 수 있다. 따라서 가정도 가사도우미 고용에 대하여 세금 공제를 받을 수 있으며, 그래서 불법노동은 더 이상 유리하지 않게 된다.

10. 인사 – 투명한 통제 – 모든 업무 처리에 대한 효율적인 IT 지원 – 조직과 조정 – 자치

- 비전을 통해 도입되는 새로운 노동청의 혁신과 개편은 모든 구성

원의 일상활동 지침으로서 새로운 모델을 요구하고 있다.
- 새로운 노동청의 전략적, 조직적 방향은 새로운 인사 개념에 부합해야 한다.
- 새로운 노동청 내에서 근로관계는 새롭게 설계된다. 이에는 통일된 근무규약이 도입될 것이다. 개편은 모든 직원에 대한 업무 전환에 따른 새로운 규정 초안을 요구할 것이다. 이는 특히 사회적으로 받아들여질 수 있고 재정적으로 균형이 잡혀 있으며 공정한 기준을 충족시키고 "노동청 개혁법"에 명문화되어야 한다.
- 앞으로 새로운 지방노동청에서는 더 이상 세부적인 지출 관리(통제과정으로서 자금 지출)가 없어지고, 합의되고 사전에 결정된 성과가 관리될 것이다.
- 앞으로는 본부 및 새로운 지방노동청만이 통제 업무를 관장한다. 본부가 전략적 통제 업무에 집중하는 반면, 새로운 지방노동청은 전략적 목표에 근거하여 통제 실무를 수행한다.
- 앞으로 정보통신기술이 모든 업무처리 전반을 지원하며, 연방 전체에서 모든 전문분야에 적용할 수 있는 통합적 자료 관리를 보장하고, 인터넷(e-정부)과 개인의 정보기기를 통하여 새로운 연방노동청의 정보와 서비스에 공개적으로 접근할 수 있도록 한다.
- 새로운 연방노동청의 조직 개편은 앞으로 두 단계로 이루어질 것이다. 정상에 본부를 두는 조직기구는 일자리센터를 통하여 지역 고객의 요구를 처리하는 지방노동청(181개 소)으로 구성될 것이다. 모든 연방 주에서는 취업 지원과 취업 개발 분야에서 독자적인 업무를 가진 역량센터가 설치된다.
- 새로운 연방노동청의 기관으로는 연방 차원에서 이사회와 감독이사회가 있고, 지역 차원(지방노동청)에서 상임이사(Geschäftsführung)와 자문회의가 있다.

11. 주 노동청을 새로운 일자리와 취업 개발을 위한 역량센터로 개편은 신 연방 주에서 시작

- 완전고용 목표 달성을 위해, 노동시장, 경제, 사회 정책 기회 업무는 통합되어야 한다. 그래서 새로운 일자리 창출과 새로운 고용기회 개발에 효과적으로 기여할 새로운 정책수단이 마련되어야 한다.
- 따라서 주 노동청의 고용정책 업무는 세금을 재원으로 하는 역량센터로 전환될 것이다.
- 노동시장정책과 경제정책의 결합의 의미에서 역량센터는 지역의 사업을 대체하는 것이 아니라, 행정 관할을 넘어서 이를 조정하고 주와 지자체, 기업과 상공회의소에 보완적인 해결책과 자료를 제공한다. 역량센터는 자신의 노동시장정책 역량을 다음 업무에 활용한다.
- 역량센터는 대기업의 주된 접촉 상대이고, 일자리센터의 중소기업 상담을 지원하며(고용 상담, 입주 지원, 성장기획과 창업 상담), 주 정부에 대한 연결점이고, 지역경계를 넘는 기술향상 프로그램을 조정하고 노동시장 동향과 지역 노동시장 연구를 추진하다.
- 직업재교육 기관과 이들의 광고에 확인서를 발급함으로써 역량센터는 재교육시장의 투명성을 회복한다. 역량센터는 적어진 직업능력교육기회를 발굴하고 적절한 틀의 프로그램을 설계한다.
- 역량센터는 컨설팅 부문을 설치하고, 이 팀은 일자리센터의 고용정책 집행에 조언한다.
- 명확한 계획과 일관된 클러스터 전략을 가진 지역에서는 분명히 높은 성장동력 그리고 그 결과, 창업, 입주, 기존기업 유지를 통

하여 평균 이상의 일자리 창출을 달성할 것이다. 새로운 연방 주에서 먼저 시작될 것이다. 왜냐하면 바로 거기서 성장동력을 가진 클러스터 개발을 위한 경제정책 참여자들과의 협력 강화를 우선시하기 때문이다.

12. 실업 감축 정책 재원

- 고용보조 개념에 의해 실업 자금은 일자리 자금으로 대체된다. 한 기업이 수습기간의 만료 후에 한 실업자를 계속 채용하면, 이 기업은 대출금 형식의 재정지원협약에 대한 선택권을 갖게 된다. 이는 기존 및 신 연방 주의 중소기업에 모두 적용된다.
- 고용보조금은 새로운 일자리를 창출하고 그에 상응하는 지급능력을 가진 모든 기업이 이용할 수 있다.
- 근로자 1인 당 매년 10만 유로 한도의 고용보조금(5만 유로는 장려신용, 5만 유로는 후순위 채무)과 100억 유로의 재정수요가 발생한다.
- 실업 축소에서 개별적인 혁신 모듈의 효과는 정확히 계산할 수 없다. 그러나 효과의 범위는 개략적으로 평가되고 설득력 있는 목표가 설정된다. 그 결과 이런 범위 내에서 향후 3년 내에 200만 실업자가 취업할 것이라는 야심적인 목표가 설정된다.
- 실업의 축소에 대한 레버리지 효과는 무엇보다도 장기실업 위험에 처한 사람들을 지원하는 경우에 극대화된다. 근로자파견사업부는 이 집단을 목표로 한다. 그러나 모든 정책은 서로 맞물려야 하며 실업의 장기화 관점뿐만 아니라 축소 관점에서도 착수되어야 한다("뉘른베르크에 대한 보급은 없다").
- 실업자 약 2백만 축소는 오늘날의 기준으로 계산하면 실업급여와

실업부조 196억 유로의 절감효과를 가져온다. 이 절감액의 일부는 1인 기업 및 가족 기업과 근로자파견사업부에서 고용 장려금으로 사용될 수 있다. 실효성 있는 정책(가령 기업 수요에 부응하는 기술 향상)에 유리한 적극적 노동시장정책을 위한 지출 재편은 더 많은 효율성을 가져올 것이다.

- 실업의 축소는 사회보험료 납부자뿐만 아니라 모든 납세자에게도 도움이 된다. 절감액의 2/3는 사회보험료 납부자의 몫이 되고, 1/3은 세금납부자의 몫이 될 것이다. 경제활동 능력이 있는 사회부조 수급자를 일자리센터와 근로자파견사업부에서 수용한다는 것은 특히 일자리 창출 투자를 위한 자금을 비축해 두어야 하는 지자체에게 도움이 된다.

13. "국가 전문가들"의 기여 – 마스터플랜 공동작성은 일자리 동맹으로 이어진다

- 문제 해결을 정치가나 노조, 기업 혹은 더욱이 실업자에게만 맡겨서 될 일이 아니다. 오히려 자신의 특별한 능력과 자신의 강점에 집중하고 가능한 경우에는 어디서든 협력할 수 있는 모든 사람이 필요하다.
- 다양하게 기여하는 국가의 모든 전문가들이 필요하다.
- 연방과 주 그리고 지자체의 직업정치인 11,000명
- 연방노동청의 직원 90,000명
- 기업인 – 경영자 1,700,000명
- 노조와 직장협의회의 상근자 80,000명
- 경제계 및 사용자 단체의 대표 72,000명

- 학자 1,318,000명
- 학교의 교사, 보육교사, 사회교육자 1,868,000명
- 성직자 53,000명
- 단체 및 협회 545,000개
- 언론인 89,000명
- 예술가 260,000명
- 민간 사회복지시설의 관리자 60,000명
- 실업자 기구와 자구집단 800,000개
- 전문가들 제휴에 의해 구체적 프로젝트의 전국적 네트워크 연합이 형성된다.
- 실업은 전체 독일의 많은 초석 위에서 프로젝트의 조합을 통해 없어질 것이다.

도 전

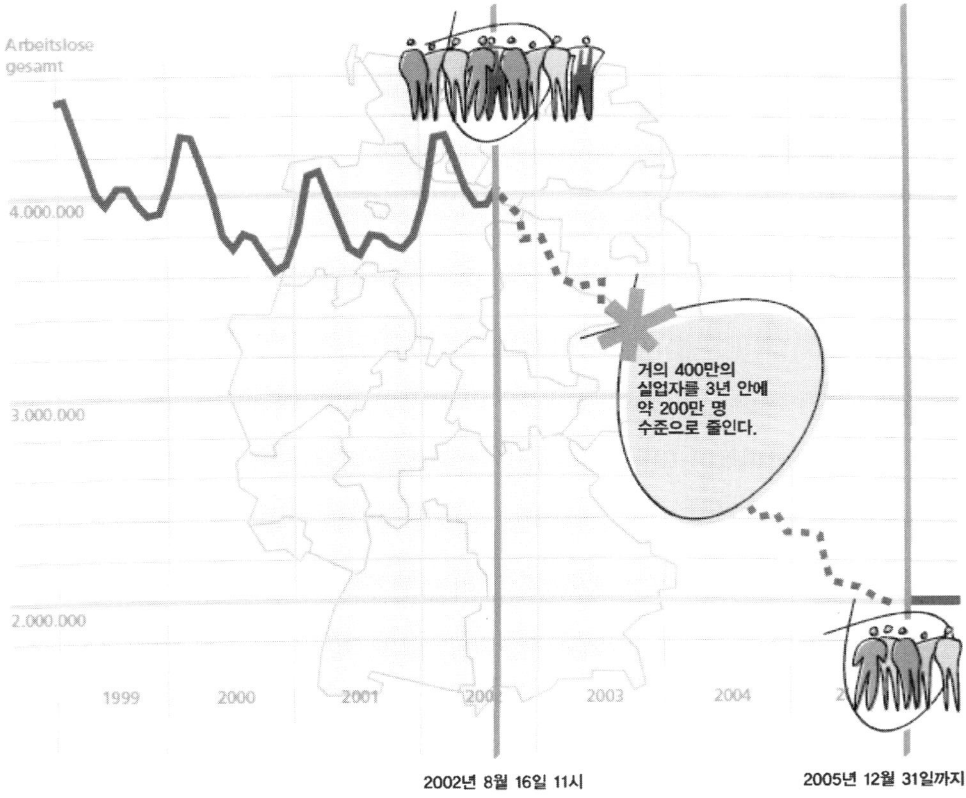

Arbeitslose gesamt

4.000.000

3.000.000

거의 400만의 실업자를 3년 안에 약 200만 명 수준으로 줄인다.

2.000.000

1999　2000　2001　2002　2003　2004

2002년 8월 16일 11시　　　2005년 12월 31일까지

도 전

사회의 우선 과제로서 실업과의 싸움

완전고용의 목표는 여러 분야를 포괄하는 고용정책적 접근을 통해서만 달성할 수 있다. 순전히 취업알선만 집중하는 것은 문제를 해결하지 못한다. 또 정책 외에 대량실업 현상에 대한 무관심이 추방되어야 한다. 실업은 직접 관련자에게만 부담을 주는 것이 아니다. 모두에게 훨씬 더 많은 영향을 미친다. 지금의 그리고 미래의 세대를 위한 발전 잠재력이 허비되기 때문이다.

현재 거의 400만의 사람이 실업자로 등록되어 있다; 이에 더해 100만의 사람들이 적극적 노동시장정책의 조치에 참가하고 있다. 이는 500만 명 규모의 구직자를 형성하고 있다. 현재 25세 이하의 실업자 55만 명과 전년도에 비해 분명한 증가는 이 청년집단이 경기악화에 얼마나 타격을 받고 있는가를 보여주고 있다.

실업은 모든 사회집단에 동등하게 나타나지는 않는다. 자격수준이 낮은 사람들이 실업에 처할 경우가 훨씬 많다. 또한 지역 간 격차도 분명하다. 몇몇 지역에서는 거의 완전고용에 가깝지만, 다른 지역에서는 거의 1/5 이상의 구직자들 실업상태에 있다. 특별히 구조적으로 취약한 동독지역의 상황이 나쁘다.

매년 700억 유로 이상이 적극적 노동시장정책, 임금보상과 실업자의 생계안정에 지출된다(연방노동청: 540억 유로; 연방의 실업부조 130억 유로;

지자체의 사회부조 50억 유로). 따라서 공공 예산의 부담 – 여기서는 특히 지자체 –이 한계에 달했다. 동시에 높은 임금 외 비용이 더 많은 고용에 명백한 장애로 나타나고 있다.

몇 가지 숫자가 사회적 도전의 규모를 보여주고 있다. 이를 배경으로 위원회는 가능한 최대한의 레버리지 효과를 가진 개혁안을 개발했다. 기존의 빈 일자리를 신속하게 채우고 연방노동청 현대화 구상에 관한 것이다. 위원회는 새로운 길(예를 들어 1인 기업과 가족 기업, 근로파견사업부)을 제시하였고, 개별 방식을 전체 구상과 연계시켰다. 나아가 사람들에게 논쟁의 여지없는 높은 동기부여와 필요한 개혁을 신속히 추진할 수 있는 독일의 경제 및 사회적 입지 역량 강화를 위하여 모든 사회세력을 프로젝트연합으로 묶었다.

새로운 일자리 창출에 초점을 맞추고 추가 고용기회 개발을 이와 결합시켰다.

더 많은 고용을 위한 전제

세계경제의 적응과정

세계경제는 현재 어려운 중대한 적응 국면에 있다. 세계화, 유럽통합, 지식 및 서비스사회로의 이행 등은 기회보다는 위협으로 더 자주 인식된다. 경제적 자극은 현재 외국으로부터 기대할 수 없다. 성장 지향적 개혁은 국내시장에서 그리고 서비스분야의 강화에 두어야 한다.

관료제 타파와 유연성1)

책임 있는 정책행위는 어디까지 법적 규제와 명령이 필요한지 아니면 급속한 성장에 대한 장애인지에 대한 지속적이고 비판적인 검토를 요구한다. 더욱이 행정행위는 더 효율화되고 가속화되어야 한다. 관료제 타파가 촉진되고 시민 친화적 서비스로 대체되어야 한다. 이를 위하여 법률과 명령은 필요하고도 감당할 만한 규모로 줄여야 한다.

구조적으로 취약한 지역과 동독의 특수상황

동독의 현재 상황은 경제와 사회에 중대한 도전을 제기하고 있다. 경제정책과 노동시장정책에서 대대적인 노력에도 불구하고 지난 해 특히 높았던 실업률을 줄이는 데 성공하지 못했다.2) 특히 동독에서 태어난 젊은이들 상당 부분이 지속가능한 경제활동에 들어가지 못한다는 사실을 나타내는 청년실업의 계속 증가는 매우 염려스럽다.

새로운 연방 주에서 상황 전개는 대대적 자금 투입에도 불구하고 단지 제한된 효과밖에 거둘 수 없는 적극적 노동시장정책의 한계를 뚜렷이 보여준다. 핵심적 행동은 추가적 일자리의 창출을 통한 새로운 고용기회를 개발하는 것이다.

분명한 육성전략, 더 좋은 구상 그리고 다양한 정책 분야의 고용창출 실행은 지역의 추진기관 활동의 네트워크 및 최적의 기회를 제공한다. 특히 구조적으로 취약한 지역을 과거보다 더 강력하게 우선순위에 둔다. 특히 고용안정과 고용창출에서 중요한 의미를 가지는 중소기업은 새로운 금융 개념에 의해 저금리 대출 형태로 필요한 자금에 쉽게 접근하게 된다.

---

1) 관료제 타파 내지는 탈관료제는 규제철폐 개념으로 사용하고 있다.
2) 2001년 독일 전체 실업률은 10.2%였고 서독 지역이 7.9%, 동독 지역이 19.4%였다; Datenreport 2002(연방통계청. www.destatis.de)

지역의 고용과 성장촉진정책은 특히 동독에서 그러면서도 구조적으로 취약한 지역에서 공공 인프라(예를 들어 하수도, 병원, 학교, 유치원, 스포츠 및 문화시설)의 건설을 통해 주어질 수 있다. 여기서 지자체가 이에 필요한 자금에 어떻게 접근할 수 있는지 검토되어야 한다.

노동 요소의 부담

국민경제적으로 고용은 사회보험 재정의 핵심대책이다. 상당한 정도까지 이는 보험료로 충당되고 이는 임금총액과 관련된다. 보험료 부담은 오늘날 이미 감당할 수 있는 한계에 도달하여서 수정조치 없이는 더 증가하게 될 것이다. 따라서 노동 요소의 부담을 지속적으로 줄이기 위해서는, 전체 사회보장체계에서 근본적인 개혁이 필요하다.[3]

실업을 체감할 수 있으면서도 지속적으로 없애는 것은 실업보험 보험료율을 인하할 수 있다는 것뿐만이 아니다. 높은 수준의 고용은 또한 국내의 노동잠재력을 가능한 한 최대한 활용하고 고용구조를 개선하여 노령자의 수요에 맞춘 일자리를 제공함으로써 장기적으로 유지될 수 있다. 이를 위해 인구의 모든 부분에서 새로운 합의가 생계노동시간 및 평생교육에 기초를 두어야 한다.

---

[3] 슈뢰더 정부가 추진하던 연금보험 개혁에 관한 법률이 2002년 1월 1일 발효되었다. 이에 따라 연금을 최종소득의 70%에서 64%로 낮춘 것이 주된 내용이었다.

위원회의 해결 원칙

구상의 지침

개혁에는 용기와 "속도"가 요구된다. 단기적인 효과는 장기적인 전망과 결합될 것이다. 목표는 실용주의와 분명한 결단을 가진 개혁이다. 여기서 외국으로부터의 긍정적인 경험이 모델이 된다.

위원회 안은 단계적 모델로 실행될 것이다. 단기적으로는 위원회의 중요한 모듈에 집중될 것이다. 이것은 중기적으로 더 보완되고 확대될 것이다. 그래서 연속적인 개혁과정이 단기적 효과와 장기적인 극대화뿐만 아니라, 시장의 역동성과 정책상의 필요에 적응을 보장할 수 있을 것이다. 장기적으로 더 근본적인 개혁이 궤도에 오를 것이다.

위원회 안의 중점사항

1. 더 많은 일자리 기회

지하경제 규모는 3000억 유로에 달하는 것으로 평가된다. 이 규모는 세금부담과 사회보험료 부담을 회피한다. 독일에는 거의 500만 명의 상시직의 불법 일자리가 존재한다. 약 330만 명이 실제로 취업하고 있는 가사도우미는 4만 명 정도만이 등록하였다.

전체 개념에서 위원회는 노동 잠재력을 발굴하고 불법노동을 "합법화"하기 위한 안을 발전시켰다. 특히 중소기업에 관심을 기울인 것으로 기업에 활력을 불어넣을 정책수단이 개발되었다. 이것은 특히 중소기업에게 중요한 기업의 활성화 수단을 발전시켰다. 서비스가 강화되고 새로운 자금조달 수단이 마련되어 투자가 가능해질 것이다.

a. 중소기업에 특별히 초점을 둔 자영업과 유연화 정책

창업(기업 설립)은 국민경제의 적응능력과 효율성에 대해 결정적이다. 창업을 통해 일자리가 지속적으로 창출된다. 창업활동이 왕성한 지역이 근본적으로 높은 경제성장과 낮은 실업률을 보여준다. 창업노력에서 지역 간 큰 차이는(1:5까지) 여기서도 상당한 성장잠재력이 있다는 것을 확인해주고 있다. "1인 기업"과 "가족 기업" 창업이 쉬워질 것이다.

기업에게는 "유연정책"(Atmungsinstrumente)인[4] (예를 들어 수공업을 위한) 생산능력 확대 가능성이 창출될 것이다. 자영업자와의 협력 속에서 기업은 자신의 생산능력의 숨통을 트고 또한 고객에 대한 자신의 매력을 높일 수 있다. 기간제노동은 노동시장을 더욱 유연하게 만들고 기존의 고용잠재력을 충분히 활용할 수 있도록 할 것이다. 근로자파견사업부와 함께 이에 의해 해고보호가 폐지되고 노동력에 대한 수요가 높아질 것이다.

위원회의 활동은 새로운 정책수단을 특별히 잘 활용할 수 있는 중소기업에 특히 초점을 맞추고 있다. 양적으로 독일에서 약 330만 중소기업은 총투자의 거의 50%, 부가가치생산 총액의 거의 60%를 차지하며, 전체 근로자의 70%가 중소기업에 취업하고 있고, 모든 실습생의 80%가 중소기업에서 직업교육을 받고 있다.

b. 서비스 – 높은 고용잠재력을 가진 분야

취업알선의 70%는 민간 및 기업에 대한 서비스 및 상업 분야로 간다. 독일에서 다양한 직업의 모든 임금집단 중에서 서비스 부문의 상당한 잠재력이 미개발 상태다. 비용이 가처분 소득에 비해서 합리적이기만 하면, 서비스 산업 수요는 대규모이면서도 합법적으로 발생할 것이다. 오늘날 흔히 이렇지 못하다. 그 결과 이의 고용관계는 지하경제에서 발생하고 있다.

---

4) 탄력 노동시간 제도 등을 말한다.

단기적으로 인센티브-민간 서비스 비용의 조세 공제-와 엄격한 제재를 통해서 불법노동의 매력은 없앨 수 있으며, 그렇게 하여 상당한 고용잠재력이 개발될 수 있다.

"1인 기업"과 "가족 기업" 그리고 "미니잡"은 서비스 산업에 매력적인 조건을 제공한다. 단순노동에도 권리가 있다. 많은 사람들이 기술향상을 원하지도 않고 할 수도 없다.

c. 새로운 자금조달 방법

중소기업의 자본형성은 모험자본 및 벤처자본의 지원과 이윤 및 자본참여에 의해 강화될 것이다. 가능한 정책은 자기자본비율의 제고, 유동성의 개선, 외부차입 조건의 완화, 지역수공업에 효과적인 지자체의 투자능력 강화 등이다.

고용보조금은 새로운 자금조달 기회를 제공한다. 기업은 고용에 동반되는 전환사채 형식의 대출을 받을 수 있다. 새로운 자금으로 생산능력을 확대할 수 있는 것이다.

고용결산은 임금 외 비용 축소의 첫 걸음으로써 기업에 대한 보상체계로서 "뉘른베르크를 위한 보급"을 줄인다.

2. 노동의 새로운 길(노동공급의 역동화)

본 위원회의 개혁안은 구직자에게 일자리 새로운 길을 제공한다. 모든 경제활동이 가능한 사람은 일자리센터에서 상담 받고, 근로자파견사업부는 구직자에게 새로운 길을 제시하며, 1인 기업과 가족 기업에 의해 창업이 간소화되고 미니잡에 대한 매력적인 타결책이 마련된다.

a. 일자리센터에서 모든 경제활동이 가능한 사람 관리

새로운 연방노동청은 현지의 일자리센터와 함께 고객에게 사전에 적절한 자원을 이용할 수 있게 해 준다. 연방노동청은 새로운 형태로 모든 경제활동이 가능한 사람, 즉 노동능력이 있는 모든 사회부조 수급자들을 책임진다. 따라서 또한 모든 노동능력이 있는 사회부조 수급자를 위해, 자신의 새로운 업무를 책임진다. 모든 참여자(예를 들어 사회복지 및 청소년 업무 담당자)의 중복을 막기 위하여 업무를 연계시킨다. 일자리센터는 동시에 사용자 관리도 책임진다. 이러한 이중의 고객지향을 통해 서비스 극대화가 보장될 것이다.

가족친화적인 신속 취업알선에 의해 취업알선은 가족 상황, 개인 그리고 지역적 여건에 맞출 수 있다. 자기주도와 이동의 분명한 요구에서 지속 가능한 노동공급의 길이 열릴 수 있다 - "새로운 적정성과 자발성"

청년의 취업 장려를 위한 특별정책이 취해질 것이다. 직업교육시간증권(AZWP)이 직업교육장과 재교육정책 접근을 용이하게 해 줄 것이다. 동시에 노령 실업자는 활력을 얻어서 취업하거나 희망에 따라 일자리센터의 관리에서 벗어나서 교량체계에 참여한다.

b. 근로자파견사업부에서 기간제노동에 의한 새로운 가능성

취업알선을 목표로 하는 근로자 파견사업부에 의해 근로자는 특정 업무에 참여하게 된다. 유럽 기준에서 볼 때 독일에는 기간제노동의 시장이 덜 발달되었다. 여기에 높은 고용잠재력이 있다. 단체협약 조건 하에서 기간제노동의 시장은 규제 밖에 있다. 일자리센터와 근로자파견사업부 및 시간제노동 민간기업 간의 밀접한 협력이 있게 될 것이다.

근로자파견사업부에서 일자리는 다른 일자리와 같이 동일한 적정성 기준에 따라 평가된다. 따라서 더 많은 작업이 요구된다.

이 경우 근로자파견사업부는 취업알선이 어려운 사람의 재취업 특별관리도 한다. 이에 더하여 이는 과거 실업자에게 노동생활의 "실제조건" 하에서의 기술 향상 기회를 제공한다.

c. 창업의 장려

국가 간 비교에서 독일의 창업 환경은 낙후되어 있다. 그러나 독일에서 자영업을 하겠다는 의지는 상대적으로 거의 10%나 강하다.

자영업의 첫 걸음은 실업자도 실행하기 쉽고 상응한 보상이 있어야 한다는 것이다. 물론 창업활동이 창업자에 대한 지원 부족 특히 상담과 자금조달에서의 지원 부족으로 실패가 잦다. 1인 기업과 가족 기업은 창업을 간소화하고 새로운 기회를 제공한다.

3. 새로운 연방노동청

새로운 자신의 역할 속에서 연방노동청은 실행에 적합한 틀을 제공한다. 통제는 중앙에서 이루어지고, 지역 단위는 대체로 자율적이다. 일자리센터는 고객지향을 우선으로 하며, 역량센터는 지역의 통합적인 경제 및 노동시장 정책을 제공한다.

a. 지역 단위를 지원하기 위한 중앙

분권화된 업무 범위와 책임은 핵심적으로 지지되는 모든 정책의 성공에 결정적이다 – 자치의 강화. 현대적 조정수단, 투명한 통제, 과정에 대한 효율적인 IT지원이 구축된다. 전문대학은 외부에 개방된다.

앞으로 노동시장통계는 모든 경제활동 능력 있는 사람들을 포함할 것이다. 근로자파견사업부와 교량체계가 기록에서 제외시키거나 수정하지 않음으로써 대중들이 정확하고도 투명하게 이해할 수 있게 할 것이다. 이에는 성실성과 투명성이 중요하다.

b. 일자리센터 – 고객지향 우선

일자리센터는 이중의 고객 업무를 특징으로 한다. 이는 사용자 및 모든 구직자를 가장 적합하게 관리한다.

모든 자원은 종합되고 전체적으로 조직된다. 일자리센터는 크게 분산된 책임을 처리하고, 관할변경 혼란을 없애기 위해 지역 역량이 통합된다.

절차 표준화와 핵심업무에 대한 집중에 의해 속도가 크게 높아진다. 재정지원 순위가 조정되고 간소화되며 앞으로는 지원은 새롭게 배열되고 단순화되며, 앞으로는 "분류표"에 따라 처리될 것이다.

c. 역량센터 – 노동시장정책과 경제정책의 지역적 연계

주 노동청은 새로운 일자리를 위한 역량센터로 개편될 것이다. 이에 의해 새로운 연방노동청은 움직이는 설계자로 바뀌어서 그 직원들에게도 이에 부응하는 발전기회를 제공할 것이다. 이는 새로운 연방 주에서 시작될 것이다.

주정부, 지자체, 기업, 상공회의소와 경제단체의 지역기관 등은 기존의 행정경계를 넘어 지역전략을 설계하고 완전한 일관성을 가지고 이를 추진할 것이다.

명확한 계획과 일관된 실행전략을 가진 지역에서는, 매우 높은 성장동력과 그 결과 평균 이상의 일자리가 창출될 것이다.

새로운 노동시장정책

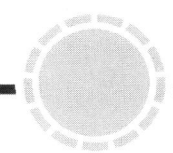

지도원칙
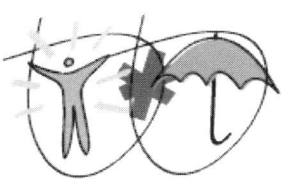
자기활동 유발
취업 목표
스스로 추구

안정 회복
상담
관리
보장

시장 지향
   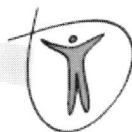

근로자의
이동성 지원

수요 지향의
훈련과 기술 향상

기간제 노동
잠재력 활용

창업자 지원

고객 지향

정보   상담   관리

법정요건 완화

업무 간소화   적은 규제

새로운 노동시장정책

지도원칙: 자기활동 유발 – 안정 회복

"지원과 요구"[1] 그리고 "반대급부 없이 급부 없다"는 원칙은 일자리 정책의 새로운 방향의 의미에서 "자기 활동 유발-안정 회복" 개념으로 표현되는 적극적 노동시장정책을 새로이 강조하고 있다. "지원과 요구"는, 적절하고 목표지향적 행동을 통해 피해완화 책임 의미에서 노동청의 물질적, 비물질적 급부에 대응하는 보험가입자에 대한 보험자의 기대에 부응하는 것이다. (신청서 접수, 취업 면담 제공, 실제 정책 참여, 적절한 일자리 제안 수용).

"자기활동 유발-안정 회복"에는 활력을 주는 제의와 약속이 포함된다:

자기활동 유발:

실업자에게는 앞으로의 고용전망을 결정할 수 있는 선택과 행동의 선택지가 제시된다. 이 때 제공된 서비스에 의해 그는 취업 목표의 의미에서 적극적으로 될 수 있다(기간제노동을 받아들이고 기술향상 교육에 참여하는 것에서부터 새로운 적정성의 의미에서 장거리 이동을 요구하는 취업을 받아들이는 것까지).

---

[1] "지원과 요구"원칙(Grundsatz „Fördern und Fordern)은 2003년 6월 1일 아젠다 2010 채택을 위한 사민당 임시 당대회에서 사회정책의 원칙으로 채택되었다; 전종덕/김정로, '독일 사회민주당의 역사, (백산서당, 2018), p.468 참조

안정 회복:

한편 이러한 행동선택을 배려하고, 제기된 문제와 부담을 극복하며 취업에서 개별적인 해결책을 찾는 상담과 관리 그리고 물질적 안정의 통합체계는 그에게 도움이 된다.

보험논리에서 나온 "지원과 요구" 원칙이 지원을 앞세우고 규칙에 어긋난 행동의 경우 이를 제재와 결합하는 것이라면, "자기활동 유발 - 안정 회복" 원칙은 이 업무와 지원에 의해 보호받고 보장받는 실업자의 취업의무를 우선적으로 강조한다.

이 원칙은 소득 안정을 위한 금전 급부 경우뿐만 아니라 적극적 정책의 관계에서도 새로운 지방노동청 서비스의 새로운 질을 결정할 것이다. 이는 동시에 다양한 선택지 사이의, 그리고 일자리 제의 기본적인 수용과 취업제도 밖의 개인적 대안 간 등 다양한 선택지에서 자유로운 개인의 선택 결정이 수반된다. 여기서 일단 확보된 보험청구권은 유지된다.

예방적 행동(Präventiv handeln)[2]

실업은 사람을 낙인찍어 노동생활로의 복귀를 어렵게 만든다. 실업상태가 길면 길수록, 재취업은 그만큼 더 어렵고 비용이 많이 들게 된다. 실

---

[2] 2007년 함부르크 당대회에서 채택된 사민당의 함부르크 강령에서 "3.7 예방적 사회보장국가(Vorsorgender Sozialstaat)"사회보장국가에서 변화 속에서 안정을 보장하는 것이 더욱 중요해지면서 사민당은 사회보장국가를 예방적 사회보장국가로 발전시키겠다고 규정하고 있다. 예방적 사회보장국가는 자조를 앞세우고, 경제정책과 재정정책, 노동시장정책과 교육정책, 보건정책, 가족정책과 성 평등정책, 이민자 통합 정책을 결합시키는 정책을 펴 나가는 복지국가 정책이라고 설명하고 있다; 전종덕/김정로, '독일 사민당 강령집', (백산서당, 2018), pp.201-2013 참조.

업은 발생 전에 미리 대비해야 한다. 예방적 노동시장정책은 노동시간, 교육시간, 직업교육시간 사이에 다리를 건설하고 건너가기 쉽게 만들어서 개인적 고용능력을 유지하고 새로이 하면서 기회균등을 실현하게 된다.

활성화 노동시장정책은 따라서 앞으로는 "이행노동시장"(移行勞動市場. Übergangsarbeitsmarkt) 원칙을 지향한다. 이행노동시장은 예방적으로 작용한다. 이것은 다양한 근로관계 – 전일 근무와 단축 근무, 취업과 가사노동, 직업교육 및 재교육과 취업노동, 자영업과 종속적 고용 – 사이를 사회적으로 안정되고 협력적인 방식으로 바꾸거나, 개인적 생활상태에 따라 다양한 노동형태를 결합하는 것을 가능하게 해줄 것이다. 실업의 위험에 처한 사람들은 개인적이고 고립적인 실업의 오점 없이 새로운 일자리를 찾을 수 있을 것이다.

국제적으로 요구되는 이행노동시장의 수단은 다음과 같다:

* 기술적 장애의 예방적 회피를 위한 기술자격이 필요 없거나 적게 요구되는 고용의 경우 사후 자격 취득
* 직무 순환[3](Jobrotation. 재교육과 재투입)
* 적극적 사회복지정책, 이전회사(Transfergesellschaft)[4]와 노동재단

---

[3] 근로자에게 계획적으로 2개 이상의 업무 간에 이동시킴으로써 근로자의 업무만족도를 높이고 그를 교차 훈련시키기 위하여 상이한 경험과 다양한 기술에 노출시키는 기법.

[4] 이전회사는 사회보장법전 3권 111조에 규정된 노동정책 수단으로 구체적으로 실업의 위험에 처한 기업의 취업근로자에게 최장 12개월 기한으로 새로운 일자리를 알선해주는 것을 그 목적으로 설립한 기업이다.
 유사한 명칭으로 고용회사(Beschäftigungsgesellschaft)/구조회사(Auffanggesellschaft)/기량향상회사(Qualifizierungsgesellschaft)/독립기업(betriebsorganisatorisch eigenständige Einheit: beE)이 있다.
 대량해고나 도산이 임박한 경우 정리해고에 따른 근로자의 실업을 피하기 위하여 한시적으로 고용회사로 소속 전환이 가능하다. 이들 기업의 개념은 종

(Arbeitsstiftung)[5]
* 자영업 이행(移行) 지원과 효율화
* 노동시간의 일시적 단축 시 기술교육과 임금보전 지원
* 노령 노동자나 기술 수준이 낮은 노동자에 대한 일방적인 보험금 지급 종료[6]나 조기퇴직 대신 일자리 조정

이행노동시장 원칙의 새로운 방향은 노동시장정책의 재정에 장기적인 영향을 줄 것이다. 경제활동참가 능력을 가진 사람에 대한 예방정책 강화에 초점을 두기 위해서는 일관되게 실업보험을 "고용보험"으로 발전시켜야 한다. 이것은 실업의 "가장 나쁜 경우" 뿐만 아니라, 경제활동 중에

종 동의어로 사용된다. 엄격히 말해서 지향하는 목표에 따라 서로 다르다.
- 이전회사(Transfergesellschaft)는 새로운 일자리를 찾는 정리해고 근로자를 지원하기 위하여 설립된 것이다. 따라서 이력, 기술향상, 계속교육, 자립계획 지원, 그리고 궁극적으로 새로운 일자리로 취업알선에 중점을 둔다.
- 구조회사(Auffanggesellschaft)는 채무불이행 상태에 빠진 기업을 구조하기 위하여 설립된다. 이에 의해 근로자들은 기술향상 기회를 가지고 새로운 일자리를 얻는데 도움을 받을 수 있다.
- 기량향상회사(Qualifizierungsgesellschaft)는 기능향상과 계속교육에 중점을 둔다.
- 고용회사(Beschäftigungsgesellschaft)는 근로자 임대 조건으로 특별한 업무와 사업을 위하여 다른 기업에 근로자를 파견하기 위하여 설립된다. 이 점에서 근로자파견사업부와 동일하다; www.gesetze-im-internet.de.
- 독립기업(betriebsorganisatorisch eigenständige Einheit: beE), 즉 경영조직상 독립된 단위는 이전회사, 구조회사, 고용회사, 기량향상회사의 법적 형식이다. 어떠한 상품이나 서비스를 제공하지 않기 때문에 사회복지 기관으로서 민사법의 적용을 받는다.
위의 사회보장법전 3권 규정과 관련해서 동일하게 취급된다.
5) 정신적 장애자의 재활 치료, 전문가 서비스 등을 지원하는 공익재단.
6) 고용보험지급 중지를 말한다.

다양한 취업상태 간의 (위험한) 이행(移行)에 의한 소득위험도 보장해 준다. 이는 근로자가 유연한 태도를 가지고 직장, 직종 및 장소를 변경할 수 있게 해준다.

이런 고용보험의 중요한 요소는 장기적이고 이자부(利子附)의 신용능력이 있는 노동시간 계좌, 이동성 계좌 및 교육 계좌와 탄력적인 연금보험 수급 자격이다. 그러한 계좌는 또한 노조와 사용자에게도 임금협상 설계에 위한 새로운 기회를 열어줄 것이다. 예를 들어 교육계좌(Bildungskonto)는 임금교섭 성과(가령 임금협약기금Tariffond)와 결합될 것이다. 임금인상이 부분적으로 교육계좌에 납부형태로 설계되는 것(투자임금 investivelohn)도 생각해볼 수 있을 것이다. 교육계좌에 대한 개인적 절약은 이 이외에 – 무엇보다 노동시장에서 불이익을 받는 표적집단을 위해 – 세금재원에 의해 지원될 수 있다.

현재 높은 실업 상황에서 고용보험은 전혀 재정 부담 능력이 없다. 하지만 점점 더 예방적인 노동시장정책이 지금 마련되어야 한다.

정책수단의 정비

고객지향

취업 활성화 지원정책은 다음과 같아야 한다:

* 구체적인 고용가능성을 지향하는 기술능력과 고용능력의 형성 목표
* 효과적인 고객 동향관리에 의해 지원이 필요한 근로자에 집중
* 취업 약정에 규정된 개별 실업자의 요구에 부응
* 사전의 그리고 예방적인 목표의 강화
* 신규 취업 안정성을 후속적으로 지원

활성화 노동시장정책의 모든 정책은 구직자에게 목표지향적 행동선택

지를 열어주고 그 자신의 활동을 유발 즉 강화하는 기본원칙에 따른다. 새로운 지방노동청은 여기서 그를 개별적으로 세분화된 상담을 통해 지원한다.

이를 위해 가능한 한 고객 각자에 관한 정확한 정보(직종 및 경제활동 경력, 사회적 지리적 기능적 물질적 이동잠재력, 경제활동 및 직업에 대한 흥미, 기술 수준 및 상담 필요 사항)와 당사자에게 적합한 정확한 시장 정보(기업구조와 고용정책, 직무내역과 고용잠재력, 필요한 기술 수준과 직무능력)가 필요하다.

취업지원 활성화 정책은 고용능력과 고용기회가 제한되거나 약화된 근로자에게 집중된다.

이것은 특히 다음의 실업자에게 해당된다:

* 전혀 일자리를 찾을 수 없거나 단지 저임금 일자리밖에 찾을 수 없는 현저한 위험에 처한 실업자
* 구체적인 경우 제공된 지원에 의해 신속하게 일자리를 찾을 수 있거나 더 높은 임금의 지속 가능한 일자리를 찾을 수 있는 실업자

자료와 취업협약을 기초로 지원수요의 체계적인 확인에 의해 표적집단별 그리고 세분화된 정책수단이 불필요하게 된다. 활성화 정책은 개별적 수요만을 겨냥한다. 근로자 측과 사용자 측 모두에게 고용장애 요인의 극복과 고용능력 지원이 목표다. 새로운 지방노동청은 예방적이고 사전에 대비하며, 부수적이고 사후적인 개입을 통해 이런 업무에 임한다.

활성화 정책의 집중도는 관리 수요의 증가에 따라 커진다. 따라서 고객을 그의 관리 필요에 따라 순위를 두는 모델은 다음 원칙에 따른다:

* 취업알선 확률이 높은 고객의 경우, 자동화정보기기가 핵심이다.
* 상담이 필요한 고객의 경우, 집중적이고 확대된 구직활동에 대한 인센티브를 마련하기 위해서는 특히 이동 지원을, 고용 수요가 있는

직무나 고용 분야에서 필요하거나 해당되는 사용자를 목표로 한 기술능력의 활용도를 높이기 위해서는 근로자파견사업부와 기간제 일자리가 선택지다.

* 특히 장기실업자나 제한된 취업능력으로 장기실업의 위험에 처한 관리 대상 고객의 경우, 자료를 기초로 맞춤형 취업계획이 제공된다. 이를 위해 새로운 지방노동청은 제3자인 외부기관의 전문서비스(예를 들어 맞춤형 서비스Maatwerk)를 제공한다. 노령자에 대해 새로운 임금보험 청구를 통하여 소득상실을 부분적으로 보전하는 것이 활성화 정책에 포함된다. 이에 더해서 일자리센터에서 부수적 관리가 제공된다.

근로자파견사업부에 취업기회가 없다면, 구조가 취약한 지역과 노동시장에서 주문이 크지 않은 사람들에 대해서는 이행 단계에서 공공지원을 받는 고용이 실업의 대안이 될 수 있다.

서비스 설계의 지침으로서 "자기활동 유발 - 안정 회복"이라는 원칙에 활동 지원 정책이 포함되고, 약정된 자기주도 조치의 성공 보장을 위한 활동에 영향을 주는 정책이 배제되지 않는다. 취업계획은 양자 모두에게 구속력을 가지며 목표 약정의 성격을 가진다. 취업계획에서 자기 과실에 의한 약정 위반이 반복되는 경우, 이제까지 융통성이 없고 거의 활용되지 못했던 경력단절기간 규정이 앞으로는 차별화되고 상황에 맞는 실업자의 행동에 영향을 주는 형태로 활용될 것이다.

기술 향상 중에 그리고 취업제의 승락 시에 불안정한 취업을 목표로 하는 실업자의 취업지원성 활동을 보호하기 위하여 사전에 준비하고 취업에 따라서 사후에 관리한다는 것은 필수불가결하다(훌륭한 실천-모델인 뒤스부르크의 "플러스-임금"7) 참고).

---

7) 뒤스부르크 노동청(Arbeitsamtsbezirk Duisburg)이 1998년 이후 제도의 보조

특별한 경우에는 (예를 들어 취업정책이 기술향상교육의 성격을 가질 때; 특별히 기업에 특수한 기술능력 요구에 기여할 때) 실업자나 사용자의 적절한 비용 분담이 약정될 수 있다.

시장지향

기업은 전략적으로 중요한 고객이다. 따라서 기업에게는 특별한 관심과 서비스가 필요하다. 고용실현을 위해서는 고용과 고용지원 정책이 기업과 시장의 요구에 맞추어야 한다.

또한 사용자 측에 대해서도 더 많은 책임이 요구된다. 이는 앞으로 기술 요구뿐만 아니라 그 종업원의 실제 활동기록, 취업기간, 보수 및 빈 일자리에 대한 기한 내 신고 등의 업무에도 해당된다.

유익한 지역별 기술수준 분석을 사전에 점검한다는 것이 정책수단의 효율성과 효과 달성에 핵심이다. 이는 분명한 1차 노동시장 지향을 확실하게 해주고 부수적인 부담을 줄여줄 것이다.

더 강력한 시장과 수요 지향의 상세한 내용은 다음과 같다:

* 이동수단 지원에 의한 구직자의 이동 지원과 진입장벽 극복과 미숙련 노동자의 취업을 위하여 사용자에게 인센티브 제공(저비용의 수습기간, 근로자파견사업부의 노동력공급을 통한 해고보호의 무효화). 목표: 지역 간 부조화 문제 해결

모델로 개발한 정책모델. 각 노동자에게 14일 동안 기록 작업이 의무적이다. 지원(취업지원훈련, 채무 상담 등) 외에 최소한 2개의 일자리가 제의된다. 이에 더하여 사용자는 빈 자리를 제시한다. 일자리를 승락한 후에 고용관계 안정을 위하여 전체 지원기간 동안 참여자를 관리하게 제공된다. 현재 일자리의 급여가 과거의 순소득보다 적은 경우 과거 급여 수준으로 1,250유로까지 지원해준다. 12개월 동안 최고 월 250유로를 지원해주며, 취업 수락 시 1회에 한하여 250유로를 더 지급한다; 연방노동청(www.arbeitsamt.de).

* 취업알선 능력 획득(회복)에 목표를 둔 기술향상과 교육훈련 정책; 기업현장과 연계된 짧고 기업에 알맞은 정형화된 재교육. 목표: 기술수준의 부조화 문제 해결
* 근로자파견사업부를 통한 기간제 노동의 잠재력 활용. 목표: 부분적인 노동시장 분야에서 잠재적 노동수요 개발
* 창업 상담 바우처와 역량센터의 지역 참여자 공급 네트워크화의 협력 중심 역할. 목표: 창업자에 대한 공급 효율화

법적 요건 완화와 규제 폐지

고용 지원 관련 현행 법적 규제는 매우 다양한 상세규정과 시행 지침을 가지고 표적집단에 맞춘 무수한 개별정책수단을 특징으로 하고 있다. 취업알선 기관이 앞으로 기업적 서비스를 더 잘 수행하기 위해서 다음이 요구된다;

* 높은 유연성과 더 많은 현장설계 재량권
* 일관된 각 지역의 구직자와 기업의 수요 지향
* 참여자에 대한 투명성 제고와 행정비용 감축

규제의 축소와 정책수단의 간소화는 권한 분산 강화, 예산권한 확대와 병행하여 단계적으로 추진.

* 첫 번째 단계에서는 적극적 일자리 지원의 기존 업무가 통합되고, 간소화되며, 가능하다면 패키지화 된다. 종전의 시행지시는 시행일에 폐지되고 필요하다면 과거의 시행지침은 지정된 날자에 폐지되고 필요하다면 소수의 공개된 설명서로 대체된다.
* 두 번째 단계에서는 정책수단이 유연하게 대체 가능한 소수의 지원 모듈로 통합된다. 이것은 더 높은 수준의 목표, 기본적인 변수와 기

술수준의 명세로 제한된다. 세분화된 표적집단 설정은 폐지된다. 세분화된 목표 집단의 정의는 필요 없게 된다.
* 마지막 단계에서는 법률에 의해 핵심적인 활동 분야를 지향하여 개별 정책수단 명세는 완전히 폐지된다

- 기업 측의 고용예고, 고용 이전과 일자리 창출
- 근로자 측의 취업 지원, 취업능력 확보와 기회평등 지원
- 자영업 (창업) 지원
- 기회평등 지원

〈그림 1〉 정책수단에서 활동예산까지

근로자 지원 업무		취업목표
* 창업자금(Überbrückungsgeld) * 부양수당(Unterhaltsgeld) * 이동수단 지원	근로자 지원 업무	1. 고용예고, 고용이전, 일자리 창출 2. 취업 지원/취업능력 확보 3. 자영업 지원 4. 기회평등 지원
사용자 지원 업무 * 고용보조금 * 장기실업자를 위한 고용지원 * 신설기업 고용보조금	사용자 지원 업무	활동예산
집행기관(Träger)[8] 지원 업무 * 일자리 창출 정책 * 구조조정정책[9] (Strukturanpassungsmaβnahme) * 청년기숙사건립	일자리 창출 정책 (ABM)	
투입 관리 현행: 51개 정책수단	단기: 정책수단 축소	효과 관리 중기: 활동예산 재량

일자리센터의 전문인력은 재량권을 가지는 업무 예산을 가지게 된다. 예산 사용은 구체적이고 개별적인 취업수요에 따라 자금 사용을 결정한다.

구속력 있는 경영정책 목표 관리와 효과적인 통제는, 새로운 지방노동청이 업무를 지역의 노동시장에 목표를 두고 효율적으로 수행할 수 있도록 할 것이다.

법적 요건의 단계적 축소는 새로운 지방노동청 내 문화의 변화와 함께 갈 것이다. 여기서는 확보된 재량권이 창의적이고도 효율적으로 활용될 것이다. 새로운 경영능력이 필요할 것이다. 일자리센터의 전문인력은 새로운 역량을 유지할 것이다.

노동시장 정책에 지자체 고용전략 포함

지역의 다양한 발전은 차별화된 지역적 성장전략과 고용전략을 요구한다. 이것은 "위로부터" 주어질 수 없다. 결정적인 것은 일관된 지역 지향의 지원과 모든 경제 및 노동시장정책 담당자의 활동의 "자연적 경제공간"으로 통합이다.

새로운 지방노동청은 관련 담당기관(예를 들어 상공회의소, 단체, 노조, 경제계 및 기업, 교육기관, 지자체, 교회)의 참여 하에 자기 책임으로 전체 노동시장정책을 설계한다. 새로운 연방노동청의 이사회는 현지의 경영진과 목표협정을 체결한다. 새로운 지방노동청은 목표 달성을 위하여 현장에 적합한 지역 노동시장정책을 개발한다 새로운 지방노동청의 노동시장정책은 다음에 따라 수립된다:

* 연방과 주의 노동시장정책상의 중점
* 지역 경제 및 구조정책
* 지역 경제와 노동시장발전의 실제 및 예상되는 수요
* 고용과 실업의 구조
* 노동시장에서 자격능력, 지역적, 구조적 부조화

노동시장정책은 표적집단(예를 들어 중증장애인, 취업알선이 어려운 노령자, 재취업 여성, 미숙련자)에 대한 핵심활동을 설정한다. 자금 사용은 수요 분석과 지역발전을 위한 지역적 목표체계에서 결정된다.

새로운 지방노동청에 완전한 예산 권한을 준다

목표는 무엇보다 현지의 통합된 노동시장정책과 고용정책 설계 재량권의 확대이다. 이를 위해 새로운 지방노동청은 더 이상 재정의 "세부항목"이 아닌 기업적인 포괄예산을 가진다. 노동시장의 목표는 목표 협정에 의해 구속력을 가진다. 이 경우 분권화된 책임과 관리 원칙은 새로운 지방노동청 내에서 사례관리자와 취업알선 담당자에게도 적용된다. 새로운 연방노동청 이사회는 앞으로 성과에 중점을 두는 지방노동청을 지도하고 관리만 한다. 여기서는 실업자 수가 핵심적인 척도가 된다.

포괄예산에 대한 접근은 새로운 관리능력과 통제 및 보안체계의 개발을 필요로 한다. 따라서 포괄적인 예산편성체계는 단계적으로 도입될 것이다.

첫 번째 단계에서는 모든 재량권은 취업 항목에 포함된다. 재량권에 의한 지원은 실험적인 혁신적 접근에만 사용된다. 새로운 지방 노동청에게 지원 재량권을 완전히 활용할 수 있는 동기가 부여된다. 이를 위해 아이디어 경쟁이 있게 되고, 체계적인 혁신관리가 도입된다. 자금계획의 연간 이월이 허용되는 탄력적 예산수립 원칙이 실현될 것이다.

다음 단계에서는 관리 항목에서 인사 및 시설 관리업무가 통합되고 이 자금의 실제 집행 자체를 결정할 수 있는 권한이 노동청에 이관된다. 장기적으로 시범 지방노동청의 의무적인 업무를 포함한 탄력적인 총액예산제가 검토되고 도입될 것이다.

노동시장정책의 권한분산 확대와 정책수단과 예산의 단계적 관리 폐지는 새로운 지방노동청이나 단위 조직 및 직원을 위한 국내외적인 벤치마킹과 인센티브 제도와 결합된 이와 병행한 노동시장 정책 통제 도입 혹은 확대 발전과 연계될 수밖에 없다.

새로운 연방노동청의 전략적 목표와 핵심 업무

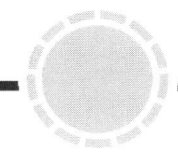

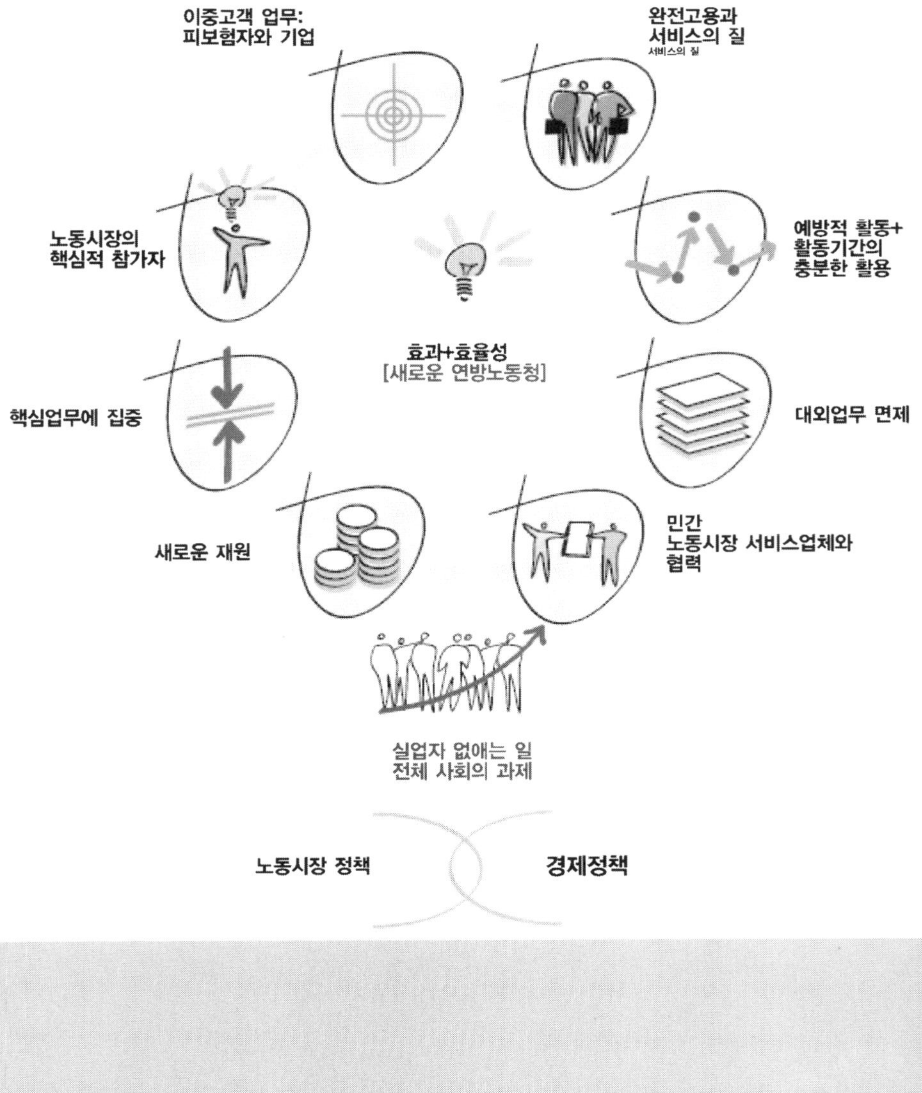

이중고객 업무: 피보험자와 기업

완전고용과 서비스의 질
서비스의 질

노동시장의 핵심적 참가자

예방적 활동+ 활동기간의 충분한 활용

효과+효율성
[새로운 연방노동청]

핵심업무에 집중

대외업무 면제

새로운 재원

민간 노동시장 서비스업체와 협력

실업자 없애는 일
전체 사회의 과제

노동시장 정책 　 경제정책

새로운 연방노동청의 전략적 목표와 핵심 업무

완전고용과 서비스 질

노동시장정책은 통화, 금융, 경제, 교육, 사회 정책과의 상호 관련 속에서 완전고용목표 달성을 지원한다. 노동시장은 전형적으로 정보의 불확실성이 지배하는 이른바 "탐색시장"에 속한다. 노동시장정책은 노동시장에 대한 지역, 기술수준, 제도 간의 부조화를 피해야 한다. 여기서

* 취업알선은 시장의 양측의 정보를 걸러내고, 공급과 수요를 비교하며 성공적으로 일자리를 찾는데 기여하고,
* 실업보험은 근로자로 하여금 일자리 이전의 위험을 받아들일 수 있게 하여 구직자와 빈 일자리 연결의 적합도와 생산성을 높이며,
* 취업정책은 근로자와 기업의 고용능력을 보장한다.

취업알선, 실업보험, 취업정책이 노동시장정책의 핵심이다. 이는 가능한 최소 자금 사용으로 실업을 피하거나 시급히 끝낼 수 있도록 한다면 효과적이고 효율적인 것이 될 것이다.

새로운 연방노동청이 노동시장의 핵심 참여자

새로운 연방노동청은 새로운 민간 사업자와 경쟁하면서 노동시장 제1의 서비스 공급자다. 이는 경쟁에 임하면서 경쟁을 촉진한다. 동시에 이

는 전문화된 고용업무를 위탁하면서 민간 서비스 공급자와 협력한다.

효과적이고 효율적인 새로운 연방노동청은 노동시장의 갈등완화에 중요한 기여를 한다. 하지만 독일에서 실업을 없애는 것은 사회 전체의 과제이다. 노동시장정책은 새로운 연방노동청의 정책으로 한정될 수 없다. 노동시장정책과 경제정책은 효과적으로 결합되어야 하고, 지역 차원에서 이행되어야 한다. 적극적인 정책에서 활성화 정책으로 노동시장정책의 목표 전환이 필요하다. 이를 위해 모든 사회세력과 연방 및 주 정부, 지자체, 기업과 노조가 효과적으로 협력해야 한다.

유럽연합의 정책노선에 따른 독일 노동시장정책의 우선적 목표는 다음과 같다:

* 완전고용정책의 엄호,
* 근로자와 사용자의 자기책임 지원,
* 빠르고 지속 가능한 취업알선 지원,
* 고용능력의 유지와 발전,
* 유연한 근무조직과 근무시간을 통한 적응능력 향상,
* 기업능력의 강화와 자영업 지원,
* 모든 면에서, 특별히 남녀 간의 기회평등 지원,
* 가족과 일의 결합 지원,
* 노동시장의 발전에 관한 정보 준비.

이미 높은 실업의 상태에서는 활성화 노동시장정책의 효율성은 취업 목표와 함께 불리한 위치에 있는 표적집단이나 장기실업의 위험이 큰 사람들의 지원 정도에 특히 더 많은 관심을 두어야 한다.

새로운 연방노동청의 활동 중심은 취업알선과 취업에 있다.

　새로운 연방노동청은 노동시장정책의 필요에 그 방향을 설정하고, 빠르고 지속적인 구직자의 (재)고용에 우선 목표를 둔다.
　새로운 연방노동청은 보험가입자 공동체의 이익에 기초한 효율적인 실업보험을 설계한다. 이를 위해 기존의 법적인 규제는 축소되고 행정과정은 간소화될 것이다. 효과적인 상담, 취업알선 그리고 재취업 업무의 목표는 "보험사건"과 보험금 청구기간의 단축이다. 그러한 활동은:
　* 일자리의 발굴과 확보를 목표로 하며,
　* 일자리를 목표로 활용될 수 있는 기술능력, 취업알선과 상담,
　* 세분화된 구직자와 기업의 수요에 맞춘 구직 및 일자리 기록의 발굴,
　* 정보기술의 지원을 받은 개별 사례의 효율적인 준비 혹은 자동화정보기기 활용,
　* 근로자를 위해 그리고 기업수준에서의 예방조치의 조기 발굴과 예산 확보
　* 목표 지역의 고용정책 수립 시 다른 지역의 기관과 협력,
　* 정책 조언 시 기본조건 변화의 필요성 제시.
　핵심과제와 효율성 제고에 집중함에 따라 중기적으로 실업보험 보험료율 인하가 가능하다.

새로운 연방노동청은 예방적으로 일하고 특별활동기간을 충분히 이용한다

　새로운 지방노동청은 실업이 이미 발생하였다면 일련의 과정이 끝나

야 움직일 것이다. 가능한 한 효과적으로 보험사고의 발생을 방지하기 위하여, 취업활동에 깊이 관여하고 있다. 이에 대한 접근 방식은 사회법전(SGB-Ⅲ)에서 이미 제시되어 있다. 이는 모두 일관성을 가지고 추진될 것이다.

노동시장정책 업무는 앞으로는 사회보장과 더 많은 개인의 자유로운 결정 및 고용정책상의 책임이 조화되도록 하는 방향을 더 강화할 것이다. 이를 위해 노동시장 참여자의 권한과 재량(취업 의지, 취업능력)의 확대를 위해서 절차를 기초로 한 개입까지 새로운 방향으로 개편이 있을 것이다. 활성화 노동시장정책에 의해 앞으로는 다양한 취업형태(전일제와 기간제, 유급노동과 가사도우미, 교육과 노동, 자영업과 종속적 고용)가 사회적으로 안전하고 합의된 방식으로 갈아타거나 개인의 생활상황의 필요에 따라 여러 노동형태의 결합이 더욱 더 가능해져야 한다. 취업능력 향상과 이행(移行) 교량의 구축을 통하여 실업의 위험에 처한 근로자들이 개인적이고도 고립된 실업의 낙인 없이 새로이 취업하게 될 것이다.

새로운 연방노동청의 일반적 조직목표는 이러한 전략적 목표설정에 맞게 다음을 지향할 것이다:

* 실행목표/실효성:
  다시 독일에서 완전고용을 달성하고 유지하기 위한 고용개발의 지원과 실업 예방 및 실업기간단축
* 효율성목표:
  중기적으로 보험료율을 인하하고 이에 의해 안전한 취업에 들어갈 수 있는 여유를 창출할 수 있도록 보험료의 경제적 사용
* 고객지향/업무목표:
  고객 만족 향상과 노동시장에서 제1의 서비스 공급자로서 인정받기 위하여 고객인 사용자와 근로자에게 최고의 서비스 제공

* 직원목표:
  새로운 연방노동청의 사명을 위해 흥미롭고 도전적인 일을 통해 성취한 성공을 느끼고 성과를 체험할 수 있도록 직원들을 격려하고 자기책임 방식으로 이에 기여하도록 동기를 부여

핵심업무에 집중

새로운 연방노동청의 핵심업무는 실업 시 취업알선, 취업알선 지원, 최소생계보장이다. 이는 통합되어야 한다. 이에는 전문적 업무(예, 기록, 재교육과 취업알선의 일괄업무)를 민간에게 일괄적으로 위탁하는 것도 배제하지 않는다.

이러한 핵심업무는 다음 방향으로 처리된다

* 새로운 일자리와 적극적인 일자리 개발의 주도와 지원,
* 고용위험의 예방과 기존 실업의 기간 단축,
* 사람(공급)과 일자리(수요)의 활성화와 의도적이고 적극적인 결합,
* 사용자와 근로자의 고용능력 보장,
* 기회평등 지원,
* 실업 시 보험가입자 부양 보장.

이런 업무의 조직적 통합방식은 일관된 과정관리(고객분석)의 결과에 좌우될 것이고 탄력적으로 설계될 수 있다. 통합은 공통된 상담과 직업적 전문성 원칙을 우선시한다.

대외업무의 면제

포괄적인 업무배정과 부분적으로 매우 복잡한 시행규칙은 현재의 연

방노동청을 업무처리 능력의 한계로 몰아넣고 있다. 따라서 목표는 필요한 업무를 보강하면서 핵심업무에 집중하고 기능적으로 고객을 지향하는 조직의 창출이다.

새로운 연방노동청의 핵심업무 이외의 업무는 앞으로는 외주 처리되어 보험료 이외의 다른 재원에 의해 그 대가가 지급되거나 발주처에 따라 인력, 조직 그리고 재정에서 분리하여 퇴출된다. 이러한 대외 업무가 핵심업무와 상치되어서는 안 되며, 이 업무에 장해가 되거나 제3자에 의해 더 효과적으로 이행될 수 있어서도 안 된다.

또한 뒤의 혁신 모듈 10의 "자녀수당"과 "불법고용과의 싸움"관련 사항 참고

안정적인 재원

예방적이고 고용안정을 지향하는 적극적인 활성화 노동시장정책의 방향에서 새로이 정해지는 업무 범위에서 발생되는 업무와 관련하여, 실업보험의 재정기반 역시 고려되어야 한다.

새로운 연방노동청 업무는 미래투자의 성격 혹은 사회정책적 성격이 강하다. 따라서 실업보험료에서 나오는 재정만으로 정당화될 수 없다. 재정기반은 더 넓어져야 하고, 연방의 법정 보조금과 주와 지자체의 적절한 분담에 의한 확대참여를 통해 보완되어야 한다. 연방과 주의 정책 집행이 새로운 연방노동청의 효과적인 핵심업무 처리에 제약을 주어서는 안 된다. 따라서 특별정책은 새로운 연방노동청의 고용정책상 목표와 합치되어야 할 뿐 아니라, 앞으로는 필요한 재정적, 인적, 물적 자원도 보장되어야 하고 이는 비용 대비 효과 평가에 바탕을 두어야 한다.

구조적으로 취약한 지역에서 1차노동시장의 수용능력 부족으로 인해, 경력의 안정과 기술능력 상실에 대응하기 위하여 공공지원에 의한 고용

이 중기적으로는 필수적이다. 또한 노동시장에서 수요 증가에 적응하지 못하는 사람들에 대해서도 한시적으로 공공지원에 의한 한정된 일정한 규모의 고용은 실업의 대안이 될 수 있다. 그러나 공공지원 고용의 재정은 보험료 납부자만의 과제일 수 없으며, 이는 공공재정에 의해 해결되어야 한다. 동시에 공공지원 고용정책은 지자체의 인프라 투자와 강력하게 연계되어야 한다. 이를 통해 고용이 1차노동시장에 더 접근할 수 있고 (노동시장) 배제효과를 피할 수 있다.

공공지원 고용 설계 시, 새로운 연방노동청의 노동시장정책과 지자체의 고용지원 사이의 중복이 일어난다. 여기서 이중행정과 부담전가를 막고, 장기적이고 지속 가능한 재취업이 증가할 수 있는 해결책이 마련되어야 한다. 이에 노동청과 사회복지부의 일자리센터에 대한 초점 조정, 기관 간의 자료교환과 정책통합에 대한 재취업 목표에 기초한 접근 가능성이 포함된다.

중기적으로는 종전에 공공지원에 의해 고용되었던 실업자는 원칙적으로 근로자파견사업부 취업을 통해 1차노동시장 접근이 강화될 것이다.

민간 노동시장서비스업자와 협력

과거 상당한 증가에도 불구하고 유럽의 다른 나라와 비교할 때 독일의 민간 노동시장에서 서비스업자(기간제노동 회사, 근로자파견사업자, 민간 취업알선 기관)의 시장점유율은 상대적으로 낮다. 독일의 기간제노동의 비율은 약 0.7%인데 반해, 영국과 프랑스에서는 약 2.5%, 네덜란드에서는 무려 약 4.1%에 달한다.

특히 자체 혹은 추가 능력이 필요할 때 그 능력이 더 높이 평가되는 경우에 공공 취업알선 기관이 전문 민간업자에게 외주를 줌으로써 민간 취업알선 기관의 시장점유율이 증가될 수 있다. 이는 특히 취업알선 장애로 인하여 높은 관리 비용이 필요한 경우에 더욱 분명할 것이다.

민간 서비스업자의 시장비율을 높이기 위해서, 민간 서비스업자의 기존 참여기회를 다음과 같이 일관되게 활용되고 개발되어야 한다:

* 새로운 연방노동청과 민간의 제3자 사이의 협력이 외주방식으로 강화되어야 한다. 민간 노하우의 성공적인 활용 사례는, 중증장애인 상담과 장기실업자 취업알선을 위하여 2001년에 전국적으로 도입된 통합전문서비스다(예를 들어 "맞춤 서비스").
* 취업알선 바우처 개발로 민간 취업알선 기관과 경쟁이 확대될 것이다. 이를 위해 지원은 취업알선 장애가 시장조건과 시장의 요구에 의존하고 있는 정도에 따라 조정될 것이다. 어려운 취업알선과 구직자의 주목할 만한 이력에 집중함으로써 불필요한 업무 부담은 줄어들 수 있을 것이다.
* 민간 취업알선 기관의 질은 "품질보증서"나 인증서에 의해 보장될 것이다.
* 민간 취업알선 기관은 당사자의 정보보호와 인격권이 침해되지 않는 한, 유료로 새로운 연방노동청의 등록자 및 일자리 데이터 뱅크에 접근할 수 있다.
* 새로운 연방노동청과 민간 취업알선 기관은 공동으로 직업교육과정을 설계할 것이다. 이 목표는 공법상의 취업알선 기관과 민간 취업알선 기관 간의 인적 교류를 가능하게 하고 촉진하고자 하는 것이다.
* 새로운 지방노동청 차원의 감독과 통제는 일관되게 성과지표에 따라 변하며, 노동시장에서 새로운 연방노동청과 민간 서비스업자 사이의 성과를 목표로 한 협력에 대한 인센티브가 마련될 것이다. 이로 인해서 더 이상 취업알선 기관이 민간이냐 지방 노동청이냐가

아니고 취업알선을 했느냐가 취업알선과 노동시장정책의 성과평가 대상이 된다.

목표는 이념과 관계없이 유럽의 다른 나라와 같이 공법상의 취업알선 기관, 공익적 취업알선 기관 및 민간 취업알선 기관의 병존이다.

13가지 혁신 모듈

1. 이중의 역할: 구직자와 사용자 - 개선된 대(對)고객 업무 - 일자리센터
2. 가족친화적 취업알선과 신속한 취업알선
3. 새로운 적정성과 자발성
4. 청년 실업자 - 직업교육시간증권
5. 노령근로자 지원과 "교량체계"
6. 실업부조와 사회부조의 통합
7. 뉘른베르크에 대한 보급은 없다!
8. 근로자파견사업부(PersonalServiceAgentur: PSA)의 강화 - 친기업적 재교육 - 취업알선이 어려운 사람의 취업
9. 모든 필요한 사회보험을 부담하는 "1인 기업"(Ich-AG)과 "가족 기업"(Familien-AG), 단일 세율에 의한 세금을 부담하는 미니잡 그리고 개인 서비스업에 대한 세액공제제도를 통한 새로운 고용과 불법노동 근절
10. 인력- 투명한 통제 - 모든 과정의 효율적인 IT 지원- 조직구조 - 자치행정 - 노동시장 연구 - 변화 관리
11. 주 노동청을 새로운 일자리와 고용개발 역량센터(Kompetenz Center)로 전환 - 새로운 연방 주(구동독 지역)에서 시작
12. 실업을 근절하기 위한 정책 재정지원
13. "국가의 전문가들"의 기여 - 마스터플랜

대(對)고객 서비스: 일자리센터 — 1

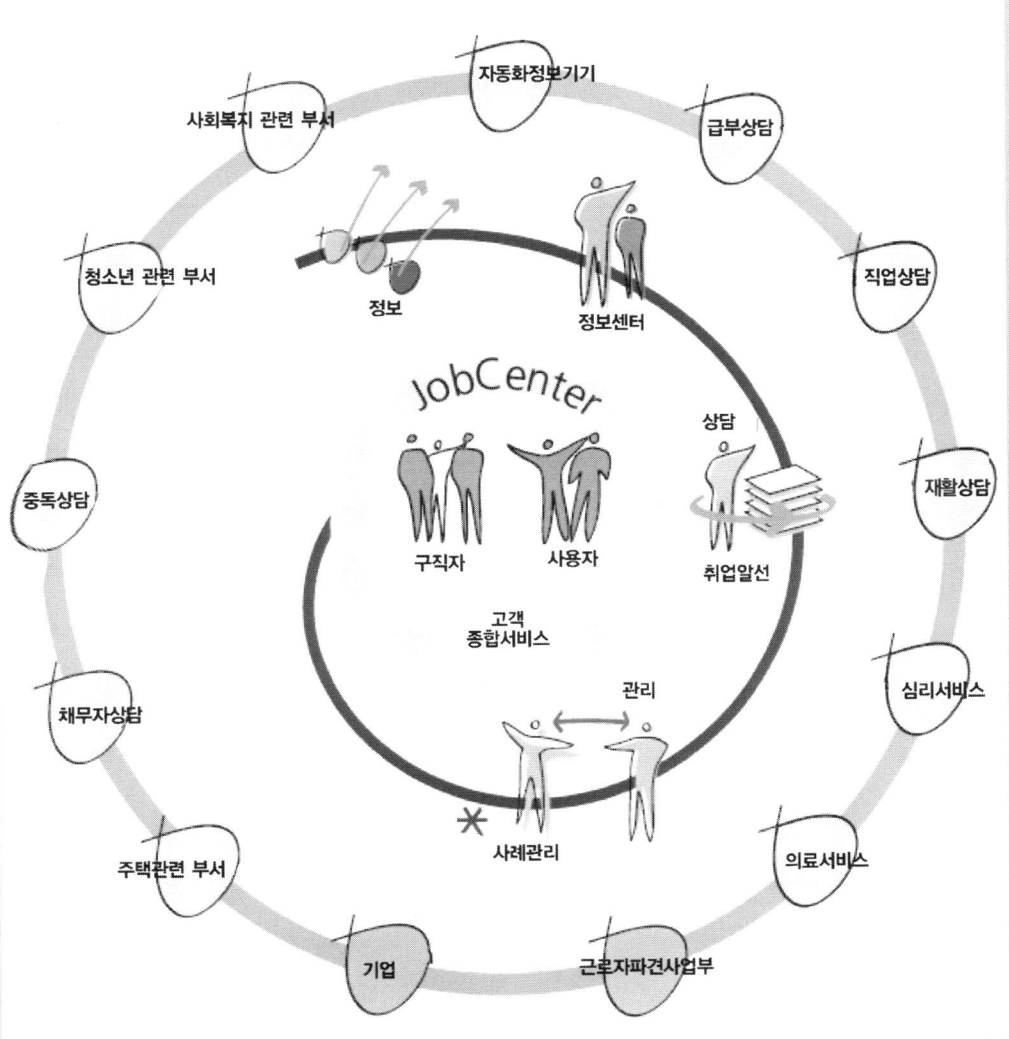

■ 두 고객: 구직자와 사용자 – 고객 서비스 개선 – 일자리센터

- 일자리센터는 앞으로 지역의 노동시장 업무의 중심이 된다. 노동청은 기업식 일자리센터로 전환할 것이다. 전국적으로 지금까지의 주 노동청과 노동사무소에 이의 도입을 우선시한다.
- 새로운 연방노동청의 원래 업무 외에 일자리센터에 노동시장 관련 상담 업무와 관리업무(사회복지, 청소년, 주택, 중독 및 채무상담, 혼합적 근로자파견 업무 등)가 통합될 것이다.
- 일자리센터에서의 업무 흐름은 상담과 관리 요구의 신속한 해결 및 근로자파견사업부에 의한 필요한 정책의 조기 도입에 바탕을 두고 설계된다. 직업-가족-개념에 따른 빈 일자리의 배분을 통해 취업알선 가능성이 높아질 것이다.
- 출발점은 정보센터다. 여기서부터 고객 관리가 시작되고 전문인력의 부담 완화를 위해 행정업무가 집행된다. 정보고객은 더 많은 자동화정보기기를 활용할 수 있다. 상담고객은 취업알선 담당자를 통해 알맞은 일자리를 제공받는다. 관리고객 – 취업알선에 상당한 어려움을 가진 사람들 – 은 특별한 교육을 받은 사례별 관리자의 관리를 받게 된다.
- 취업알선 담당자는 행정과 부대업무에서 면제된다. 이들은 기업접촉과 자기 담당 산업 분야의 빈 일자리의 확보와 구직자 상담에만 집중한다. 그의 활동범위는 자신의 활동예산과 정보통신기술에 의해 확대된다.
- 관리 대상 기업에 대해서 일자리센터와 취업알선 담당자는 맞춤서비스 자료를 개발한다. 중소기업은 분야별로 일자리센터에 의해 관리된다. 대기업에 대해서는 고정 담당자를 둔다. 대(大)고객

관리는 역량센터가 맡는다.
- 사용자와 구직자가 일자리센터 접촉을 위한 전용통신망이 제공될 것이다. "바람직한 고객실천 규약"은 시장의 양자에 대한 서비스의 질을 보증할 것이다.

1. "새로운 노동청"으로서 일자리센터

일자리센터는 앞으로 지역의 노동시장 업무 중심이 된다. 노동청은 기업식 일자리센터로 전환될 것이다. 여기서 노동시장 관련 업무처리는 근본적이고도 제도면에서 포괄적으로 개편될 것이다. 기존의 업무분장을 넘어서 취업알선에서 종합적인 고객 관련 업무가 탄생할 것이다. 여기서 기본적인 정보, 상담, 관리 서비스는 하나의 지붕 아래 조직되고, 공동의 인터페이스 경영(Schnittstellenmanagement)[1]에 의해 조정된다.

일자리센터는 지역의 모든 사용자와 경제활동 능력이 있는 지금까지의 사회부조 수급자를 포함한 경제활동 참가 능력이 있는 모든 실업자나 구직자를 위한 것이다.

모든 경제활동 능력을 가진 사람들을 위한 원스탑 창구로서 전국적인 일자리센터 도입이 최우선권을 가진다. 각각의 일자리센터에서 어떤 서비스를 제공할 것인가의 결정을 포함하여 실무는 연방 노동청 소관사항이다. 구체적인 설계는 지역 여건에 따를 것이다

---

[1] 인터페이스 내부에는 공통의 기능만 규정하고, 구체적인 업무는 하위 단위에서 그 인터페이스 내에 규정되어 있는 방법으로 처리하는 기법

〈그림 2〉 일자리센터 목표

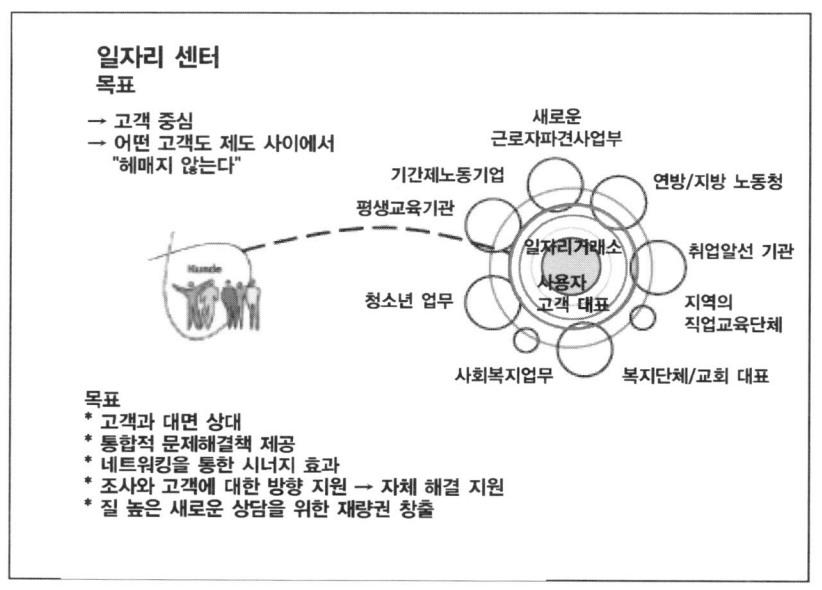

관할 중복 제거

일자리센터에 의해 노동청과 사회복지부처 간에 실업자와 경제활동능력 있는 사회부조 수급자에 대한 원칙상의 관할 중복은 제거될 것이다. 이는 종전까지의 실업부조와 사회부조(경제활동능력 보유자에 대한)의 통합을 의미한다. 이를 통해 급부청구 변경 시 노동청과 사회복지부처 간의 "관할 변경"(Verschiebebahnhof)[2]이 없어진다. 한편으로 사회복지부서는 이제까지의 상담 및 관리 업무(예를 들어 건강상담, 채무상담)를 직접 일자리센터에 이관하게 된다.

---

[2] 이 개념은 법적으로 가령 두 개의 사회보험의 경우 한 쪽의 적자를 다른 쪽의 비용으로 상계하는 정책을 뜻한다.

업무 통합

일자리센터의 개념에는 다음의 원칙이 적용된다: "어떤 고객도 제도의 사이에서 헤매지 않는다." 보완된 상담 및 관리 서비스를 제공하는 일자리센터에서 좁은 의미에서 취업알선 통합에 의해 취업알선 과정 상 핵심 업무에 대한 부담완화 효과가 커질 것이다.

구직자, 실업자, 취업을 앞둔 청년을 대한 업무는 실업급여의 계산과 지급, 노동시장 및 일자리와 직업 상담, 취업능력 회복을 위하여 측면을 지원을 받는 상담과 관리, 기술능력향상정책, 근로자파견사업부에 적절한 근로자 인계 등이 포함된다.

〈그림 3〉 일자리센터 개념

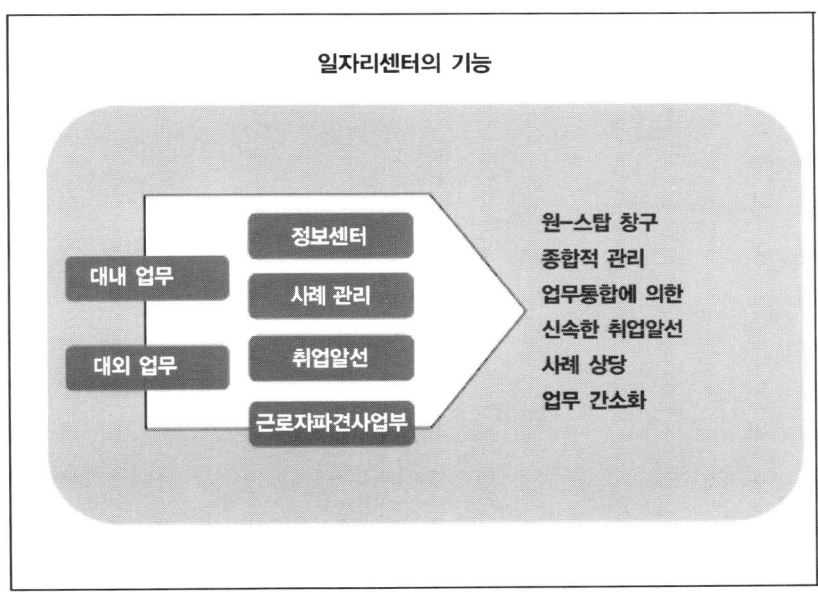

청년, 주택, 약물중독상담과 채무상담 업무 분야에서 나오는 경제활동 능력이 있는 사람 관리에 필요하고 의미 있는 업무는 새로운 연방노동청 [BA-neu]의 개편된 업무에 의해 하나의 지붕 아래 조직적으로 통합되어 새로운 업무 흐름에 편입될 것이다.

다양한 업무가 대(對)고객창구로 통합되면서 지원부서의 재정책임의 분리가 수반될 것이다. 필요한 업무는 지방 노동청[AA-neu]에서 보험원칙을 준수하면서 지자체와 기타 협력기관에 의해 매매될 것이다. 연방과 주, 지자체 사이의 재정관계를 분명하게 하는 것은 지자체 재정개혁위원회 업무다.

2. 구직자 서비스

구직자들이 더 빨리 그리고 목표로 하는 일자리를 찾을 수 있도록, 이들의 지원 수요에 따라 이들에게 일자리센터의 단계적인 상담과 관리가 제공될 것이다.

* "정보고객"은 자기주도로 일자리 찾기를 잘 할 수 있는 구직자를 말한다. 이들에게는 일자리를 찾거나 직업전환에 필요한 정보가 제공될 것이다. 이를 위해서는 무엇보다 고객 수요에 맞춘 자동화정보기기 설계가 필요하다.
* "상담고객"은 일자리 찾는 과정에서 정보 이상의 상담이 필요하다. 전문적이고 개인적인 취업알선 장애를 찾아내서 이를 해결하는 것이 우선이다.
* "관리고객"은 취업알선에 상당한 어려움(전문성 결여, 개인적 문제, 사회성 문제나 건강상 문제 등으로 인하여 노동시장 접근의 어려움)을 가진 구직자다.

〈그림 4〉 고객유형별-관리

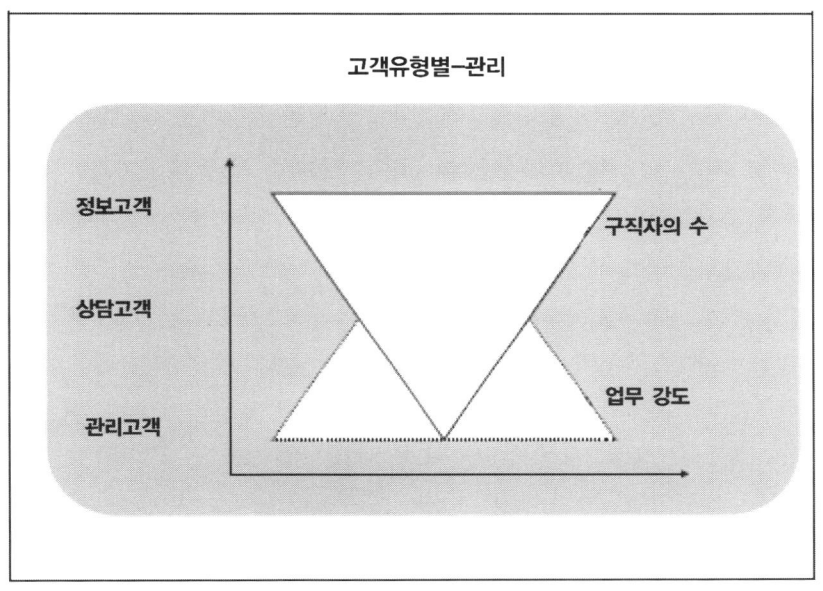

　신청자는 일자리센터의 규모와 지역 노동시장의 구조에 따라 배치, 전환될 것이다(예를 들어 청년, 일과-가족). 지역의 필요에 따라(예를 들어 대도시 노동청 혹은 지방노동청) 일자리센터의 기구조직은 일정 구직자 집단에 대한 전문화된 직무기술에 의해 설계될 것이다. 적절한 조직상의 업무분장은 현지에서 결정된다.
　일자리센터의 절절하고 시장지향적인 고객 집단별 업무분장에 의해 그리고 상담과 관리 수요(정보고객, 상담고객, 관리고객)에 따른 구직자의 세 가지 분류에 의해 일자리센터의 목표 집단별로 전문화된 업무처리 방향이 설계된다.

3. 직군(職群)과 정보화에 의한 취업알선 개선

정보화는 취업알선 업무 개선의 기초다. 정보화 수준은 고객 중심으로 결정되어야 한다. 입력 자료에 의해 고객의 상담 및 관리 필요성 여부가 결정될 것이다. 필요에 따라 수행된 심층 정보화에 의해 사실 요소, (예를 들어 이력) 외에 특히 연성 요소(예를 들어 동기, 팀워크 혹은 유연성과 같은 연성기술)도 파악될 것이다.

잠재력의 파악은 엄격한 직무분석표의 틀을 넘어선다. 실제 지원자 관련 정보 외에도 지원자가 희망하거나 목표한 일자리에 관한 정보도 기록된다. 사용자에게는 특정한 능력이나 관련 직군을 홍보할 기회도 생긴다.

이런 접근에 의해 인접 기술과 산업 분야 간의 연결이 가능해지고 이런 식으로 직군 내에서 이동과 임용의 길이 열린다. 이를 위해서는 필요한 기술적 전제가 마련되어야 한다.

구직과 알선 시에 개선되고 확대된 소프트웨어-지원을 취업알선 담당자와 고객이 이용할 수 있다.

기능 개선의 기초로서 최신 정보 파악이 필수적이다. 직종 항목 내의 지원자 정보와 일자리 정보의 코드화는 폐지되고 직군 기술(記述)로 대체될 것이다. 취업알선은 숫자 비교가 아니라 전문정보 탐색에 의해 이루질 것이다.

이를 통해 또한 완전하게 일치하지 않는 특성은 서로 조정된다(예를 들어 필요한 기술과 기존의 증명되지 않은 능력과 관심). 이러한 조정으로 인해 실무교육이 필요할 수 있다.

취업알선이 중심

일자리센터 업무 중심은 취업알선 업무다. 모든 활동 방향은 실업자가 1차노동시장에서 취업하는 것이다. 따라서 시장에서 구직자와 사용자 양

측의 효과적인 결합이 보장되어야 한다.

취업알선에서 공급 및 수요 양 측이 의견이 서로 일치해야 한다. 이를 위해 사용자 관리와 일자리 확보는 구직자의 알선 상담과 밀접하게 연계되어야 한다. 취업알선 시각에서 일자리만을 목표로 하는 취업알선은 효과가 없다. 취업알선 기관은 수요자의 관리 관련 업무를 종전보다 더 잘 처리할 수 있어야 한다.

일자리센터에서 업무처리의 중심축은 정보센터, 사례관리, 취업알선과 근로자파견사업부에 의해 구축된다.

사례관리 담당자는 주로 실업자 관리와 경우에 따라서 필요한 고용능력의 회복에 중점을 두고, 취업알선 담당자의 알선업무 처리다. 인력 수요는 자동화정보기기에 의해 보완된다.

자동화기기와 가상 노동시장 구축

새로운 연방노동청[BA-neu]의 고객 업무는 자동화기기를 독자적으로 활용할 수 있고, 임금 보상급부 신청을 포함한 일반업무처리와 상담은 스스로 정보를 입력함으로써 쉽고도 신속하게 처리될 수 있다. 고객은 신청서 작성 시 PC-작업실을 이용할 수 있다.

자동화기기 이용 시 추가로 제기된 문제에 대한 답변을 위하여 고객은 온라인을 이용할 수 있다.

정보센터

업무의 출발점은 정보센터다. 여기서 고객관리가 시작된다. 준비된 행정업무(예를 들어 입력정보, 필요한 정보의 접수와 처리)는 여기서 수행된다. 이 부문의 직원은 이에 이어지는 부서 업무의 경감과 개선에서 핵심적 역할을 수행한다. 이들이 좋은 소통능력을 가진 "만능선수"여야 한다는 것이 중요하다. 정보센터는 표적집단별로 그리고 관심사별로 고객을 전문가와 온라인 서비스(자동화정보기기, 사례관리 담당자, 취업알선 담당자, 직업상담 담당자, 급부 상담 담당자)와 연결시켜준다.

정보센터 직원은 고객과 최초로 접촉한다. 여기서 이들은 가령 실업급여 수령 자격요건을 처리하고 정보를 컴퓨터에 직접 입력한다.

〈그림 5〉 일자리센터의 업무 흐름

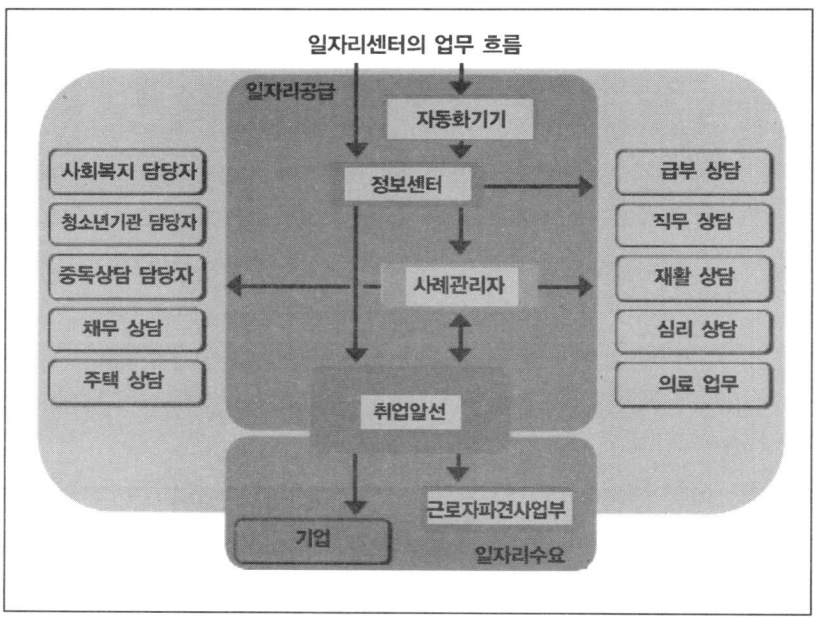

사례관리자

더 많은 상담과 관리가 필요한 고객(관리고객)은 사례관리 담당자에게 이관된다. 그는 일자리센터에서 개별 사례에서 요구되는 업무 전체를 조정한다.

사례관리자는 넓은 범위의 결정권한을 가진다. 그는 심층정보를 작성하거나 작성하도록 하며, 이를 기초로 고객과의 다음 절차는 구속력 있는 약정을 체결하는 것이다(취업약정). 특히 사례관리자는 일자리센터와 근로자파견사업부의 취업알선 담당자와 기타 전문가와 합의 하에 취업 능력 해결과 지원에 필요한 정책을 마련한다.

사례관리자는 오직 실업자에게만 관심을 집중한다. 그는 그래서 노동청의 과거 취업알선 담당자의 업무 일부를 인수한다.

사례관리는 제3자에게 넘길 수 있다.

취업알선 담당자

취업알선 담당자가 실업자와 구직자의 취업알선과 취업이라는 고유 업무에 더 많은 시간을 투입하기 위해서, 그는 행정 및 부대 업무에서 벗어나야 한다. 일자리센터 전문가의 협력과 사전작업을 통해(정보센터, 사례관리자, 정보작성자, 급부전문가, 근로자파견사업부 등) 취업알선 담당자는 담당 기업의 빈 일자리 확보 및 지원자와 빈 일자리를 연결시켜주는 일에 집중할 수 있게 된다.

취업알선 담당자는 사용자와 실업자 관리 업무를 맡는다. 실업자 관리 업무를 줄임으로써 그는 더 조직적으로 일할 수 있게 되고 목표를 가지고 더 많은 시간을 투입하여 시장에서 양측의 요구에 응할 수 있게 되는 것이다. 각 경우의 업무 배분은 필요에 따라 정해지는데, 취업알선 담당자가 이런 조건 하에서 자신의 업무역량을 공급측면과 수요측면에 대해 각각 절반씩 투입하는 것에서 출발한다.

규정의 간소화와 개인의 더 많은 재량권에 의해 고객요구에 더욱 더 집중적으로 응할 수 있게 된다.

이에 의해 빈 자리를 확보하기 위하여 사용자를 체계적이고도 예방적으로 관리하고 정기적으로 접촉할 수 있게 된다. 그럼으로써 잠재적이고 미래지향적인 인력수요를 발굴하고 잠재적인 고용 위험(예 파산 위험에 처한 기업)을 사전에 대처할 수 있다.

취업알선 담당자는 구직자와 정기적으로 취업약정에서 정한 자구노력 대해 논의한다. 취업알선 담당자는 당해 구직자와 제의된 일자리에 관해 논의하고 채용면담을 준비하도록 한다.

취업알선 담당자는 알선-과정에서 노동 공급과 수요의 최적 결합 결과에 대한 책임을 진다. 이를 위해 (가령 덴마크에서와 같이) 적절한 재취업 정책에 대한 독자적인 결정을 내릴 수 있기 위해서 개별적인 활동예산 필요하다. 이를 통해 개별 근로자의 개인적 어려움에 목표를 맞춘 지원이 가능하게 될 것이다.

팀 조직

팀 방식의 협력은 효과적이고 성과지향적인 작업방식의 전제이다. 일자리센터 직원은 사례 논의에서 고객맞춤형으로 임할 수 있다. 고객관계는 사례협의에 대해 일자리센터에서 참여하는 협력자에게도 해당된다. 여기서 이들은 자기들의 업무를 다른 사람들과 협력하여 그 다음의 구체적 절차에 합의할 수 있다. 이런 형태의 팀워크가 일자리센터의 통합정보관리 지원을 받음으로써 모든 참여 직원은 언제든지 업무현황을 찾아볼 수 있게 된다.

건축

새로운 업무와 서비스의 질은 일자리센터의 건축과 공간구성으로 표현된다. 이와 함께 "노동청"은 새로운 외관을 갖게 된다. 닫혀진 사무실 문 앞에서 자신의 "사례" 처리를 기다리는 실업자와 함께 복도를 설계함으로써 다양한 정보기기와 체험설비(일자리 메모, 컴퓨터 단말기, 직업정보센터, 인터넷-바, 카페, 전시실)가 구비된 개방형 공간이 조성될 것이다.

사무실 밖에서의 이동 혹은 상시 서비스

사무실 외 서비스 제공으로 취업알선 업무는 고객-구직자와 기업-에 더 가까이 갈 수 있다.

두 고객 집단은 취업상담 부스는 예를 들면 쇼핑센터 현장 취업부스에서 취업기회와 일자리에 관한 정보를 얻을 수 있고, 즉시 전화나 이-메일로 지원할 수 있다.

4. 사용자 고객 업무

새로운 일자리는 중장기적으로 기업에 의해서만 창출될 수 있다. 따라서 새로운 업무에 반영된 것이 사용자로부터 특별한 주목을 받는 것에 주의를 기울여야 한다.

취업알선 담당자가 수요에 시간을 길게 할애함으로써 취업알선 과정에서 개별 사용자의 특정 수요와 요구사항이 파악되어 개별적인 서비스 제공이 가능하다. 취업알선 담당자는 자기 담당 기업에 적합한 업무 내용을 개발할 것이다.

이에는 지원자 중에서 유자격자를 미리 선정하여 희망에 따라 취업알선 담당자와 이들과 먼저 취업면담을 하는 것을 예로 들 수 있다. 경우 따라서는 사용자와의 이후의 면담이 취업알선 담당자의 참여 아래 이루어질 수 있다.

잠재적 일자리의 세분화

모든 사용자는 앞으로는 일자리센터의 자기 담당자를 알게 될 것이다. 새로운 연방노동청은 다음의 요구에 맞추어 조직상의 해결방안을 개발할 것이다:

* 대기업은 인력문제에 관한 결정에서 고정 담당자 활용이 가능해야 한다. 이런 담당자 배치는 기업의 지리적 거리와 업무 스타일에 따른다.

지역 경계를 넘어 활동하는 대기업은 주요고객 관리 시스템에 의해 역량센터가 담당한다. 실무는 현지의 일자리센터와 근로자파견사업부가 맡는다.

* 중소기업은 업종에 따라 일자리센터의 팀이 관리한다.

쉬운 접근성 - 짧은 응답 시간

사용자는 신속하고 적절한 상담을 받을 것이다. 접근이 쉬워야 한다. 구체적인 문의에 대해서 사용자는 보장된 기한 내에 적절한 응답을 받게 된다. 새로운 연방노동청은 이의 품질기준을 설정할 것이다.

사용자 고객집단의 상담과 관리를 위하여 직원은 이에 상응한 교육훈련을 받거나 신규 충원될 것이다. 기업의 실제 업무방식을 잘 아는 것이 필요하다.

이행에는 다음의 요건이 필요하다:

* 사용자 고객 관리 업무 설계에서는 이들 고객이 일자리센터를 방문하지 않도록 하는 게 결정적이다. 따라서 효율적인 통신망, 인터넷, 자동화기기와 적극적인 출장서비스가 그 접근성 설계에서 필수적이다.
* 빈 일자리의 분류는 탐색의 성공과 취업알선 기회를 높이기 위해 직군 개념에 따라 이루어질 것이다.
* 고객관리와 일자리 확보 위하여 필요한 출장서비스는 이동 장비와 이의 적절한 활용의 효과적인 지원을 받는다. 직원은 이를 위해 휴대용 컴퓨터 및 연방노동청의 내부 통신망과 연결된 이동 장비를 갖추게 된다.

* 일자리센터의 접근성은 온라인에 의해 확보된다. 정보보호가 보장된다면, 제3자에게 이 업무가 위임될 수 있다.

  콜센터에 사용자 전용라인의 구축 시에 영국의 경험을 활용할 수 있다: 사용자가 질문하거나 빈 자리를 등록하기까지 대기시간은 20초 이내가 되어야 한다. 구체적인 사례는 2일 이내에 처리되거나 10일 이내에 해결될 것이다.
* 사용자 및 근로자에 대한 서비스의 질을 보장하기 위해, 서비스 기준은 "좋은 고객실천 규약집" 속에서 규정되고 실행될 것이다.
* 대(大)고객과 협력기관에게는 "거래규모"(접속 정도와 이용 비중)에 따라 추가적으로 새로운 연방노동청 정보통신시스템과 전용 접속회선이 제공될 것이다. 이에 의해 외부 이용자가 데이터 보호에 주의하면서 일정 정보에 직접 접근할 수 있다. 이 서비스에 대하여 사용료가 고려될 수 있다.

인터넷 상의 일자리 제의와는 대조적으로 달리, 완전자동화 설비에 의한 상호 정보교환, 예를 들면 새로운 연방노동청과 기업 간의 일자리와 신청자 정보 교환이 가능하게 될 것이다. 이는 분명히 취업에서 최적 업무처리와 시간 단축으로 귀결될 것이다.

신속한 가족친화적 취업알선 및 취업알선 속도 향상　2

처리속도의 향상

해고　　　작성과 취업알선 협의　　　새로운 일자리

해고예고 기간 개시 시
등록의무와 취업알선　　　취업알선 진행

가족　　　　　　　　　자녀

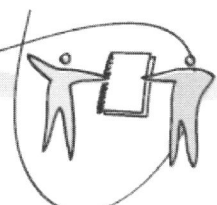
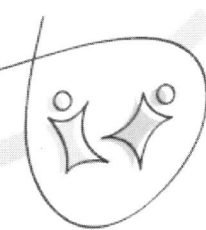

실업자 체면 유지

보너스체계의 순위 조정　　　　　　　　　보육과 자녀보호 지원

품질과 업무의 연계
최우선순위

▌ 신속한 가족친화적 취업알선 및 취업알선 속도 향상

- 일자리센터 업무 시간의 연장은 취업알선 속도를 향상시킬 것이다. 근로자는 앞으로 해고예고 시점에 실업의 위험을 일자리센터에 신고해야 한다.
- 사용자는 근무제외와 자료작성 협력을 통해 신속한 취업알선을 지원할 것이다. 일자리센터에 적기에 정보를 제공하지 않은 근로자는 등록 지체일 전체에 대한 실업급여 일괄 감액을 감수해야 한다.
- 취업알선 속도 향상은 일련의 정책에 의해 달성될 것이다: 업무처리와 서류 간소화, 전담 인력의 자기책임의 확대, 더 많은 자동화정보기기, 관리 대상자 축소, 근로자파견사업부 활용, 사용자와 유대 강화 및 일관성 있는 새로운 적정성의 시행
- 취업알선은 가족친화적으로 될 것이다. 특별한 보호가 필요한 피부양자나 가족 구성원에 대한 특별한 책임을 지고 있는 실업자는 취업알선에서 우선순위에 놓인다. 가족과 직업의 결합 개선을 위하여 이제까지의 자녀돌봄 정책수단도 결합된다. 지자체, 매개조직(intermediären Organisationen), 기업 혹은 기타 민간 기관과 공동으로 자녀돌봄시설을 추가로 건설할 것이다.
- 실업자는 체면을 찾을 것이다. 책임 있는 사례관리자의 실업자에 대한 집중적인 관리에서 실업자 개인과 그의 인간적 생활상태가 중심이 된다.
- 더욱이 새로운 연방노동청 이사회와 새로운 지방노동청의 상임이사는 매주, 특별한 보호가 필요한 피부양자나 가족구성원에 대한 특별한 책임을 지고 있는 실업자와 모임을 가질 것이다. 이를 통해 새로운 지방노동청 상임이사의 활동에서 빠진 부분과 개인적

책임이 분명해질 것이다.
- 실업에 처해진 가족을 우선시하는 것은 취업알선 담당자와 그의 팀에 대한 보상체계에도 반영된다. 목표는 취업알선 속도의 향상이지만, 청년이나 중증장애인, 혹은 장기실업 위험에 처한 사람과 같은 표적집단에 대한 접근도 목표다.

1. 해고예고 접수 후 실업등록

현행 법령에 따르면 실업 상태에 들어간지 2개월 이내의 노동청 실업등록은 "적법"하다(사회법전SGB III 122조 1항 2). 그러나 현재 정상적인 경우의 등록은 실업 상태에 들어간 후다. 노동청은 실업이 발생되어야 비로소 실업을 알게 된다. 해고예고와 실업 발생 간의 시간은 그래서 이용되지 못한다.

앞으로 근로자는 해고예고 수령 시 혹은 고용계약취소 합의 시점에 일자리센터에 실업위험에 관하여 신고하여야 한다. 또한 기한을 정한 근로관계가 기한이 종료하였거나 직업교육 종료가 임박했을 때도 일자리센터는 기한이 약정된 경우 가능하면 조기에 정보를 제공받을 수 있다. 이를 통해 취업알선 전담 인력이 예방적으로 그리고 적극적으로 수요자 측은 물론 공급자 측에서 활동할 수 있도록 법제화되어야 한다: 목표는 전직이다.

* 기업의 귀책 사유로 인한 해고가 명백한 경우, 기업에게는 고용상담을 통하여 대안으로 생산능력 조정(Kapazitätsanpassung)[1] 선택이 제

---

1) 생산 및 고용능력 조정에는 다음과 같은 것이 있다.
 - 강력 조정: 조립 라인 속도 조정, 교대제 조정
 - 근로시간 조정: 연장근로, 단축근로

의될 수 있다.
* 해당하는 근로자에 대하여 조기에 취업알선 노력이 시작된다. 해고예고기간이 개시되면서 구직자는 자신의 취업능력을 설명하고 필요한 경우 이를 지원할 수 있도록 일자리센터의 종합적 관리를 제공받는다.

〈그림 6〉 법적 해고예고기간[2]

근속연수	해고 예고기간
2년 이하	매달 15일 혹은 첫날까지 4주
2년	매달 첫날까지 1 개월
5년	매달 첫날까지 2 개월
8년	매달 첫날까지 3 개월
10년	매달 첫날까지 4 개월
12년	매달 첫날까지 5 개월
15년	매달 첫날까지 6 개월
20년	매달 첫날까지 7 개월

사용자의 협력

사용자는 근로자가 구직활동 시(상담 면담, 고용 면담) 근무를 면제해 줌으로써, 근로자와 일자리센터의 빠른 재취업 노력을 지원한다.

구체적인 이행을 위해 다음의 규정이 제시될 수 있다: 해고예고 기간의 절반을 사용자와 근로자가 각각 사용한다. 근로자는 먼저 휴가나 노동

- 투입 생산요소 조정
- 일정 수준 이하의 근로자와 기계 퇴출

2) 독일민법(Bürgerliches Gesetzbuch. BGB) 622조 2항; www.gesetze-im-internet.de

시간 비축분을 활용한다. 근무면제 신청은 해고 예고기간 내로 제한된다.
입법기관과 단체교섭 당사자에게는 이에 관한 합의가 권고된다.
사용자는 근로자에 관한 정보작성에 협력한다. 근로자는 근무면제 기간 중 자신의 구직 및 취업알선 활동을 입증하여야 한다.

〈그림 7〉 해고예고 시 활동시간 선택

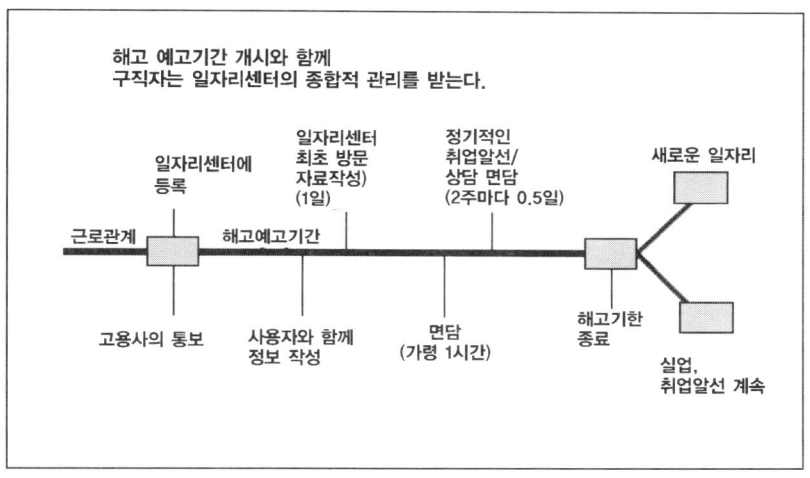

근로자의 협력

임박한 실업의 등록은 해당 근로자에 의해 이루어진다. 기본적으로 앞으로는 서비스를 이용하려는 모든 근로자는 해고예고를 받았을 때 바로 노동청에 신고해야 한다. 이는 또한 근로계약 해지 시에도 마찬가지이다. 기간을 정한 근로계약을 맺은 근로자와 직업교육생에게는 일괄규정이 적용된다.

해고 통지와 실업 개시 사이의 기간 중 일자리센터의 조기 지원 제공은 따라서, 근로자가 실업보험 급부를 청구하고자 한다면, 해고의 예고나 근로계약의 해지 등을 신고하는 근로자의 의무와 연계되어 있다. 이러한 책임은 유예기간 규정을 통해 강화될 것이다.

유예기간

노동청에 늦게 신고하는 사람은 첫날부터 손해를 감수해야 한다. 보험료 일괄공제 규정에 의해 근로자에게 지체 신고 시에 어떤 공제가 계상되었는지 설명될 것이다.

일괄공제는 과거 보수를 기초로 각각의 실업급여청구의 하한선에 맞추어 진다. 일괄공제는 세 단계로 계산된다. 공제는 급부 개시 시 일당으로 이루어진다.

월 소득 총액 1,700에서 3,100유로 사이의 경우, 실업자는 예를 들어 해고예고 통보 후 등록 지체 1일당 35유로씩 공제가 계산된다.

〈그림 8〉 유예기간 규정

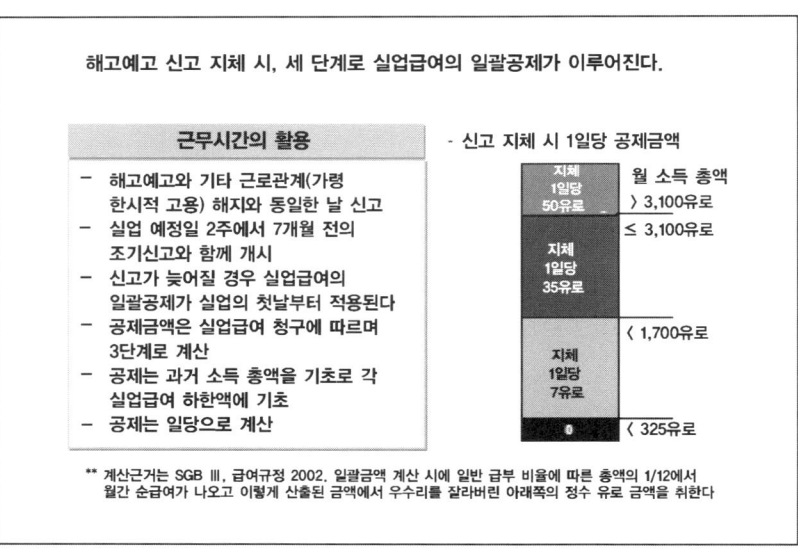

2. 취업알선 속도 향상

가능한 빠른 취업알선에 의해 독일의 평균 실업기간을 1/3로 단축하고 충원 시 기업에 대한 서비스의 질을 높이려는 것이 목적이다.

실업기간의 단축은 현 상황에 강한 영향을 줄 것이다.

취업알선 처리 속도 향상은 앞으로 노동시장에서 제1일의 서비스 공급자의 이미지를 결정할 새로운 많은 요소(레버리지)를 통해 실현될 것이다(레버리지 효과):

* 해고예고 접수와 동시에 취업알선 개시
* 자동화정보기기 공급 개선과 자동화기기의 확충
* 일자리센터에서 추가로 제공되는 관리 및 상담 서비스를 통한 취업알선 담당자의 최적 지원; 기능에 따른 인터페이스 관리
* 근로자파견사업부의 기간제노동 잠재력 활용
* 기업 친화적이며 실무 지향적 기술향상 제도, 비용이 적게 들거나 무임 수습기간, 근로자파견사업부를 통한 해고보호 무효화 등에 의한 사용자에 대한 노동공급 관심도 제고
* 일관성 있는 새로운 적정성 시행
* 가족 친화적 빠른 취업알선
* 독일 전체를 범위로 하는 취업알선
* 취업알선 인력의 행정 및 취업알선 외의 업무 면제
* 활용이 용이한 통합 정보기술
* 관리 대상자의 획기적인 축소
* 재취업 지원 관련 규정 축소와 문서의 간소화
* 사용자 지향적 취업알선 업무 강화(50: 50)
* 적극적 출장 서비스와 빈 일자리 확보

* 취업알선 성공을 위한 인센티브 체계

개별 정책수단과 정책의 종합적인 작용에 의해 비로소 추구되는 표가 달성될 수 있다. 여기서 핵심적인 것은 일자리센터 업무처리에 대한 효율적인 설계와 근로자파견사업부, 민간 취업알선 기관 및 기간제 근로자와의 좋은 협력이다.

3. 가족친화적 취업알선

가장인 어머니, 가장인 아버지, 한부모 우선

취업알선은 가족친화적으로 될 것이다. 보호가 필요한 피부양자나 가족구성원에 대한 특별한 책임을 지고 있는 실업자는 취업알선에서 특별한 우선권을 가진다. 이들이 다른 지원자와 같은 순위에 있다면 이들의 신청은 신속히 처리되고 우선적으로 일자리가 제공될 것이다.

적정성 차원에서도 이런 실업자에게는 취업알선에서 더 적은 이동성이 요구될 수 있다.

서비스 확대로 일자리센터의 서비스 시설이 이러한 범주의 사람들의 특별한 취업알선 장애를 없애 줄 것이다(예를 들어 자녀돌봄, 주택 지원).

실업자가 체면을 찾는다

수백만의 실업자 수의 발표와 언론과 정치계의 반응은 의례적인 것이 되었다. 오늘은 10,000명 이상 증가하고 내일은 그 이하다. 커다란 사회적 도전과 개인에게 귀결될 수 있는 책임은 이러한 수치 뒤로 사라진다. 수백만의 개인이 익명으로 등장함으로써 비로소 실업의 극복이 절실한 과제가 된다. 실업은 익명성으로부터 다시 "체면을 찾아야" 한다.

거대한 숫자 대신 개인, 그 개인의 생활상태가 등장하고, 그의 실업으로 함께 고통 받는 사람들의 숫자가 나타난다. 이에 의해 실업자를 개별적으로 담당하게 된 사례관리자, 개별적인 맞춤 훈련과 재교육 정책, 지원절차 지원, 고용제의 승락 시 어려운 재취업에 대한 후속 관리가 시작된다.

이외에 새로운 연방노동청 이사회와 새로운 지방노동청 상임이사는 매주 초에 보호가 필요한 피부양자나 가족구성원에 대한 특별한 책임을 지고 있는 실업자와 만나는 자리를 가진다. 구체적인 기획은 새로운 연방노동청이 맡는다.

일자리센터장은 실업자의 이름과 실업기간을 근거로 필요한 조치를 알 수 있을 것이다. 전자문서에 기록된 사례를 통하여 개별 사례는 이미 도입된 정책에 의해 추적이 가능할 것이다. 개별 사례에서 노력 상황에 관하여 취업알선 담당자로부터 정기적으로 보고받는 것 역시 일자리센터장의 임무다.

〈그림 9〉 실업은 얼굴을 가진다

가족친화적 취업알선: 실업자 체면 되찾기

사례: 새로운 브라운슈바이크(Braunschweig) 지방노동청 경영진은 매주 월요일마다 보호가 필요한 피부양자나 가족구성원에 대하여 특별한 책임을 지고 있는 실업자 명단을 관할 일자리센터로부터 확보한다. (가상의 사례임)

성	명	이전 직업	실업시점	가족상황	자녀 수	실업급여
Müller	Bernd	화물트럭기사	2001. 6. 1	결혼	4	950유로
Hagemann	Christian	타일공	2001. 9. 6	결혼	3	1,326유로
Koller	Anne	비서	2000. 5. 1	독신	2	1,250유로
Schulz	Hilla	동시통역자	2000. 1. 1	결혼	1	1,400유로
-	-	-	-	-	-	-

가령 도입된 정책과 재취업약정 등 추가자료는 전자문서 사례 파일로 자료화되어 있다.

새로운 지방노동청 경영에는 앞으로의 급진적인 도전이 제기될 것이다. 실업자 수와 그 중에서도 특히 사회가 의무를 가져야 할 사람들에 대한 인간적인 책임이다. 새로운 연방노동청의 관리제도는 이런 중점관리 수치가 항상 눈으로 볼 수 있도록, 확실한 통계를 통하여 임직원을 지원한다(일자리센터의 서비스의 질과 성과).

공공(시장, 인사 책임자, 언론)의 결합에 의해, 실업자와 가족의 재통합을 위한 노력을 강화하기 위한 책임과 각오가 강화되어야 한다.

가족과 직업의 연계

재취업지원 정책에 참가하거나 불리한 노동시간의 취업을 승낙하는데 장애물은 한부모의 경우 무엇보다도 불가피한 자녀돌봄이다.

이에 대한 효과적인 대책 마련을 위하여 지금까지의 자녀돌봄 수당 지급으로는 불충분하다. 따라서 각 일자리센터에서는 자녀돌봄 시설과 제도(탁아소, 주간보호소, 적절한 보호시간)의 실질적 개선을 위하여 지역 여건이 검토될 것이다.

이제까지 사용된 개별적인 자녀보호 정책은, 지자체, 매개조직, 기업 혹은 기타 민간 기관과 협력하여 자녀보호 수용능력을 확충하기 위하여 활용될 수 있다. 이는 일자리센터의 취업정책과 관련하여 합목적적으로 활용될 수 있다. 이와 함께 자녀보호의 책임이 새로운 연방노동청에 전가하지 않는다는 것이 강조되어야 한다.

그 밖에 직업과 가족의 연계에 기여하는 기업 측의 모든 노력은 환영받아야 한다. 일자리센터는 이를 위해, 가족과 직업의 연계를 위한 모범적인 지역의 정책 지원을 통하여 그 지역의 역량센터 네트워크의 활동을 선도하고 지원하여야 한다.

4. 보너스제도 – 취업알선에 대한 인센티브

실업은 물론 취업알선 역시 앞으로는 얼굴을 가질 것이다. 모든 사례가 개별적으로 평가되어야 하기 때문이다. 이와 함께 취업알선 담당자와 그의 팀에 대한 보너스 체계로 연결되어야 한다.

보너스 점수 사정 시, 사회정책 측면이 우선시됨으로써 취업알선 과정 전체의 속도에 부담을 주지 않도록 주의하여야 한다. 또한 기준이 객관적이어야 하고, (가령 실업 기간처럼) 취업알선 담당자 자신이 영향을 줄 수 있는 것이어서는 안 된다.

보너스 제도는 전체로서 각 조직(팀)이 포함되는 성과 보상제도의 기초가 될 것이다. 집단 인센티브와 개인 인센티브의 조합을 생각해 볼 수 있다.

규정에 대한 합의가 단체협상 교섭 당사자에게 권고될 것이다.

보너스 개념은, 보너스와 연계된 취업알선이 질(質)과 수에 따라 명확히 정의되고 이해될 수 있을 때만, 잘 기능할 수 있다.

〈그림 10〉 보너스제도 예

1점	2점	4점	8점	12점
*취업 중이지만 사용자를 바꾸고자 하는 사람의 취업알선	*해고 예고 통보를 받고 예고 기간 중에 있는 잠재적 실업자의 취업알선	*기타 실업자의 취업알선(1년 미만)	*보호가 필요한 피부양자나 가족구성원에 대한 특별한 책임을 지고 있는 실업자 *청년 실업자 *커다란 취업알선의 어려움이 있는 실업자	*중증장애인 취업알선 *한부모 취업알선 *장기실업으로부터 고통받는 실업자 취업알선

표적집단 가족, 청년, 장애인, 잠재적 장기실업자가 최우선시 된다.

새로운 적정성과 자발성

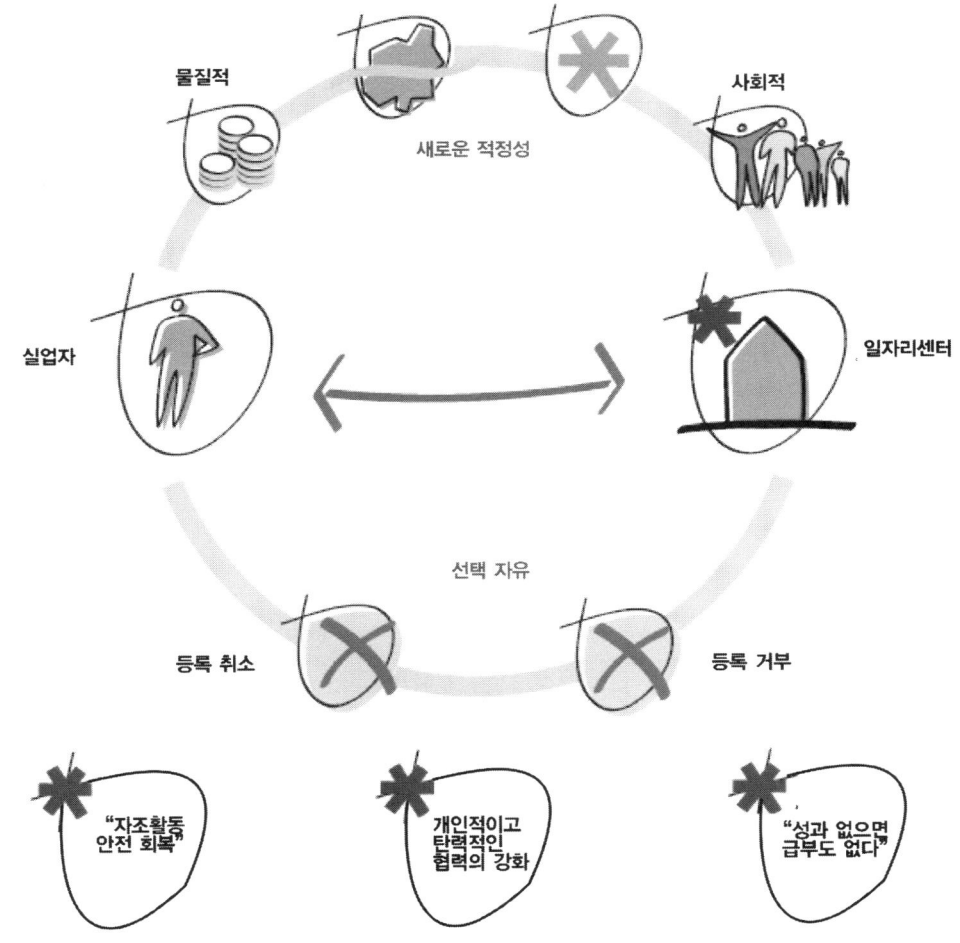

▎ 새로운 적정성과 자발성

- 적정성(Zumutbarkeit)은 지리적, 물질적, 기능적 기준과 사회적 기준에 따라 새롭게 정의되고, 자발성 및 책임과 연계하여 일관되게 적용될 것이다.
- 적정성은 또한 실업자의 가족상황에 따라 결정된다. 청년이나 독신 실업자는 특히 이동성과 관련하여 보호가 필요한 피부양자나 가족구성원에 대한 특별한 책임을 가진 실업자보다 유리하다. 직군 개념에 의해 자격미달의 취업도 적합할 수 있게 된다.
- 실업자가 고용 제의를 거부하면, 그는 거부한 고용이 적합하지 않음을 입증하여야 한다. 이는 실업자의 사적 영역에 해당하는 모든 이의 제기에도 적용된다.
- 경력단절기간은 앞으로 "처방에 의해"(dosierter) 활용될 수 있다. 이를 위해 다양한 경력단절기간 조건에 따라 다양한 규정이 마련될 것이다. 예를 들어 짧은 경력단절기간 중의 재취업정책 참가 거부는 적합한 일자리 제의 거절보다 더 짧은 경력단절기간으로 간주된다
- 취업약정에 의해 "자기활동 유발 – 안정 회복" 원칙이 실현된다. 약정된 활동은 정기적으로 점검 받게 된다. 차별화되고 탄력적으로 조정할 수 있는 경력단절기간 규정을 통해 자조적 재취업노력이 더욱 진지해질 수 있다.
- 개인적 생활상황을 더 잘 고려할 수 있도록, 실업자는 개인적인 사유로 일자리센터에 등록을 취소할 수 있다. 그래서 그는 일자리센터의 취업알선 노력을 포기함과 동시에 실업보험의 급부를 포기한다. 확보된 급부청구권은 유지되고 나중에 다시 청구할 수

있다. 청구권은 5년 후 소멸된다.

1. 새로운 적정성

지리적, 물질적, 기능적 기준과 사회적 기준에 따라 새롭게 정의되고, 자발성 및 책임과 연계하여 일관되게 적용된다.

적정성은 권리와 의무라는 상호성을 포함한다. 취업알선 담당자에게는 실업자에게 그의 관심, 능력과 발전잠재력을 충분히 파악하고 적극적으로 알맞은 일자리를 찾아줄 의무가 있다(공급 의무). 고객에게는 여기에 협력하고 적합한 일자리 제의를 승낙할 의무가 있다(승낙 의무).

기본적으로 새로운 경력단절기간 규정 적용에 의해, 대체로 실업자가 적극적으로 구직 노력을 하는 기간만큼 급부가 단축 없이 대체로 계속 지급될 것이다.

지리적 측면

수혜자에게 필요한 이동을 결정할 때는 가족상황이 고려될 것이다. 가령 일정한 기간의 훈련이나 실습생-프로그램에 참여 시와 같이 일시적으로 가족과의 분리가 필요한 경우에는 이 취업은 보통 적합하다. 특별한 상황에서는 이사도 필요할 수 있다(독신의 젊은 장기실업자가 전일제 장기일자리 제의를 받았을 때). 그러나 보호가 필요한 피부양자나 가족구성원에 대한 특별한 책임을 지고 있는 경우에 급부수혜자에게 이사를 요구할 수 없다. 또한 제의된 일자리와 승낙과 관련된 비용이 얻게 되는 수입에 비해 턱없이 부족하다면, 특히 시간제고용이나 한시적 고용이라면, 이사할 수 없다.

지역 이동은 일률적인 교통비 지원을 받을 수 있다. 나아가 실업자가 스스로를 분류한 조건에서 인센티브에 의해 실업자 자신이 일정한 이동을 결정할 수 있는지 여부도 고려되어야 한다(자발성).

물질적 측면

실업자는 과거보다 수입이 적은 취업을 권고 받을 수 있다. 임금보장과 관련하여 노령 실업자는 수입감소분을 부분적으로 보전 받을 수 있다. 그 수준은 이동 의지와 사회적 기준에 따른다.

기능적 차원

직군 개념 조건에서 자기 자격에 미달하는 일자리 취업이 적합할 수도 있다(가령: 동일한 산업 내에서 장인으로서 학위를 가진 엔지니어). 또 구직자가 그 취업을 위해 교육을 받지 않았거나 이제까지 해보지 않았던 일일지라도 그 고용이 적합할 수도 있다.

실업자의 교육수준이나 과거 경력에서 맞지 않는 취업도, 실업급여의 수급을 끝내기 위해서 직업적 지위하락이 불가피하다는 것이 입증되면 적합성을 가진다. 이 점에서 취업알선 노력과 관련된 초점은 단계적으로 확대된다. 이러한 조건 하에서는 기간제노동이나 근로자파견사업부 취업도 적합하다.

사회적 차원

제의된 일자리의 적정성 판단 시, 취업알선을 받는 실업자의 가족상황이 고려되어야 한다. 이 때 가족에 대한 책임이 없는 젊은이에게는, 보호가 필요한 피부양자나 가족구성원에 대한 책임이 있는 실업자보다는, 기본적으로 적정성이 더 넓을 수 있다. 이 경우에도 취업으로 얻는 소득과의 상관관계에 유의하여야 한다

적정성은 실업기간과 함께 높아진다. 기본적으로 모든 실업자에게는 매일 출퇴근 시간을 받아들이는 것은 적합할 것이다. 실업상태가 3개월

경과 후 젊고 독신인 실업자에게는 실업급여 수급을 끝내기 위해 이사도 적합하다. 또 다른 급부 수급자의 경우 각각의 가족 상황에 따라 그가 기대하는 이동성은 수급기간의 증가와 함께 높아진다.

〈그림 11〉 기능적 차원의 적정성 모델

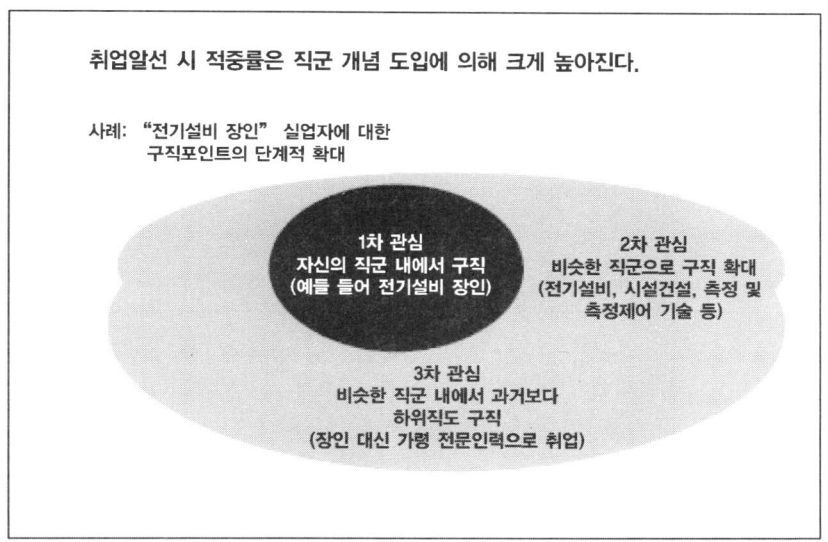

2. 선택의 자유 - 성과 없이는 보상도 없다

일자리센터의 성과는 자유롭고, 분별력이 있으며, 결정능력이 있는 고객으로부터 출발한다. 누구도 제의된 일자리를 승낙하거나 혹은 근로자 파견사업부에 들어가거나 취업 지원 정책에 참여하는 것을 강요받지 않는다. 고객과 일자리센터 직원은 대등한 수준에서 만난다. 이러한 원칙은 센터 직원의 자기 이미지와 태도로 표현된다. 본 보고서에서 제안된 개편과 업무 경감으로 이들이 적응할 수 있는 전제가 마련된다. 인력개발은 이들의 자발적 참여에 기여할 것이다.

활성화 노동시장정책은 모두 "자조활동을 돕는다"는 것을 기초로 하고 있다. 이러한 의미에서 일자리센터는 개별적인 맞춤 형태의 업무를 제공할 것이다. 이것은 노동시장 상황과 일자리 상황에 관한 정보와 자료의 결과를 활용하여 적합한 취업 및 개발 전망을 제시할 것이다. 고객은 선택권을 가진다. 고객은 분명하고 투명한 게임의 규칙을 통해 지원받아야 한다.

고객이 제의를 이용하고 이런 의미에서 자조활동을 가동한다면, 실업자는 일자리센터에 금전적 급부 요구함으로써 사회적 물질적 안전을 회복할 수 있다. 일자리센터는 취업 장애 극복 시에 그를 지원하고, 이행 기간 중에 관리 서비스를 제공한다.

〈그림 12〉 적정성 표

적정성은 실업 기간의 지속과 함께 확대한다.		
실업의 지속		
3개월 이하	3-6 개월	6개월 이상
*재정: -20% *지리: 1일 출퇴근 시간은 상대적	*재정: -30% *지리: 1일 출퇴근 시간 상대적/ 청년과 독신은 독일 전역	*재정: 실업급여액 *지리: 독일 전역

고객이 자신의 상황과 적합한 행동 선택지에 관한 심도 있는 설명에도 불구하고 제의된 기회를 받아들이지 않고 적극적인 협력의지를 전혀 보이지 않음으로써 규정을 위반한다면, 일자리센터는 적당하고 다양한 방식으로 서비스를 줄이거나 결국 중단할 것이다(경력단절기간의 탄력화). 고객의 의견에 따라 일자리센터가 규정을 위반한 것으로 보고, 예를 들면 실업을 끝내기 위한 적합하지 못한 행동으로 본다면, 고객에게는 사회복

지 관련 행정재판소로 가기 전에 수준 있는 불만관리가 남아있다.

서비스에 대한 상호간의 권리 주장과 마찬가지로 "자조활동 유발 – 안정 회복" 원칙의 구속력도 분명하다. 일자리센터는 적합한 취업 제의를 받아들일 의지도 없고 자세도 되어 있지 않다고 생각되는 고객과 어떤 "게임"도 하지 않을 것이다.

고객은 일자리센터의 서비스 이용을 자발적으로 포기할 수 있다. 고객은 일자리센터 서비스 등록을 취소할 수 있다. 서비스 포기로 그는 취업알선을 받지 않고 통계에도 포함되지 않는다. 이 시점까지 확보된 보험료 납부에 의한 보험금지급청구권은 유지되고 나중에 되살릴 수 있다. 개인적 생활상황이 더 잘 고려될 것이다. 지급청구권을 유지하면서 일자리센터 센터 등록 취소는 적합한 일자리 제의가 없을 때만 가능하다.

구체적인 경우에 이것은, 예를 들어 개인적 혹은 직업적 이유로 다른 일자리를 거절하거나 실업급여 수급 중에 등록을 취소하는 경우, 실업급여 지급 시 과거의 경과기간을 고려하여 다시 회복된다는 것을 의미한다.

그러나 이런 제외 선택은 단지 제한된 기간 동안만 이루어질 수 있다. 왜냐하면 취업상태에서 멀어질수록 일자리센터의 취업알선은 더 어려워지기 때문이다. 자발성 측면을 앞으로 더 강조하기 위해 "지급기한"은 지금까지의 4년(147조 2항, SGB Ⅲ)에서 5년으로 연장될 것이다. 제외 선택이 경력단절기간을 피하기 위해 남용되어서는 안 된다.

탄력적 숙려기간

적정성에 대한 규정은 숙려기간 판정과 직접 관련이 있다. 실업자가 적정한 일자리 제의를 중요한 사유 없이 거부하면, 이제까지의 법적 상태에 따라 실업급여는 일정 기간(보통 12주) 지급되지 않으며, 실업급여 청구기간은 숙려기간만큼 단축된다. 반복되는 경우나 숙려기간 4주일이 경과하면, 현재의 규정에 따라 실업급여 청구권은 모두 소멸된다.

독일에서 지금까지 숙려기간이 비교되어 공개된 적이 거의 없다. 그래서 90년대 중반에는 불과 실업자의 1.1%만이 이에 해당되었다(이에 비하여 덴마크 4.3%, 영국 10.3%, 스위스 40.3%). 이는 숙려기간이 처방에 의해 활용될 수 없다는 것이다.

덴마크, 영국, 스위스에는 독일보다 더 탄력적인 숙려기간 규정이 있다. 그래서 덴마크에서는 일자리 제의 최초 거부 시 단지 1주일 숙려기간 부과된다. 영국에서는 1주일에서 26주일까지 숙려기간이 다양하고, 스위스에서는 62일에서 12주일까지 다양하다.

따라서 엄격한 숙려기간 규정이 탄력적으로 되어야 한다. 이를 위해 두 가지 절차를 제안한다:

* **사실 정황에 따른 숙려기간 다양화**

숙려기간을 확정할 때 행정비용을 최소화하기 위해 사실 정황과 그 법적 결과가 규정되어야 한다. 그래서 가령 취업 지원 정책 참여 거부 경우 적합한 일자리 제의 거부 경우보다 숙려기간은 더 짧게 결정된다. 그리고 각각의 숙려기간 사실 정황에 따라 여러 주일로 단계화하여 규정될 것이다. 취업알선 담당자의 자의에 따라 결정되지 않도록 다양한 숙려기간을 정한 분명한 법적 조항을 마련할 것을 입법자에게 권한다.

* **숙려기간 대신 급부축소**

숙려기간은 축소가능성에 의해 보완된다. 급부의 기간은 제한되지 않지만, 급여액이 줄어든다.

이렇게 규정된 조정방식의 효과적인 실행이란 의미에서, 위험 영역(Risikosphäre)[3]에 따라 제의된 일자리의 비적정성의 입증책임을 분산할

---

3) 경영위험이론(Betriebsrisikolehre)은 부적절한 계약 이행권한 적용을 피하기 위하여 독일노동법원이 개발한 이론. 근로자는 급부이행을 할 수 없다면 임금청구권을 상실한다(무노동 무임금). 노동손실의 원인이 누구의 관리가 가

것을 제안한다. 일자리센터는 자신 혹은 사용자의 위험 영역(예를 들어 법률에 반하는 근로관계의 위반)을 입증해야 한다. 반면 근로자는 자신의 사유에 부과되는 상황(예를 들어 건강상 제약, 가족 상황, 근로관계 등)에 대해 입증책임을 부담해야 한다.

구체적으로 법제화에 의해 개별 사안에 4, 8 혹은 12주일 등 다양한 숙려기간이 지정되어야 한다. 숙려기간 대안으로 개별 사안에 따라 10%, 20%, 혹은 30% 등 급부액 감액이 규정될 수 있다. 제재 대안이 결합되면 문제가 제기될 수 있다. 새로운 사안이 숙려기관 혹은 급부축소의 원인이 된다면, 급부 청구권의 제척기간이 개시된다. 현행 법 하에서 24주일 숙려기간이 경과하면 급부청구권은 효력을 상실한다. 유사한 규정은 법적으로 선택 가능한 급부 축소에서 찾아야 할 것이다. 제시된 법적 변화에 맞추어 연방사회부조법(Bundessozialhilfegesetz. BSHG) 25조 2항 3호[4])는 수정되어야 한다.

재취업 약정 틀 안에서 합의된 활동의 정기적인 상호 점검

"자기활동 유발 – 안정 회복" 원칙 의미에서 사례관리자나 취업알선 담

능하거나 책임질 수 있는 영향력 범위(Risikosphäre 위험 영역)냐의 따라는 경영위험이론에 의해 무노동 무임금 원칙이 예외적으로 적용되지 않는다. 이에 따라 사용자가 법적인 경영위험을 부담함으로써 근로자는 작업 중단 경우에도 임금청구권을 가진다.

4) 연방사회부조법(Bundessozialhilfegesetz. BSHG)25조 2항 3호는 다음과 같이 규정하고 있다.
다음 경우 신청자의 생계비보조는 12주일까지 단축된다.
a) 노동청이 사회법전-Ⅲ에 따라 숙려기간 개시나 청구권 소멸을 결정함으로써 실업급여, 실업부조 혹은 취업보조 청구권이 정지되었거나 소멸된 경우
b) 실업급여, 실업부조 혹은 취업보조금 청구권의 정지 혹은 소멸 사유를 규정하고 있는 사회법전-Ⅲ의 숙려기간 개시 조건을 충족한 경우

당자는 실업자를 가능한 한 적극적으로 스스로 활동할 수 있도록 한다. 그들은 실업자에게 적합한 활동안을 제시하고 선택할 수 있도록 할 것이다. 지원 필요는 고객집단의 세분화에서 나올 것이다. 또한 보호고객에게 수반되는 지원에 더 집중하는 것이 자기주도 능력을 무시하는 것은 아니다.

이러한 의미에서 나오는 성과에는 자신의 독자적인 노력의 분명하고 구속력이 있는 요구가 수반된다. 심층면접을 기초로 문서화된, 구속력이 있고 적법한 구직자와의 취업약정이 체결된다. 여기서 양자는 현실적인 노동시장전망에 대하여 양해한다. 다양하고 탄력적으로 처리할 수 있는 숙려기간 규정을 통해 독자적인 취업 노력의 진정성이 강화될 것이다. 독자적인 노력의 입증책임은 실업자에게 있게 될 것이다.

신청자 중 관리 대상자 비율의 현저한 감소로 약정에 대한 정기적 점검과 유지가 가능해질 것이다.

공동작업과 목표를 정한 새로운 정책수단(특히 근로자파견사업부 취업, 1인 기업, 가족 친화적인 신속 취업알선, 새로운 적정성 기준)의 활용으로 앞으로 장기실업 발생이 줄어들 것이다. 이러한 제도가 완전히 작동하게 되면 더 이상의 장기실업은 없을 것이다.

일자리센터의 상담, 관리 및 취업 업무의 질 높은 서비스와 1차 노동시장에서의 취업 최우선은 한편으로 실업자의 강력한 참여와 자조 의무에 부합한다. 앞의 4 가지 측면에서 그 이 책임은 다음과 같다:

* (기 발생) 실업의 신고 지체의 경우 실업급여 감액
* 새로운 적정성과 관련하여 이동에 대한 기대감 제고
* 근로자파견사업부 취업 시 실업급여를 기초로 보수를 받는 수습기간(6개월까지)
* 근로관계 혹은 개인적 사유로 근로자파견사업부에서 해고 시 실업급여 혹은 숙려기간의 단계별 축소
* 취업약정 불이행 시 제재

청년 실업자 / 직업교육시간-증권

- 경제활동 참가
- 평생교육
- 기술향상을 위한 추가 직업교육

근로자파견사업부
* 기간제 취업

재단
* 직업교육장
* 자금
* 직업교육 계약

- 일자리 수락

청년실업과의 싸움

일자리센터
* 실천
* 단순한 일자리
* 작업장

직업교육 시간증권
* 할인카드제도
* 직업교육-기금
* 보조금
* 기부

취업이 어려운 청년들을 위한 **빠른 성공체험**

일자리 추가 창출

모든 청년실업자의 54%가 직업교육 받지 못함

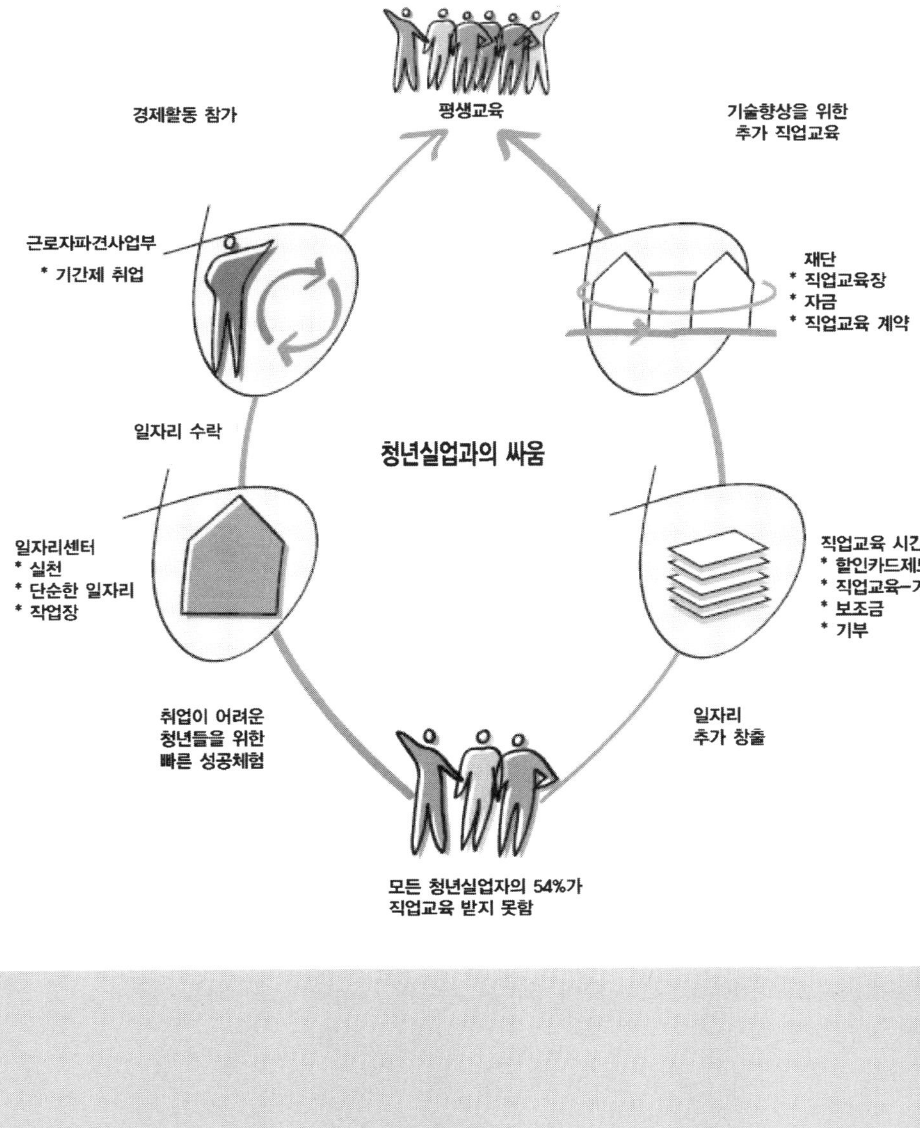

▌ 청년 실업자 / 직업교육시간-증권

- 일자리센터는 어떤 청년도 실습장이나 직업교육장을 함께 찾는 노력 없이 집에서 이전급여를 받지 않도록 할 것이다.
- 앞으로 청년의 잠재적 재능은 일반 학교 교육제도에서 조기에 발견하여 목표에 맞추어 지원되어야 한다. 이론적인 재능이 덜한 학생들은 강력한 실습 중심의 수업에서 자신의 잠재적 재능을 개발할 수 있는 계속적인 기회를 제공받아야 한다.
- 더 많은 기업을 직업교육에 참여하게 하고 청년의 다양한 재능에 더 잘 부응할 수 있도록, 노동시장에 내놓을 수 있는 더 차별화된 실습이 개발되어야 할 것이다.
- 청년 실업자에게 기존의 직업교육에서 노동시장에 통하는 기술능력개발 모듈이 제공되어야 한다.
- 취업이 어려운 청년은 일자리센터에서 학교-교육-노동시장청년정책의 밀접한 협력에 의해 집중적인 관리를 받을 것이다.
- 교육시간-증권은 직업교육 자금조달의 추가적인 새로운 정책이다. 이는 그 소지자에게 직업교육을 보장해주는 목적의 개인증권이다.
- 거래를 위하여 공동으로 이용할 수 있는 지역의 재단이 출현하게 될 것이다.
- 자금은 할인카드제도, 직업교육시간-증권(AZWP)의 취득, 출연금과 정책 보조금 및 기부에 의해 조달될 것이다. 직업교육-증권 자금에 대한 기여는 자발적이다; 부과금이 아니다.
- "직업교육시간-증권"의 소지자는 자본시장에 후견인 자금 투자 (mündelsichere Anlage)[1]에 의해 직업훈련 자금을 보장받을 것이다.

1. 장기적으로 청년들의 장래 지속 가능성 보장

학교에서 노동세계로 진입하는 청년(제1 문턱)과 직업교육을 시작하는 청년(제2 문턱) 실업자들은 목표를 정한 상담과 보호를 필요로 한다. 현대적 지식사회의 요구는 분명히 더 높은 교육참여를 필요하게 만든다.

특히 물질적, 사회적, 문화적인 전제조건을 충분히 갖지 못한 청년들은 기업의 수요에 부응하는 교육 및 노동시장 지원과 관리 제도의 제공을 통해 그들의 성과 및 개발 가능성을 강화할 수 있다. 그 외에도 이른바 단순일자리도 풍부하게 제공될 것이다.

25세 이하 청년 오늘날 직업에 필요한 자격을 갖추고 있지 못하다.

일자리센터는 어떤 청년도 실습장이나 직업교육장을 함께 찾는 노력 없이 집에서 이전급여를 받지 않도록 할 것이다.

목표는 이렇다: 모든 청년이 취업하고 이에 의해 사회에 참여를 할 수 있도록 활성화 지원을 받는다.

직업상담에서 수준 높은 상담 제공이 이에 기여할 것이다. 일자리센터의 관리는 동시에 특히 취업이 어려운 청년들을 목표로 할 것이다.

다음을 목표로 한 더 많은 노력이 있어야 한다:

* 학교제도에서 실습과 관리의 개선
* 노동시장에 통하는 실습제도 마련
* 직업교육의 틈새를 메꾸기 위한 직업교육 과목 확대

---

1) 후견인 자금(mündelsicher Geld. Mündelgeld)은 연방 민법에 의해 이익이 보장된다.

〈그림 13〉 청년실업, 노동청 2002

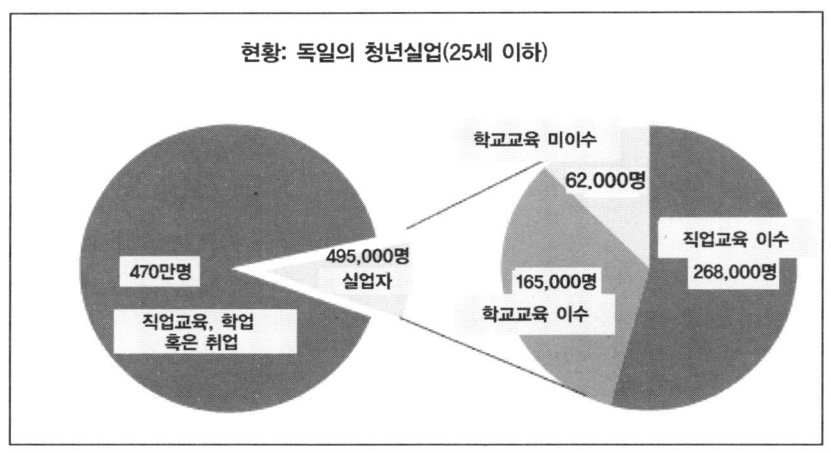

학교제도에서 실습과 관리의 개선

노동시장정책은 청년실업에 대한 싸움에만 맡겨 놓을 수는 없다.

앞으로 청년의 잠재적 재능은 일반 학교 교육제도에서 조기에 발견하여 목표에 맞추어 지원되어야 한다. 이론적인 재능이 덜한 학생들은 강력한 실습지향 수업에서 자신의 잠재적 재능을 개발할 수 있는 계속적인 기회를 제공받아야 한다.

통합제도, 전일(全日) 수업 및 여러 형식의 학교 간의 유연한 이동 역시 직업교육과 대학 사이의 강력한 침투성과 마찬가지로 더 높은 교육참여에 기여할 것이다.

노동시장에 통하는 실습 마련

직업교육장에 대한 수요는 전국적으로 균등하지 못하다. 직종별 편차 외에 지역별 편차에도 일반적 접근방식은 물론 특수한 접근방식이 필요하다.

양질의 직업교육은 취업을 위해서는 물론이고 평생학습의 기초로서 핵심요소다. 기업의 직업교육장 공급은 따라서 앞으로는 직업교육의 이중체계가 더 유연할 수 있도록 질적으로나 양적으로 확대되어야 한다.

더 많은 기업이 직업교육에 참여할 수 있도록 하기 위해 더 차별화되고 노동시장에 통할 수 있는 실습이 개발되어야 한다. 일과 직업교육 및 경쟁력 연합에서 나온 요건이 간소화된 직업교육 제도를 마련하자는 합의는 일관성 있게 그리고 더 이상 늦추지 말고 실행되어야 한다.[2]

청년 실업자에게는 기존의 실습에서 나온 노동시장에 통하는 양질의 교육 모듈 공급이 강화될 것이다. 내용의 전달은 외부 기관과 협력 하에 기업에 의해 이루어질 것이다.

더 많은 직업교육장의 마련과 공급

그 밖에 경제계는 일과 직업교육 및 경쟁력 연합에서 나온 직업교육합의와 관련된 약속을 지킬 것이다. 개별 분야 혹은 직업교육에서 현재의 높은 중도이탈율은 관리와 상담활동의 협력 개선과 강화에 의해 지속적으로 감소될 것이다.

현재 지역적으로 나누어져 있는 직업교육시장의 문제를 배경으로 추가로 직업교육장을 마련하기 위한 새로운 길이 개척되고 있다.

구조적으로 취약한 지역의 청년들에게 양질의 직업교육 제공

구조적으로 취약한 지역 - 특히 새로운 연방 주 - 에서는 취업을 위한 첫 번째는 물론 두 번째 문턱에서도 직업교육장 및 일자리의 수요와 공

---

[2] 1998년 11월 10일 연방의회에서의 취임연설에서 게하르트 슈뢰더 총리는 노동조합, 사용자연합, 정부가 참여하는 노, 사, 정 기구인 "일과 직업교육 연합"(Bündnis für Arbeit und für Ausbildung)을 만들어서 실업과 싸우는 상설기구로 활용될 것이라고 말했다; 전종덕/김정로, 앞의 책, p.435 참조.

급 사이의 괴리가 확인된다.

전화위복이 될 것이다. 독일과 유럽 다른 지역에서의 직업교육과 기술 향상제도는 없는 것보다는 더 좋다. 이것은 젊은이들에게 중요한 경험이 될 수 있고 앞으로의 인생을 위한 풍요로움이 될 수 있다.

예상되는 인구변화로 인하여, 이런 방식으로 특히 새로운 연방 주에서 나타날 전문가의 부족이 예방될 수 있다. 이는 청년들에게 양질의 직업교육의 길이 열려 있을 뿐만 아니라 이와 함께 지역과 기업 및 학교, 지자체의 후원 및 협력 프로그램에 의해 결합됨으로써 이루어질 수 있다.

취업알선이 어려운 청년의 새로운 취업의 길

청년실업이 물론 단지 직업교육이나 일자리 공급 증가에 의해서만 대처할 수 있는 것은 아니다. 학교나 직업교육에서 실패한 청년들에게는 흔히 즉각적이고도 심도 있고 꾸준한 취업 지원 정책에 의해 장기적인 실업 위험에 대응할 수 있는 강도 높고 종합적인 관리가 부족하다. 이런 청년들에게 근로자파견사업부는 경제활동과 기업체 실습에 의해 성공을 얻고 인정받을 수 있는 기회를 제공할 것이다.

구조적으로 취약한 지역, 특히 동독의 지자체는 단순일자리와 (직업훈련) 작업장에서 불리한 청년들의 할당비율을 마련하고 재능 청년 풀을 마련할 것이다. 이에 더하여 취업이 어려운 청년은 일자리센터 내의 교육, 직업교육, 노동시장 및 청년정책 담당자 등의 긴밀한 협력 하에 집중적인 관리를 받게 될 것이다.

지역 차원에서 협력에 의한 지원과 조율된 자원투입은 목표 지향적이고, 특히 개인화되고 탄력적으로 유연하게 다룰 수 있는 자조 지원의 전제조건을 마련할 것이다.

2. 직업교육과 자금조달 – 직업교육시간 증권

독일에서 청년실업에 대처하기 위해서는 직업교육장 마련과 재정확보가 급선무이다. 독일에는 오늘날 그 역량을 활용하지 못하고 있는 훌륭한 직업교육기업이 많이 있다. 필요한 재정에 의해 수용능력 추가와 필요한 새로운 수용능력이 확보될 수 있고 경우에 따라서는 새로이 마련될 수 있다.

모든 사회집단 – 공공 및 민간 – 의 공동행동으로 직업교육장의 현상황이 분명하게 개선되고, 미래를 위한 지속 가능한 모델이 수립될 수 있다. 이는 직업교육시간-증권(AZWP)을 중심으로 하는 다각적 자금조달 방안에 의해 이루어질 것이다.

직업교육시간-증권은 이중의 목적을 가진다:

* 직업교육장 추가 조성과 이에 대한 자금공급
* 목적이 정해진 개인증권에 의한 직업교육 보장

거래를 위하여 공동으로 이용할 수 있는 지역의 재단이 출현하게 될 것이다. 재단은 직업교육장을 추가 확보하고 이에 자금을 제공하며, 직업교육-증권을 매각하고, 기부나 보조금 형식으로 모금한다. 이 자금은 특정 개인의 직업교육으로 목적이 정해진 것일 수도 있고 자금조성과 정책자금으로 활용될 수 있다. 거래를 위하여 공동으로 이용할 수 있는 지역의 재단이 출현하게 될 것이다. 재단은 직업교육장을 추가 확보하고 이에 자금을 제공하며, 직업교육-증권을 매각하고, 기부나 보조금 형식으로 모금한다.

직업교육장의 추가 확보와 이를 위한 자금조달

이제까지 직업교육 기회를 얻을 수 없었던 청년들에게 직업교육을 받을 수 있게 하는 것이 목적이다. 이 모델에 의해 기업형 직업교육은 충분히 유지될 수 있다.

이러한 직업교육 및 재정 모델에서는 입증된 새롭거나 추가 직업교육장을 제공하는 기업만이 포함될 것이다. 추가 기준은 2002년 평균의 직업교육생 수(數)다. 지금까지 직업훈련을 실시한 적이 없는 신규 기업은 1:1 원칙에 따라 직업교육 모델을 실행할 수 있다. 다시 말해 전통적인 직업교육장은 이 모델에 따라 직업교육장 확대 참여 자격이 있다. 이에 의해 전통적 직업교육 기관의 배제나 기업의 이중적인 직업교육에 대한 재정지원 배제를 피하면서도 추가 참여에 대한 인센티브가 제시될 것이다.

자금은 할인카드제도, 직업교육시간-증권(AZWP)의 취득, 자금조성과 정책을 위한 노동청 보조금(예 JUMP[3])과 기부에 의해 조달될 것이다. 직업교육-증권 자금에 대한 기여는 자발적이다; 부과금이 아니다.

* 주 전체에 통용되는 할인카드제도는 고객할인과 매출할인에 의해 장기적으로 직업교육기관에 자금을 공급하는 데 기여할 것이다. "더 많은 직업교육을 위한 할인" - 모든 사람은 자기 개인의 할인계좌를 통해서 직업교육장 자금으로 활용될 돈을 저축할 수 있다.

  할인카드제도로의 흐름은 중단되지 않을 것이다: 미국에서는 소비자가 평균 2-3장의 카드를 가지고 있는데 반해, 독일에서는 0.6장

---

3) 청년실업 축소를 위한 긴급정책. 연방노동청에 대한 연방정부의 대규모 보조금에 의해 집행된다. 특히 이 정책 시행 첫 해에는 3만5천 명의 청년들과 직업교육 약정이 체결되었다. 해가 지나면서 이 숫자는 줄어들었다. 이는 청년들의 관심 부족 때문이 아니었다. JUMP의 개인별 정책 중 가장 비용 지출이 큰 것이 직업교육이었다(연간 약 12,500유로). 그래서 연방노동청에서 이 업무의 책임을 맡은 사람들은 2002년 당시의 이 개념에서 이 정책을 시행하길 원치 않았다. 더 구체적으로는 전원에게 직업교육을 시키겠다는 JUMP 정책의 재정정책 부재로 실패하였다.

에 불과하다. 이제까지 독일에서는 한 지역이나 한 연방 주의 거의 모든 상점에서 사용될 수 있는 카드가 전혀 없다. 이런 카드는 –직업교육장 추가에 기여한다는 사회적 기여의 이미지를 갖는 – 커다란 공동체적 행동으로 통할 수 있을 것이다.

 매출의 일정한 비율은 매출할인으로 또한 직업교육장 재정으로 유입된다. 이에 의해 무엇보다도 낮은 실업에 의해 더 큰 구매력에 기여함으로써 개별적인 소매상의 이익도 취급되는 것이다.

* 이에 더하여 부모와 조부모, 친척 등이 자기 자녀와 조카를 위해 원하는 액수만큼 직업교육-증권을 구입할 수 있다.

〈그림 14〉 재정 모델

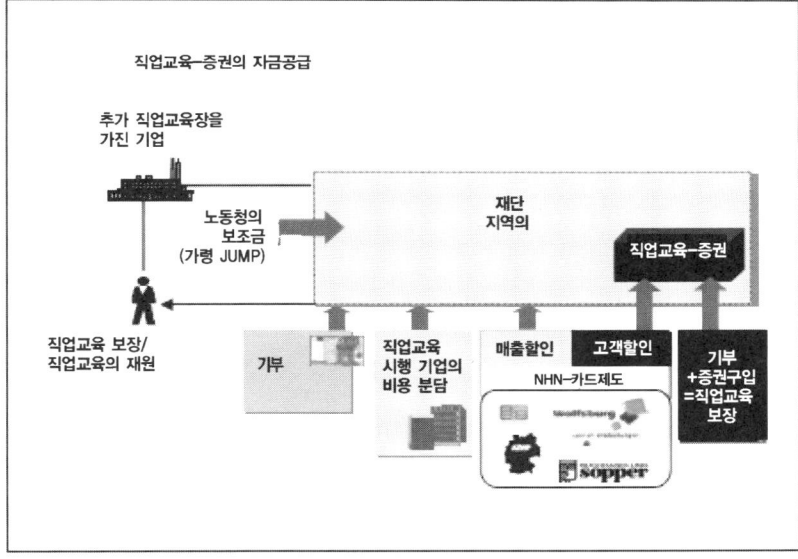

* 연방노동청의 보조금이 여기에 추가된다. 이제까지 연방노동청은 직업교육에 약 180만 유로를 지출했다(장애인 직업지원, 청년실업을

줄이기 위한 연방정부의 긴급프로그램, 직업교육 단체, 직업준비정책 등). 이런 업무는 통합되고 집중되어 재단의 설립자금과 직업교육장의 운영자금에 기여할 것이다.
* 추가 정책이나 재단의 자금조성을 위하여 기부가 필요하다.
  처음에는 필요한 자금 대부분은 사전에 대출로 조달되어야 한다. 여기서 공공기관에 의한 보증 - 금액은 지역 가구수 x 100유로에 의해 산정된다 - 이 필요하다.

이러한 모델에 따라 실업자 청년에 대한 직업교육을 실시하는 기업은 직업교육생의 부가가치 창출액에 상당하는 금액을 최저한도로 재정에 기여한다. 기타 지출된 비용은 재단에 의해 보전될 것이다.

증권에 의해 보장되는 직업교육

재단은 직업교육 보증인 역할을 한다. 재단은 직업교육(예를 들어 직업교육, 학업)의 재정에 기여하는 목적적인 개인 증권을 판매한다. 이른바 "직업교육시간 증권"의 소지자는 수익보장 증권을 통하여 자본시장에 투자함으로써 직업교육 재정을 보장하게 된다.

예를 들어 조부모가 자신의 손자를 위해 직업교육 시간증권을 재단에 제시하고 손자를 보낼 수 있다. 그렇게 해서 조부모는 손자에게 직업교육 기회를 보장한다. 이러한 보장에는 직업교육 자금조달뿐만 아니라 - 직업교육의 경우 필요할 때 - 직업교육장 이용이 포함될 것이다. 따라서 직업교육시간 증권은 전통적인 직업교육보험의 단순한 저축개념을 확실히 넘어선다.

손자는 장래 직업교육의 시점(예를 들어 학교 졸업 후)에 직업교육시간 증권을 재단에서 현금화할 수 있다. 증권이 목적증권이기 때문에, 돈은 직업교육에만 사용될 수 있다. 직업교육이 시도될 때, 직업교육 시간증권에는 모든 자본수익, 직업교육장의 재정과 이의 보장이 포함된다. 청년이 공부를 한다면, 그는 직업교육시간 증권의 가치는 물론 "비율에 따른" 확정된 이자수익을 지급받는다.

예치금이 직업교육에 이용되지 않으면, 예치금은 저축의 기본이자(Spareckzin)와 함께 되돌려 받는다. 자본시장에서 얻어진 잉여금은 직업교육시간-증권기금으로 유지된다.

기부자들은 익명의 청년들의 직업교육 기회를 보장할 수 있는 제도를 이용할 수도 있다.

노령근로자 지원과 "교량체계"

5

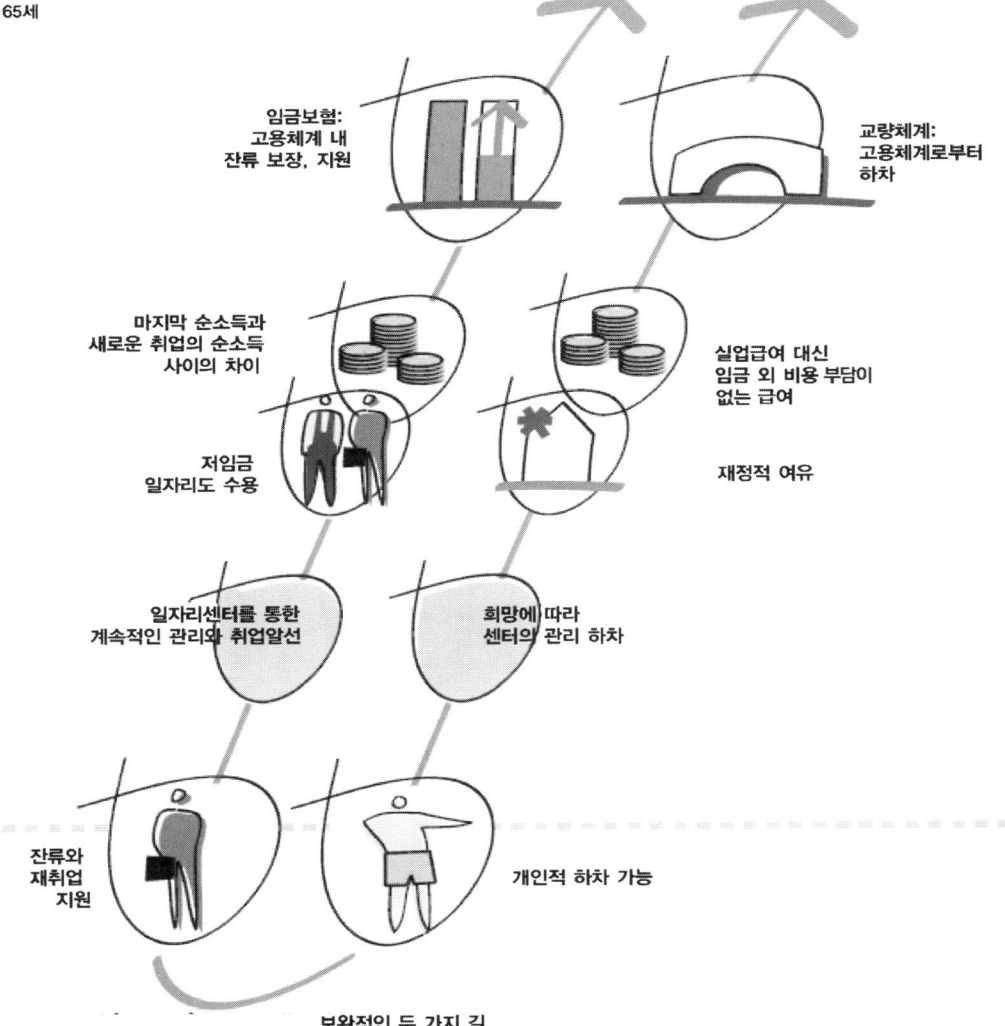

▮ 노령근로자 지원과 "교량체계"

- 인구구성변화를 고려할 때 노령근로자의 경제활동 참여 지원은 독일과 유럽연합의 노동시장 및 고용 정책의 중요한 과제다. 이를 위해 고용에 잔류하는 것을 보장하고 지원해야 한다.
동시에 여전히 높은 실업에 처해 있는 노령자에게 진정 책임 있게 다가가 이들에게 희망을 보여주어야 할 것이다.
그러므로 두 가지 보완적인 길이 제시될 것이다: 임금보험을 통해 고용체계 내에 잔류하거나 실업급여에서 하차하거나 교량체계를 통해 일자리센터의 관리에서 하차하는 것이다.
- 임금보험은 이제까지의 실업보험을 보완할 것이다: 이것은 노령실업자(55세 이상)를 해고 후 처음 몇 년 동안 임금손실의 일부를 사회보험이 지급하는 저임금 고용으로 대체하는 것이다. 급부는 사용자에 대한 임금보조금과 함께 누적될 것이다.
- 노령실업자 재취업에 대한 추가 인센티브가 마련될 것이다. 노령자가 새로운 고용을 받아들이면, 당사자에 대한 실업보험료가 줄어들 것이다. 노령자의 기간제 취업 기회가 증가할 것이다.
- 교량체계는 잠정적으로 실업급여 수급으로부터 조기 하차와 일자리센터의 관리로부터의 하차를 가능하게 만든다. 노령 근로자(55세 이상)는 자신의 희망에 따라 일자리센터의 관리로부터 하차할 수 있다. 그들은 실업급여 대신 임금 외 비용 부담이 없는 매달의 급부와 사회보장의 충분한 보호를 받는다. 이를 통해 일자리센터는 노동시장을 이용할 수 있는 사람들에 대한 취업알선 노력에 더욱 집중할 수 있을 것이다.
- 교량체계는 실업보험에 추가 비용이 발생되지 않도록 설계될 것이다. 예상되는 인구구성변화에 따라 이것은 단계적으로 폐지될 것

이다.
- 교량체계에 참여하는 사람은 앞으로의 노동시장통계에 투명하게 명시될 것이다.

1. 재취업 지원 – 개인적 하차 가능

인구구성의 변화는 향후 수십 년 동안 가속화될 것이다. 2040년까지 경제활동 가능한 2명 당 64세 이상의 노령자 1인이 될 것이다. 현재 이 비율은 1인당 약 4명이다.

잠재적 경제활동 인구(경제활동참가자, 등록된 실업자, 사실상 실업자(Stille Reserve)[1] 포함) 역시 뚜렷하게 줄 것이다. 2015년까지 거의 3백 만의 노동수요의 증가가 예상되지만, 최악의 경우 거의 7백만 명의 경제활동참가 인구가 줄어들 것으로 추정된다.

노령자의 경제활동 참가를 높이는 것이 유럽 고용정책의 주요 목표다. 이에 따르면 유럽에서 2010년까지 노령자(55-64세)의 취업률을 50%로 올린다는 것이다. 이러한 목표는 존중될 것이다. 2000년 독일에서 55-64세 노령자의 취업률은 37.4%였다. 60세 이상의 노령자 취업률은 유럽의 다른 나라와 비교할 때 독일이 크게 낮은 수준이다.

미래의 도전 관점에서, 가까운 시간 안에 우선 일과 직업교육, 경쟁력 연합에서의 결정을 근거로 노령자의 경제활동참여 제고와 보호가 목표가 되어야 한다는 새로운 접근방식이 강력한 지지를 받을 것이다. 특히 평생교육 방향은 이미 설정되어 있어야 한다. 인구구성변화 결과 나타난 노동시장에서 공급축소는 이에 의해 그 영향이 흡수되고, 보험료에 의한 사회보장체계의 재정문제가 완화되어야 한다.

---

1) 일정 조건에서 취업할 의지는 가지고 있으나 실업자로 등록하지 않은 사람

오늘날의 기업의 인사관리 실무에서 "인구구성변화"란 주제는 아직 큰 중요성을 갖지 못하고 있다. 사용자 고객집단에 대한 예방적 상담에서 새로운 연방노동청은 이런 이러한 문제에 대한 기업의 이해를 높이고, 노령 구직자의 취업알선에 대한 특별한 해결방안을 개발하여(예를 들어 근로자파견사업부의 일자리 공급을 통해서) 제시하여야 할 것이다. 모든 기업 관련자들의 행동 방향 역시 노령근로자의 실업이 발생하지 일어나지 않도록 하는 것에 두어야 할 것이다.

노령자에게 적합한 일자리 확대와 이에 의해 의도적인 노령자 충원은 장기적으로 진행되는 인구의 연령구조변화가 노동력공급에 미치는 영향에서 더 크게 드러나야 비로소 크게 기대될 것이다. 오늘날 연령과 이와 크게 관련된 건강상의 제약은 독일 노동시장에서 심각한 취업알선 장애로 꼽히고 있다.

미래의 도전에 대한 조기의 대처 시도는, 오늘날의 노령실업에 어떻게 효과적으로 대처할 수 있는가 하는 질문에 대한 진지하고 책임감 있는 답변과 결부되어 있다. 기존의 취업알선 장애를 포함하여 노령자의 높은 실업은 구체적인 행동을 요구하고 있다. 동시에 노령자의 경제활동참가를 늘리기 위한 중장기적이고도 분명한 전망을 마련해야 한다.

두 가지 보완적인 길이 제시될 것이다:

* **고용체계 내 잔류를 보장하고 지원한다:**

임금보험은 노령 구직자에게 소득상실은 줄이면서 고용으로 다시 복귀하는 것을 쉽게 해 줄 것이다. 사용자는 노령자 채용에 대하여 추가 인센티브를 받을 것이다.

* **고용체계에서 하차를 가능하게 해준다:**

교량체계는 이행기 중에 노령 실업자에게 고용체계로부터 하차할 수 있는 사회적으로 인정받는 길을 열어줄 것이다.

2. 임금보험 – 저임금 일자리로 취업알선을 위한 인센티브

임금보험은 노령 실업자에게 새로운 취업을 위하여 이행기 중에 소득보전을 해 줌으로써 저임금 일자리조차도 매력적인 것으로 만드는 새로운 전략이다.

임금보험은 근로자에게 장기근속 후에 구조적 변화로 일자리를 상실하고 저임금 일자리를 받아들일 의지가 있는 근로자에게 보상을 제공할 것이다

실업급여는 근로자의 실업 기간 중 상실 소득의 일부를 대체한다. 이에 반해 임금보험은 해고 후 처음 몇 년 동안 새로운 일자리에서 소득상실분 일부를 보전해준다.

전제조건과 재정

노령 실업자는 이전의 일자리에서 실업 후 새로운 일자리에 취업한 경우에 일정 기간 동안 "임금보험"에서 새로운 급부를 받을 수 있다. 임금보험의 지급기간은 실업급여를 받는 달만큼 줄어든다.

급부는 새로운 취업으로부터의 순소득과 실업 개시 이전 산정기간 중의 순소득 간의 차액을 보전해 줄 것이다.

급부에는 과거 소득의 차액뿐만 아니라 사회보험의 보장에서의 임의고액보험(Höherversicherung)[2)]도 포함된다.

전제:

* 급부는 55세 이상 실업자에게 지급된다.

---

2) 가입자의 희망에 의한 약정에 따라 법정 보험료보다 많은 보험료를 납부하여 지급 사유 발생 시 법정 보험금보다 많은 보험금을 받게 되는 경우의 연금보험으로 법정연금보험료를 초과하는 부분은 일종의 임의보험.

* 새로운 취업은 사회보장보험료 납부 의무 대상이어야 한다.
* 전일제 취업이 아닌 경우, 청구권은 그에 상응하여 축소된다.
* 실업자가 이전에 한 번 고용되었던 사용자에게 재취업하는 경우에는 임금보험 청구권이 인정되지 않는다.
* 임금보험은 사용자에 대한 임금비용보조금에 의해 누적될 수 있다.
* 임금보험 보조금 청구권은 통상 5년 내에 한 번 발생한다.

모든 실업자에 대한 임금보험 도입에 앞서서 실업보험의 계획된 부담 완화 요인 파악을 위하여 수년이 필요하다.

3. 사용자의 노령자 고용에 대한 인센티브

보험료 감액

노령실업자가 새로운 고용을 받아들이면, 일정 기간 동안 실업보험료율이 인하된다. 사용자가 1년 동안 사용자 부담 보험료를 면제받으면, 사용자는 이 기간 중에 약 1,000 유로를 절약할 수 있다.

기간제 고용 연령의 인하

기간제 규정 확대를 위하여 노령자 기준이 현행 58세에서 50세로 인하된다면, 기간제 고용 기회가 확대될 수 있다.

4. 노령실업자를 위한 교량체계

55세에 도달하였고 금전적 여유가 있는(예를 들어 더 이상 자가 주택이나 아이들 교육 등에 돈이 들어가지 않는) 노령 실업자는 자신의 희망에 따라 일자리센터의 관리로부터 나와 사회보험료를 포함하여 비용이 소요되지 않는 월간 급여를 받을 수 있다. 이러한 급여는 실업급여를 대체할 것이다. 60 세부터 그들은 법적으로 감액된 조기 노령연금을 청구하여 받을 수 있다.

비용 부담이 없는 월간 급여는 말하자면 수급기간 동안 예상되는 실업급여 총액이 60세 만료 시까지 연장된다는 것이다. 실업자는 따라서 월정액으로 분할된 자신의 실업보험금을 지급받게 되는 것이다.

실질적으로 비용 부담이 없다는 것은 월정액의 교량체계를 이용하는 노령실업자가 재취업할 수 있다는 것이 고려될 때에만 가능할 것이다. 55세 이상의 실업자의 재취업 확률은 현재 약 25%에 불과하다.

교량체계를 이용할 때 실업자는 더 이상 노동시장을 이용할 수 없기 때문에, 일자리센터는 실업자의 여타 영역에서 그 취업알선 활동을 집중하게 된다. 교량체계 기회는 경우에 따라서 이제까지 사회법전 Ⅲ권 428조에 해당하는 규정(58세 이상의 실업자에 대해서는 요건 완화 하의 실업급여)3)을 보완할 수 있다.

이 제도가 실업보험 비용 증가를 야기하지는 않는다. 특히 재정 모델에서 노령실업자의 취업이 기대되기 때문이다.

기본적으로 이런 급부로 조기 은퇴가 조장되어서는 안 된다. 인구구성 변화와 관련하여 수년 안에 역시 노령자에 대한 고용에 장애가 되는 다른 모든 규정(2005년까지)과 마찬가지로 교량체계는 단계적으로 축소되고 결국 폐지되어야 한다.

---

3) 사회법전 Ⅲ권 428조는 1항에서 취업할 준비가 되어 있지 않고 실업을 종료할 기회를 활용할 의지가 없다는 이유만으로 실업급여 청구 자격이 없는 58세 이하의 실업자의 실업급여 청구 요건을 2항에서 노동청이 가까운 장래에 노령연금 자격이 예상되는 실업급여를 3개월 받은 실업자에게 1개월 이내에 노령연금 신청을 요구할 것을 그리고 3항에서 연령이나 공법상 사유로 연금의 일부만을 받는 실업자의 1항 적용 배제를 규정하고 있다.

동독의 특수한 노동시장상황과 관련하여 새로운 연방 주에서 교량체계로 편입 연령 인하가 재정적으로 가능한지 검토할 필요가 있다.

1인 기업의 소유자와 근로자파견사업부에 고용된 사람과 마찬가지로 교량체계 참가자 수도 앞으로는 노동시장통계에 명시될 것이다. "정직한 통계" 원칙이 이에 의해 준수될 것이다.

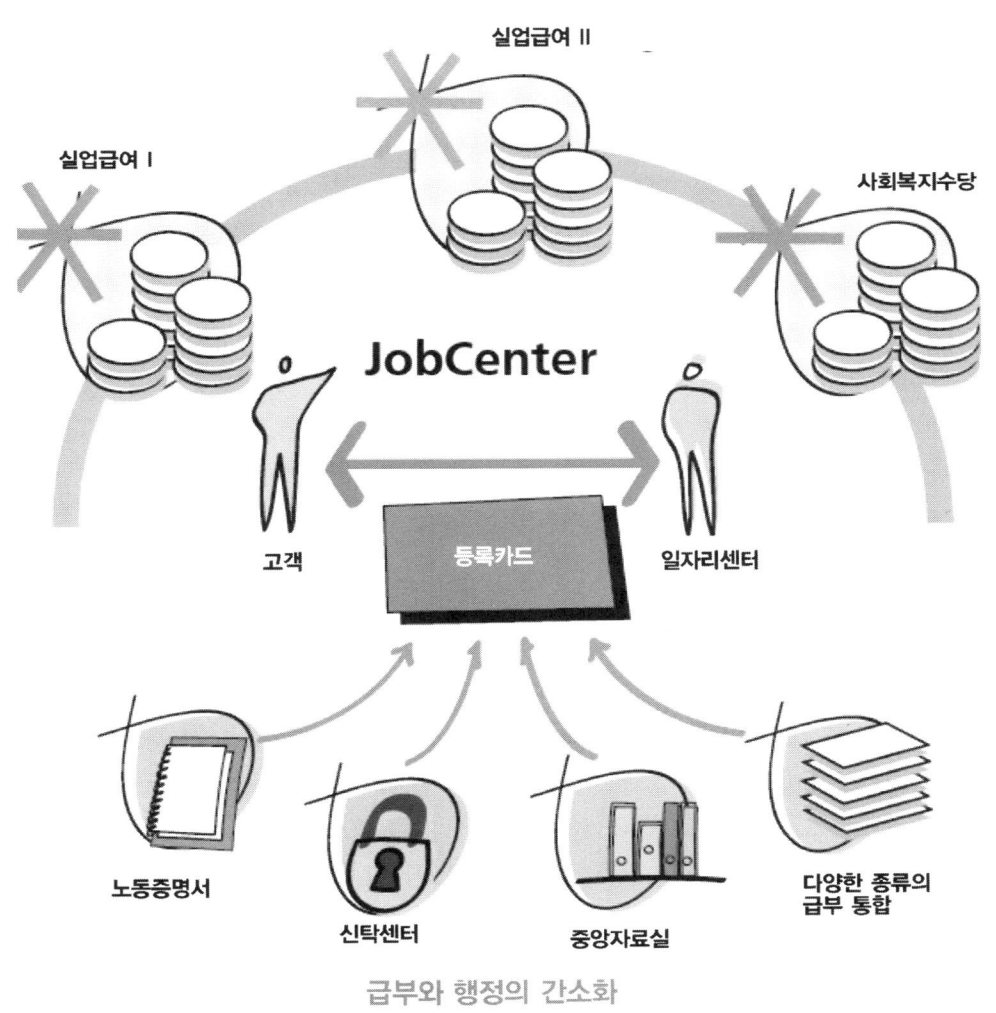

▌ 실업부조와 사회부조의 통합

- 두 가지 사회급부제도의 병존은 상당한 행정소모와 불투명성으로 귀결된다. 취업 노력에서 협력과 책임성 부족이 취업알선의 속도를 방해할 수 있다. 이러한 상호협력의 간격을 메꾸기 위해 앞으로는 급부를 받는 모든 사람은 하나의 창구의 관리만 받고, 하나의 급부만을 받게 될 것이다. 앞으로는 세 가지 급부가 있을 것이다.
- 실업급여I은 보험료를 재원으로 하는 원래의 보험급여다. 금액과 지급기간은 원칙적으로 기존 규정에 따른다. 관할은 새로운 연방노동청에 그대로 남게 될 것이다. 관리는 일자리센터가 맡을 것이다.
- 실업급여II는 실업급여I을 받은 이후나 그 신청조건을 충족하지 못한 경제활동 능력이 있는 실업자의 생계를 보장하기 위해 세금을 재정으로 하는 필요에 따른 급부이다. 실업급여II의 수급자는 사회보험 가입 대상이다. 실업급여II의 청구기간은 제한되지 않는다. 이는 새로운 연방노동청의 소관사항이다. 이의 관리는 마찬가지로 일자리센터가 맡는다.
- 사회복지수당은 지금까지 경제활동 능력이 없는 사람에 대한 사회부조에 해당한다. 사회복지 담당 관청 소관이다.
- 급여 인출과 취업 등록카드는 각각의 관할 기관(예를 들어 새로운 지방노동청)에서 개발될 것이다. 앞으로 사용자는 노동증명서를 근로자의 동의 하에 전자문서 형식으로 중앙집중적으로 보관하는 제3자에게 비치할 수 있다. 등록카드의 이용은 행정과 기업에 상당한 비용 절감을 가져다 줄 것이다.

- 급부의 계산과 관리는 다음에 의해 간소화될 것이다: 과거 12개월의 평균임금을 기초로 한 급부의 계산, 산출소득의 연간 조정 폐지, 패키지화, 급부의 통합과 재정의(再定義), 사회보장보험증권의 비치 의무 폐지. 입법기관과 새로운 연방노동청은 간소화를 더욱 검토하여 이를 신속히 시행할 것이다.

1. 업무 분장

현재에는 경제활동능력이 있으면서 경제활동에 참가하고 있지 않는 사람에 대하여 상이한 세 가지 사회보장제도가 있다. 그 중 실업급여는 보험료를 재원으로 하고 있고, 실업부조와 사회부조는 세금을 재원으로 하며 필요에 따라 집행되고 있다. 실업급여와 실업부조의 금액은 실업 이전에 받던 소득에 기초하여 생활수준의 보장에 기여한다. 실업급여의 지급기간은 32개월(노령 근로자의 경우)까지다. 그 이후에 지급되는 실업부조는 기한이 없다.

2001년에 실업급여(사회보장보험료 포함)로 약 250억 유로, 실업부조로 약 128억 유로를 지출하였다. 이러한 급부에는 임금을 기초로 하면서 법정 의료보험, 사회복지 요양보험, 법정 연금보험이 기본적인 고려 사항이다.

연방사회부조법(Bundessozialhilfegesetz, BSHG)에 따른 사회부조는 세금을 재원으로 하며 부조 신청자의 필요에 기초한 국가적 사회복지급부에 속한다. 급부 신청자가 일정한 기준을 충족할 것을 급부 지급 요건으로 한다. 15세에서 64세까지의 경제활동 능력이 있는 약 90만의 사회부조 수급자가 경제활동에 참가하지 않고, 직업교육이나 재교육을 받지 않고 있다.

약 27만 명이 실업급여 혹은 실업부조 이외에 연방사회부조법(BSHG)

에 따라 생계를 위해 부조를 받는다(이른바 중복 수급자)[1]. 현재 이들의 신청은 서로 다른 두 행정기관에서 처리된다(별개의 자료로 등재, 두 개의 별도 신청서, 두 개의 별도 계산 등); 그 결과는 당사자에게 친숙하지 못하고 행정력 소모가 크다는 점이다. 사회법전(SGB) Ⅲ과 사회부조법이 예를 들어 고용의 필요성과 적정성에 대한 상이한 규정을 두고 있다는 것에서 특별한 문제가 발생한다. 여기에 서로 다른 행정구조와 비용부담에서 상이한 법률 운용까지 더해진다. 부조 수혜자가 두 제도로부터 급부를 받는다면, 관할 담당 기관 어디도 흔히 실업자를 신속하게 취업시키기 위하여 그리 노력하지 않을 것이다.

두 사회급부제도의 병행에 의해 두 제도의 급부 수혜 자격자의 관리에 상당히 큰 행정소모와 불투명성이 초래되고 해당자는 불필요한 어려움을 겪게 된다. 노동청과 사회복지 담당 부처 간에 필요한 자료교환은 이제까지 제한된 규모로만 이루어졌다. 취업 노력 협력과 책임 부족으로 취업알선의 속도가 방해 받을 수 있다. 게다가 사회복지제도의 담당 기관 간의 비용전가가 초래된다(관할변경).

그러므로 앞으로 급부는 다음 3가지가 있을 것이다.

* 실업급여 Ⅰ
* 실업급여 Ⅱ
* 사회복지수당

급부 수급자는 모두 한 기관의 관리를 받고 한 가지 급부만 받을 것이다. 급부 사이의 호환성은 크게 없어질 것이다.

---

[1] 실업급여 Ⅰ이 너무 적어서 생계비에 충당할 수 없는 경우에 해당된다. 노동시장 통계에는 "경제활동 능력이 있는 실업급여 Ⅱ 수급자"로 분류하고 있다.

2. 새로운 급부구조

실업급여 I

실업급여는 두 단계로 지급된다. 첫 번째 단계는(실업급여I) 원래의 보험 급부를 말하는 것으로, 보험을 재원으로 하고 있다. 신청 금액과 기간은 원칙적으로 기존 법령에 따른다.

실업급여 II

새로운 급부구조의 핵심은 경제활동능력이 있는 수급자에 대한 실업부조와 사회부조를 실업급여(ALG)II로 통합하는 것이다.

실업급여 I 의 지급과 관련하여 혹은 이에 대한 신청자격 미달 시, 앞으로는 생계의 보장을 위해 한 가지 급부만 제공될 것이다. 새로이 지급되는 급부를 실업급여II라 칭한다.

도움이 필요한 모든 경제활동 능력이 있는 실업자는, 적절한 지원이 있다면 취업할 수 있는 한, 사회복지급부 신청 자격이 있다. 일자리센터의 사례관리자는 의료기관과 협력하여 경제활동능력을 상실하였는지 여부에 관한 구속력 있는 결정을 내린다. 경제활동능력이 있는 사람의 노동시장으로의 재 편입을 위해 요구되는 모든 급부는 모든 실업자의 단일 창구 즉 일자리센터에서 제공된다.

이러한 통합에 의해 이제까지의 제도인 실업부조와 사회부조의 결정적인 약점이 제거될 것이다 – 즉, 각각 그 자체 이해로 인한 "관할변경"과 동시적으로 일어나는 "거품", 그리고 일정한 표적집단의 무시라는 약점.

수급자 자신의 취업 활동은 구속력 있는 취업약정을 기초로 그리고 새로운 적정성을 배경으로 사례관리자와 고객 사이에서 정기적으로 평가된다. 그 결과 사례관리자는 그 활동을 더욱 유발시킬 것이다. 이때 실업급여II의 규모는 재취업정책에 대한 실업자의 준비 자세에 달렸다.

실업급여 Ⅱ의 재원은 세금이고 필요에 따른다. 이를 위해 재정상황이 향상되고 실업자의 가족 환경이 고려될 것이다.

연방, 주, 지자체 사이의 부담 분담 결정권은 지자체재정개혁 위원회가 가진다.2) 금전 급부 수급자는 법정 의료보험과 함께 또 사회복지보험 가입 대상이다. 법정 연금보험 가입의무와 재정 문제 및 그 설계는 자세히 검토되어야 한다. 활성화 정책 참여는 법정 산재보험의 보호를 받을 것이다. 일체 금전 급부 신청을 하지 않는 사람에게는 임의 보험 기회가 열려 있다.

〈그림 15〉 소득보장 급부의 개편

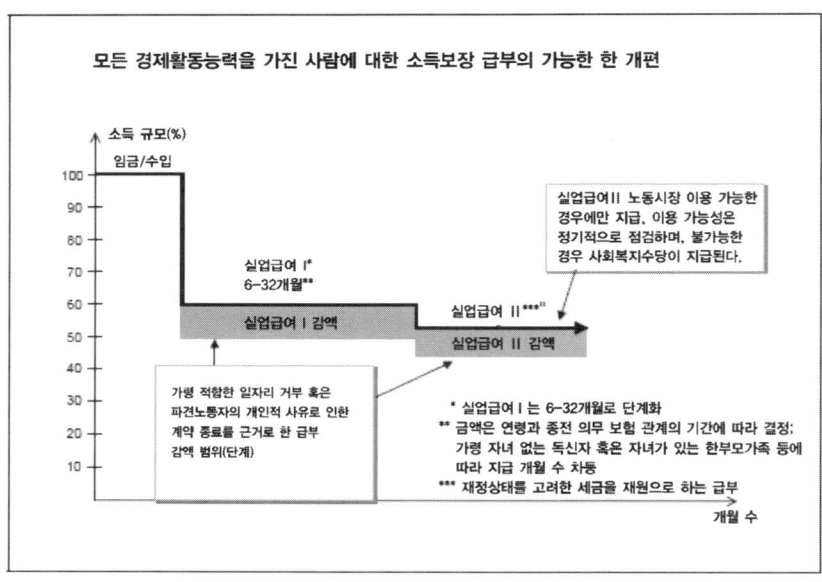

---

2) 지자체재정개혁위원회(Kommission zur Gemeindefinanzreform)는 2002년 5월 16일 연방 주 재무장관들의 합의에 의해 위원회와 실무팀으로 구성되어 5월 23일 첫 회의를 열었다.

경제활동능력이 있는 급부 수급자는 적정성에 상응하는 모든 고용을 받아들여야 한다. 근로자파견사업부의 고용도 적정하다.

사회복지수당

사회복지수당은 경제활동 능력이 없는 사람에게만 제공되는 급부라는 정책에 의한 이제까지의 사회부조(사회부조법에 따라 생계를 위한 부조)에 해당된다. 조직과 재정은 지자체의 책임이다.

경제활동능력이 없는 사회부조 수급자는 계속 사회복지 관계 기관에 의해 관리된다.

혁신 모듈의 평가 검증 위임(뒤의 마스터플랜 참고)

개혁정책안은 국가의 전문가들의 지원을 필요로 하는 것으로 실업기간의 단축과 함께 2005년 12월 31일까지 약 2백만 명의 실업자 축소를 목표로 한다.

2005년 6월 30일의 실업자 수를 기초로 정책 패키지 전체를 평가할 것이다. 정책 시행에도 불구하고 목표 달성이 불가능하다면, 단기적으로는 후속 정책으로 실업급여의 한시적인 제한도 결정되어야 한다.

3. 등록카드 도입

등록카드 혹은 보안키로서 보험카드가 개발될 것이다. 이는 신청자의 동의에 의해 권한 있는 기관의 소득증명과 노동증명(Arbeitsbescheinigung)[3] 발급에 사용될 것이다.

---

[3] 노동증명: 고용관계 종료 시 종전 사용자가 연방노동청에 제출하는 실업급여 신청자격과 관련될 수 있는 모든 사실을 증명하는 서류 양식.

지금까지 급부의 신청 시 신청자격자는 지급요건에 관한 증빙자료를 제출하여야 했다. 이는 보통 사용자가 발급하는 증빙서류 제시에 의해 이루어졌다. 90년대의 연구에 의하면, 증빙서류(예를 들어 소득증명, 노동증명) 발급은 기업의 인사관리 비용의 거의 5%에 해당하였다.

계약 종료 시 근로자에게 발급되어 노동행정 기관의 급부 시에 비로소 제출되는 노동증명 역시 기업에게 부담이 되는 업무에 속한다. 게다가 소득증명은 종종 늦게 발급되어, 급부인정 지연의 원인이 된다.

근로자의 동의에 의해 사용자는 노동증명을 코드화하여 제3자에게 위탁한다. 급부의 경우 신청자(근로자)는 카드를 위임하여 노동행정 기관이 저장된 자신의 자료를 검색할 수 있는 권한을 줄 수 있을 것이다.

〈그림 16〉 고용자료의 중앙집중식 관리 체계

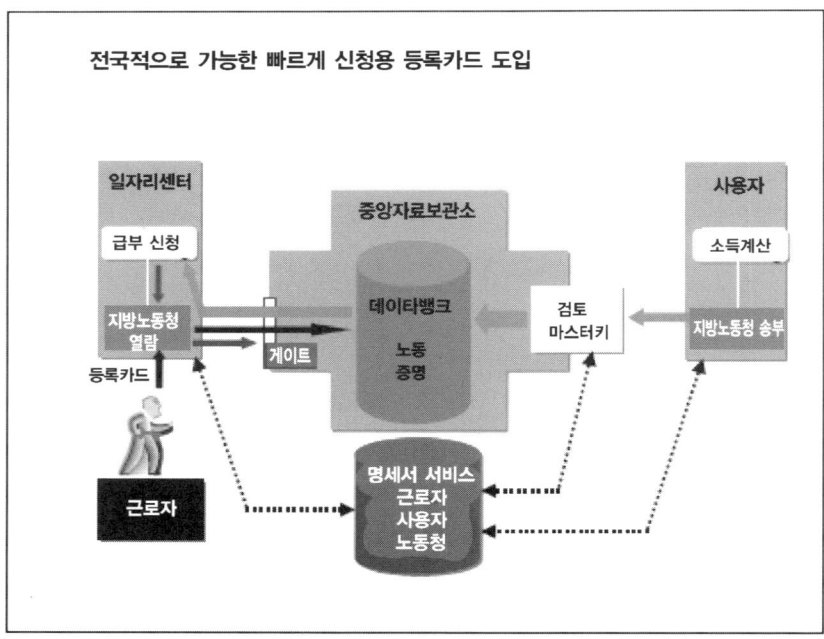

트러스트센터에 의해 접속권한이 검증되고, 근로자의 고용자료와 소득증명 자료 접근이 허용된다. 급부산정을 위하여 이를 필요로 하는 장소에서 전자문서 형식의 자료를 이용할 수 있게 된다.
　이러한 목표를 달성하기 위해 고용 및 소득 자료의 중앙집중식 저장에 관한 기술적 조건이 지체 없이 검토되고 마련되어야 한다. 이를 위해 하나의 태스크포스가 활용될 것이다. 이와 병행하여 중앙집중식 노동증명의 저장 체계의 전국적 도입을 위한 법적 조건이 마련될 수 있을 것이다.
　다음 단계에서는 매달 소득증명의 중앙집중식 저장과 담당 기관에 의한 출력이 가능할 것이다.

〈그림 17〉 보안절차

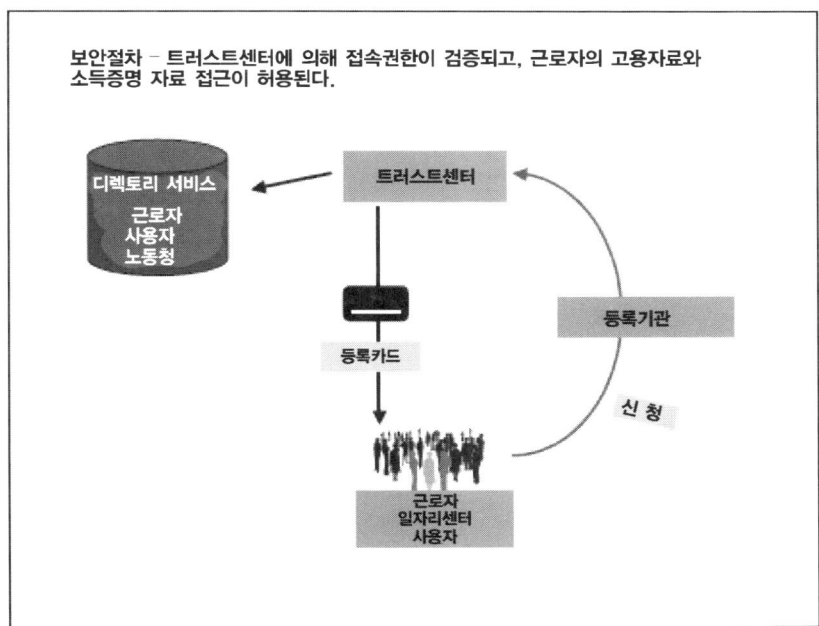

등록카드 도입으로 행정 분야에서 상당한 비용이 절감될 것이다. 필요한 자료가 디지털 문서 형식으로 담당자에게 직접 제출되기 때문이다. 기업은 과거 근로자의 노동 및 소득 증명 발급 시 경우 보유자료 검색에 비용을 지출할 필요가 없어질 것이다.

이와 관련하여 모든 사회보험 기관에 통일된 보험번호 도입도 의미 있을 것이다.

등록카드에 의한 자료 입력과 자료 검색 과정은 다음과 같다:

 * 사용자(중소기업의 경우 보통 세무사)
- 임금 및 소득의 전자정보처리를 통해 노동증명 작성
- 노동증명을 중앙 검토센터로 송부

 * 중앙 검토센터
- 노동증명 검토
- 중앙 기록보관소를 위해 암호화하고 전자서명

 * 중앙 기록보관소
- 모든 노동증명 저장
- 문서와 서명의 재작성(가능하면 마스터키를 통해)
- 기업 등록카드 분실 시 가능하면 재등록

 * 일자리센터
- "게이트" 통제를 거친 중앙 데이터뱅크 접속
- 접속 기반시설 활용
- 등록카드 등록기관이 될 수 있음
- 차단된 등록카드 회수 가능

 * 근로자
- 일자리센터의 등록카드와 이중으로 사용하여 개인의 노동증명에 접

속할 수 있는 등록카드 사용
* 디렉토리 서비스
- 관계자의 모든 공개적인 키 보유
- 트러스트센터에서 처리

4. 급부와 행정의 간소화 확대

급부산정과 관련된 행정력 낭비를 줄이고 개인의 취업알선 역량을 발휘할 수 있도록 일련의 보완정책이 계획될 것이다.

연간 실업급여액 산정기간

통상 및 특별한 산정근거 모두 간소화될 것이다. 실업급여 신청 금액 계산은 기본적으로 지난 12개월의 평균임금에 기초한다.

산정소득의 연간 조정 폐지

현재의 법적 조건에서는 근로소득 총액에 대한 산정소득 정산은 1년 경과 후 개별 사안별로 이루어지고 있다

급부의 지급 기간 중 정산 폐지로 관련 행정 낭비가 줄어들 것이다. 이 경우 보험원칙의 의미에서 급부신청은 최종 근로소득을 기준으로 산정될 것이다.

급부산정 간소화

가상적인 산정 규정은 일괄 급부로 대체될 것이다.

가상적으로 확정된 산정소득은 수많은 그리고 복잡한 단체협약으로 인하여 커다란 어려움을 야기하고 있다. 또 단체협약에 규정이 없을 경우

에 비교될 수 있는 고용에 필요한 규정도 많은 문제와 결함을 가지고 있다. 그 결과 사회법원에서 지루한 법적 공방이 드물지 않는 불투명한 결정으로 행정력 낭비가 크다.

산정소득의 일괄 확정으로 행정이 간소화되고 처리 과정상의 결함이 줄어들 것이다. 이와 동시에 이의 확정으로 급부 수급자에게 투명성을 제공할 것이다.

일괄작업의 기초는 모든 피보험자의 평균적인 소득이 될 수 있다.

여러 종류의 급부 통합

이제까지의 급부성 생계수당과 연계생계수당(Anschlussunterhaltsgeld)[4]은 실업급여 금액에 따라 산정되었다. 새로운 종류의 급부는 만들어지지 않을 것이다

생계수당 금액은 지금까지 최대 실업급여와 같았다. 따라서 그런 의미에서 수급자에게는 어떤 차이도 없었다. 급부종류의 전환에 의해 행정력 낭비가 줄어들 것이다.

임금보조금 통합

취업알선 활동을 지원하기 위한 수많은 기존의 임금보조금(장기실업자, 중증장애인과 기타 장애인, 노령실업자와 청년 등에 대한 수습채용의 경우)은 통일된 목표 즉 1차 노동시장에서의 취업에 근거하여 통합된다. 통합된 급부는 제한된 능력을 가진 근로자들의 취업에 충분할 것이다. 근로자 파

---

4) 실업자가 직업재교육에 참가 중일 때는 그 기간 동안 소위 생계비(Unterhaltsgeld)를 받지 못했다. 생계수당 수급 후에 최장 3개월 동안 연계생계비(Anschlussunterhaltsgeld) 청구권이 발생하였다. 그러나 연계생계수당을 받기 위해서는 실업자가 3개월 이내에 실업보험을 청구한다는 것을 전제로 하고 있었다. 연계생계비는 2003년 1월 1일 폐지되었다.

견의 경우 근로자파견사업부 설치에 의해 통합적인 취업업무가 계획될 것이다. 이는 필요한 금액과 기간에 따라 결정될 것이다.

기타 급부의 정액화

이동 지원과 취업알선 지원을 위한 지원금이 정액으로 지급될 것이다.

직업재교육에 참여하는 경우 취업알선을 지원하고 이동을 지원하기 위해 실업자는 일회 지급 지원금의 형태로 이동보조금을 받는다(운전비용, 학습보충수단, 자녀돌봄비용 등).

사회보장증은 더 이상 기탁하지 않는다

사회보장증은 기탁의무(100조 1항 사회법전-Ⅳ 100조 1항)는 이와 관련된 행정 낭비와 적은 활용을 이유로 폐지될 것이다.

사회보장증 기탁 목적은 불법고용과 싸우기 위한 조건을 개선하고 무자격자의 급부 수급을 막고 사회보장법의 남용을 막기 위한 것이다. 모든 피보험자가 하나의 증명서만을 갖도록 하고 이의 위반을 법령위반으로 처벌할 수 있다고 하더라도, 많은 경우 여러 개의 사회보장증명서가 교부되고 또 피보험자가 이를 소지하고 있다는 것이 확인되어야 한다. 따라서 기탁이 피보험자가 급부를 받는 동안의 불법취업을 하지 않는다는 보장을 해주지 못한다.

급부 지급 시에 신분증 번호를 기록하고 중앙 자료보관소에 기록하는 것이 의미 있는 대안으로 보인다. 이는 점검 중에 대조가 가능하다.

실업급여와 의료보험금의 경계 재설정

질병 시 실업급여 청구는 의료보험금 급여가 소진된 때에 비로소 가능하다.

노동능력 상실 위험은 의료보험이 우선 부담한다. 그러나 부분적으로 법규의 경합이 발생한다. 노동청 의사(醫師)가 향후 6개월 이상 주당 15시간 미만밖에 일할 수 없다고 노동능력을 진단한다면, 의료보험금 신청이 있다 할지라도 이와 무관하게 실업급여는 지급된다. 따라서 이는 의료보험이 장기간 노동능력 상실로 진단된 경제활동 능력 없는 실업자를 실업보험에 인계하려고 한다면 이는 의료보험과 실업보험 사이의 환승역 역할(관할 변경)을 한다는 것이다.

이러한 인터페이스 문제는, 의료보험금 급여가 소진된 경우에 비로소 실업급여 신청이 가능하게 함으로써 해결될 수 있다.

먼저 실업보험 자격 결정

노동청은 현재 모든 급부에서, 보험의무의 근거가 되는 근로관계가 존재하고 있는지 여부를 검토하고 있다. 여기서 이른바 가족의 협력이라는 가족구성원의 활동과 종속적 취업의 한계라는 어려움이 나타난다. 비슷한 문제는 경영 참여 주주의 경우에도 발생한다.

이러한 실태는 종종 비록 오래 동안 보험료를 납부했지만 급부가 거절되는 결과를 야기할 수 있다. 시효기간 내에 납부된 보험료만 반환된다. 절차는 복잡하다.

이것이 결정에 적합한지 여부를 즉각 알맞게 결정해야 한다.

취업상황은 신고절차에서 함께 일하는 가족원이라는 진술에 의해 밝혀질 것이다. 이어서 새로운 연방노동청은 즉시 그 결정이 적합한지 여부를 판단할 것이다.

"자녀수당-실업"

현재 18-20세의 청소년에게도 자녀수당이 지급되는 경우의 하나는, 노동청에 실업등록으로 이들 자녀가 실업임이 입증된(소득세법 32조 4항 1호 참고)[5] 경우이다. 연방노동청의 자료에 따르면 실업으로 약 73,000명에 대하여 자녀수당이 지급되고 있다(2001년 2월). 원칙적으로 실업등록의 요구는 환영할 만하다. 이런 방식으로 청년들이 취업 문제에 대하여 개인적으로 그리고 사회적으로 중요하게 대처하고 그럼으로써 부정적인 사회정책, 교육정책, 노동시장정책 결과를 피할 수 있도록 보장해야 하기 때문이다.

그러나 이른바 "자녀수당-실업자"의 적지 않은 부분이 단지 학교 졸업이나 군입대 혹은 군복부 대체근무와 학업 시작 혹은 직업교육의 시작 사이의 기간만을 실업자로 등록하고 있다. 이에 관하여 자녀수당 신청에는 학업이나 직업교육이 곧 시작된다는 증거나 직업교육장을 열심히 찾고 있다는 증거로 충분할 것이다. 실업등록은 필요 없다. 해당하는 규정이 이미 소득세법 32조 4항 2호에 있다. 이것은 일관되게 적용되어야 한다.

따라서 이행기간 중에 자녀수당 신청을 위해서 실업등록은 더 이상 필요 없게 될 것이다.

행정 간소화에 그 이상의 가능성 이용

입법기관과 새로운 연방노동청은 급부신청과 급부지급 확인 간소화가 더욱 가능한지를 검토할 것이다.

---

5) 독일 연방소득세법 32조 4항 1호는 "18세에 도달한 자녀로 아직 21세에 도달하지 않았고 취업하고 있지 않으며 독일의 노동청에 구직자로 등록되어 있지 않은 자녀는 고려될 것이다"라고 규정하고 있다.

뉘른베르크에 대한 보급은 없다

7

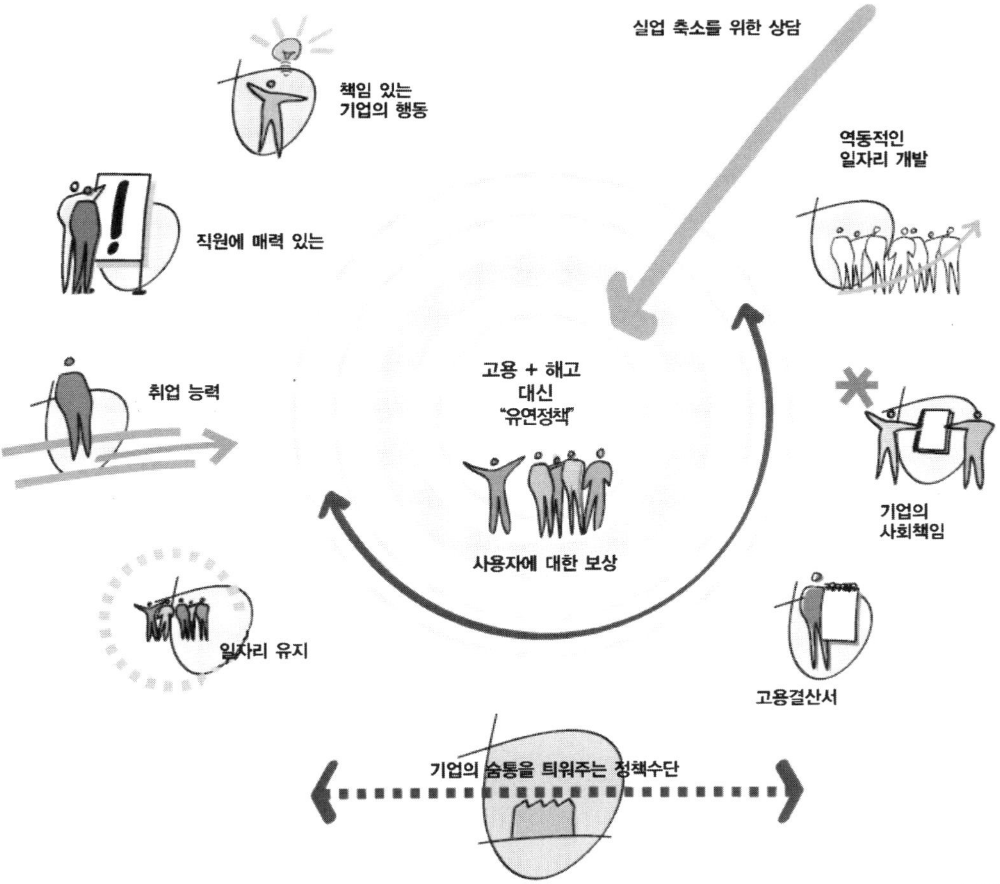

▌ 뉘른베르크에 대한 보급은 없다!

고용결산 — 사용자에 대한 보상제도

- 모든 기업에게는 일자리 보장과 창출 책임을 이행하고, 가능한 한 해고를 피하기 위하여 가령 탄력적 노동시간 모델과 같은 기업의 숨통을 틔워주는 모든 정책수단을 활용할 것이 요구된다.
- 일자리센터와 역량센터는 이 경우의 기업을 지원하고, "고용상담" 서비스를 제공한다. 고용상담은 오늘날 노동법과 근로조건 설계와 관련된 기업의 모든 분야를 대상으로 한다.
- 기업은 자발적으로 작성한 고용결산서로 자신의 사회적 책임을 표현한다. 여기서 사회적 책임이란 일자리 창출과 보장이다. 고용결산은 종업원의 구조와 개발에 대한 설명이다(기술 수준에 관한 자료, 단기고용 비율, 이동과 유연성 지표).
- 고용결산서는 일자리센터와 역량센터에 의해 고용상담의 출발점으로 활용된다.
- 적극적으로 일자리를 개발하고 있는 기업은 실업보험에서 보상을 받는다. 일자리를 적극적으로 보장하고 고용을 유지하는 기업에 대해서도 마찬가지이다. 그래서 고용 지원과 안정을 위한 인센티브가 마련될 것이다.
- 보상제도를 실시할 때 기업 부담 실업보험 보험료 총액 변화에 기초한 단순하고도 비관료적인 척도 외에도 중소기업과 대기업의 차이가 고려되어야 할 것이다.

1. 뉘른베르크에 대한 보급은 없다!

미래는 결국 일관되게 고객을 지향하고 시장여건에 유연하게 대응하고 근로자의 공동책임과 행동역량 그리고 학습의지를 신뢰하는 기업의 것이다.

> "우리는 우리의 일자리에 더 많이 신경 써야 할 것이다. 충분한 대책 없이 '고용과 해고'를 반복하는 사람은 지능적인 고용 방식, 새로운 관리시스템, 탄력적 시간모델을 추진할 수 없을 것이다. 왜 주간, 월간, 연간 사이의 수익계정과 손실계정 간에 일자리를 교환하지 못하는가? 지출은 그대로 둔 채 – 고용과 해고 대신 유연정책을 취하라.
>
> 유연정책을 취하는 기업과 함께 한 7년 간의 경험 후에, 고용문제의 약 90%는 해고 없이 비용에 기초하여 해결될 수 있다고 말할 수 있다."(페터 하르츠)

일과 실업은 경영과정에서 발생한다. 실업을 피하고 줄이려는 사람은 이 과정에 영향을 주어야 한다. 여기서 새로운 연방노동청의 고유하고 새로운 업무 분야가 생긴다. 즉 실업이 가능한 한 발생하지 않도록 기업에 조언하는 일이다.

기업의 고용능력의 확보와 지원은 새로운 연방노동청의 예방적 전략의 중심 요소가 될 것이다. 이를 위해 일자리센터와 역량센터가 기업에게 "고용상담" 서비스를 제공할 것이다.

고용상담은 오늘날 노동법과 근로조건 설계와 관련된 기업의 모든 분야를 대상으로 한다. 성공적인 기업은 기업의 이익을 보호하면서도 창의적인 설계를 선택함으로써 일자리를 유지하고 고용을 보장할 수 있음을 증명하고 있다.

예를 들어 주당 노동시간의 상하한선, 근로시간계좌, 시간증권, 시차근무, 일괄시간, 자율적 근로시간 운영(Zeitsouveränität)등과 같은 탄력적 시간모델로 유연정책을 취하는 것은, 경제적으로 어려운 시기에도 노동시장에 부담을 주지 않으면서 경제상황에 대응할 수 있도록 해줄 것이다. 이는 기업에게도 유리하다. 왜냐하면 고용보장에 의해 동기가 부여된 숙련되고 기량 좋은 직원들은 호경기에는 잘 활용될 수 있기 때문이다. 안정된 고용관계는 추가적으로 기업 내의 사회적 평화를 보장해 줄 것이다.

넓은 분야에서 사업하는 대기업뿐만 아니라 중소기업에 대해서도 유능한 고용상담에 의해 접근해야 할 새로운 분야가 발생하고 있다.

노르트라인-베스트팔렌의 노동시간 상담 사례가 있다. "일을 위한 연대" 참가자들은 주의 현대적 노동시간 제안인 '행동 100 경영'을 시행에 옮겼다. 관심 있는 기업이, 현대적 노동시간체계 도입에 의해 고용안정과 고용창출에 기여하고자 한다면, 비용 없이 주가 지원하는 노동시간 상담을 활용할 수 있도록 하였다. 상담은 무엇보다 중소기업을 겨냥했다. 가장 많이 도입된 노동시간모델은 노동시간계정 규정, 노동과학의 지식에 따른 새로운 교대근무 모델이었다. 새로운 교대근무 모델은 이외에도 건강에 유익하며 사회가 받아들일 수 있는 노동시간 설계에 기여하는 것이었다.

수준 높은 서비스 제공은 잠재수요를 일깨워서 더 많은 수요로 유발할 것이다.

고용 상담은 이 외에도 어려운 경제상황에 처해 있는 기업에 출발점을 찾아줄 것이다. 여기 제공된 서비스는 필요한 고용회사(Beschäftigungstransfer)[6] 지원에도 도움이 될 수 있을 것이다.

가능한 한 조기에 적합한 생산능력 조정에 의해 안정된 경제적 상황에서 미리 대비하기 위해서는 예방적인 상담이 더 효과적이면서도 중단기적 목표로 인정될 것이다.

---

6) 고용회사 혹은 이전회사는 사회보장법전 3권 111조에 규정된 노동정책 수단으로 구체적으로 실업의 위험에 처한 기업의 취업근로자에게 최장 12개월 기한으로 새로운 일자리를 알선해주는 것을 그 목적으로 설립한 기업이다. 유사한 명칭으로 고용회사(Beschäftigungsgesellschaft)/구조회사(Auffanggesellschaft)/기량향상회사(Qualifizierungsgesellschaft)/독립기업(betriebsorganisatorisch eigenständige Einheit: beE)이 있다.

대량해고나 도산이 임박한 경우 정리해고에 따른 근로자의 실업을 피하기 위하여 한시적으로 고용회사로 소속 전환이 가능하다. 이들 기업의 개념은 종종 동의어로 사용된다. 엄격히 말해서 지향하는 목표에 따라 서로 다르다.
- 이전회사(Transfergesellschaft)는 새로운 일자리를 찾는 정리해고 근로자를 지원하기 위하여 설립된 것이다. 따라서 이력, 기술향상, 계속교육, 자립계획 지원, 그리고 궁극적으로 새로운 일자리로 취업알선에 중점을 둔다.
- 구조회사(Auffanggesellschaft)는 채무불이행 상태에 빠진 기업을 구조하기 위하여 설립된다. 이에 의해 근로자들은 기술향상 기회를 가지고 새로운 일자리를 얻는데 도움을 받을 수 있다.
- 기량향상회사(Qualifizierungsgesellschaft)는 기능향상과 계속교육에 중점을 둔다.
- 고용회사(Beschäftigungsgesellschaft)는 근로자 임대 조건으로 특별한 업무와 사업을 위하여 다른 기업에 근로자를 파견하기 위하여 설립된다. 이 점에서 근로자파견사업부와 동일하다.
- 독립기업betriebsorganisatorisch eigenständige Einheit. beE), 즉 경영조직상 독립된 단위는 이전회사, 구조회사, 고용회사, 기량향상회사의 법적 형식이다. 어떠한 상품이나 서비스를 제공하지 않기 때문에 사회복지 기관으로써 민사법의 적용을 받는다.

위의 사회보장법전 3권 규정과 관련해서 동일하게 취급된다; www.gesetze-im-internet.de.

<그림 18> 생산능력 조정 수단

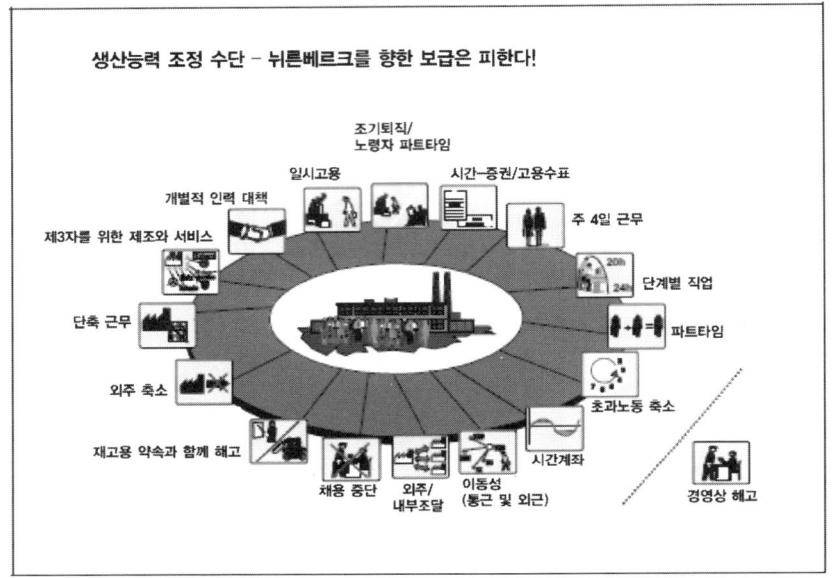

2. 고용결산서

기업의 사회적 책임 관점에서 자발적으로 사업보고서에 고용결산서를 제출함으로써 기업은 사회적 책임을 공개하는 것이다. 사회적이란 여기서 고용을 창출하고 보장하는 것이다.

고용결산서는 특히 정규직원과 임시고용의 비율과 변화, 인력의 기술수준과 교육, 이동성 및 유연성 등을 보여줄 것이다. 목적은 분석가와 언론이 받아들일 수 있는 기업의 인적 역량과 지식 및 능력자본의 평가를 위한 표준화된 비교가능성이다. 그 결과 노동보유가치(Workholder Value)에 대한 통일된 기준과 비교가능성은 주주가치의 상승에 대한 평가 틀이 될 것이다.

연간 경쟁에서 좋은 정책은 공개적으로 인정받고, 보상 받으며, 널리 홍보되어야 한다. 이런 경쟁을 만들어내는 것이 역량센터와 국가적 전문가들의 과제가 될 수 있을 것이다.

한 기업의 인력계획과 결합된 고용결산서는 새로운 연방노동청의 전문가에 의한 고용상담의 출발점으로 활용되어야 한다.

〈그림 19〉 고용결산서 용 "생생한 통계" 사례

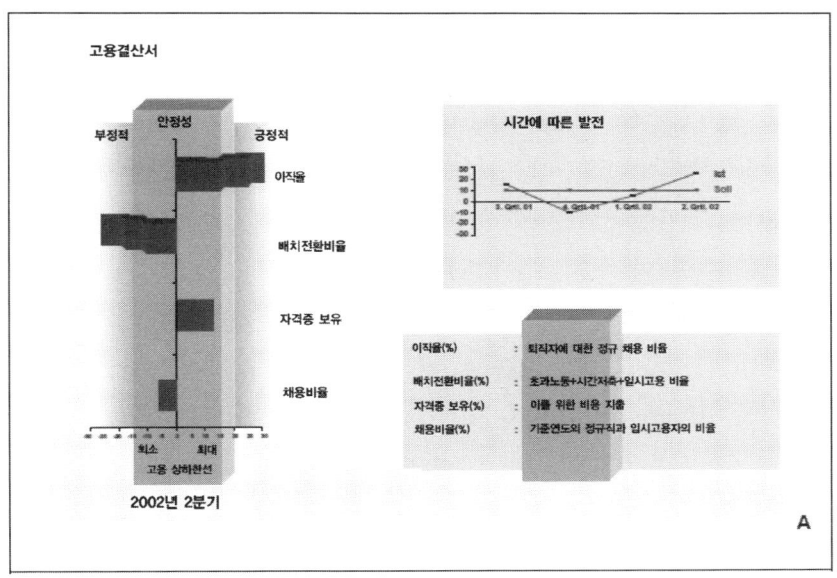

3. 일자리를 유지하고 창출한 기업에 대한 보상

이제까지 전체 기업의 자기 직원들의 실업보험에 대한 사용자 부담 보험료율은 동일하였다. 여기서 얼마나 많은 직원들이 입사하고 퇴사했는지는 고려되지 않았다. 개별 기업의 근로자들마다 상이한 실업의 위험을 모든 기업에 동등하게 분담하고 있다.

프랑스에서는, 기업이 채용을 계획하거나 해고를 피하는 기업에게 특혜를 주고 있다. 이를 위한 규정은 충분한 임금보장 하에 주당 정규 노동시간을 39시간에서 35시간으로 줄이기 위한 법률안에 포함되어 있다.

미국 제도에서는 사용자 부담 보험료의 산정기초가 임금총액이다. 이의 효과는 네 가지다: 첫째 산정기초의 확대, 둘째 전일제 일자리를 고급의 시간제 일자리로 나누는 부정적인 유인을 줄이고 유연한 작업조직의 적극적 유인, 셋째 주변부적인 근로관계조장 유인 제거, 넷째 신규채용 시 저임금자 우대.

네덜란드에서는 처음 반년 동안 사용자 부담 보험료율이 분야에 따라 차등화된다. 위험집단으로 분류를 목적으로 한 것이다. 이 경우 사용자는 자신의 귀책사유에 의한 실업급여 지출을 기초로 이에 상응하는 보험료를 부담하는 일정한 집단으로 분류된다.

앞으로 근로자를 추가 고용하거나 근로자를 해고하지 않음으로써 보험사고인 실업에 대한 위험을 줄이는 기업에게는 특혜가 주어질 것이다.

요건

이 처리절차는 다음의 조건을 충족하여야 한다:

* 쉽고 분명한 계산
* 기업의 비용 지출 없는 검증
* 전체적으로 실업보험료율 인상 유보
* "좋은 성공사례"의 경우 긍정적인 인센티브 요소

새로운 연방노동청은 인터넷 서비스 제공 시 중소기업에 대해서도 소프트웨어(mask calculator)를 쉽게 이용할 수 있도록 할 것이다.

보상 자격

　실업보험 보험료 납부액이 그 척도로 활용될 것이다. 연간 어느 기업이 전년에 비해 더 많은 보험료를 지출하였다면, 이 기업은 납부 총액의 일정 비율을 보상으로 신청하게 된다. 그 비율은 증가된 금액에 따라 결정될 것이다. 늘어난 보험료 총액은 근로자의 신규 채용이나 기존 근로자의 임금인상을 반영한 것이다. 두 가지 모두 노동시장에 대하여 바람직한 효과를 가진다.

　한 기업이 연속하여 두 기간 동안 동일한 분담금 총액을 납부했다면(임금인상을 제외하고), 이 기업 역시 비록 적지만 동일한 보너스를 받는다. 동일한 분담금 총액은 일자리를 유지했음을 의미한다. 이것 역시 노동시장에 바람직한 결과를 가져다 줄 것이다.

　통상적으로 일자리 축소로 귀결되는 기업의 생산능력 조정이 필요할 때 특히 이는 타당하다. 그런 상황에서 새로운 연방노동청의 고용상담에 의해 탄력적인 정책을 사용하여 보험료 납부금 총액이 변화되지 않고 그대로 유지하는 기업에게는 그 노력에 대한 특혜가 주어져야 한다. 그 기업은 따라서 결국 보상을 받게 되는 것이다.

　기업의 합병과 기업을 분리한 자회사 설립도 이에 상응하여 고려되어야 한다. 보상제도에서 중소기업과 대기업에 대한 상이한 접근방식이 필요하다는 사실에 주의를 기울여야 할 것이다.

　이러한 방식에서 기업은 연말에 전년도와 비교한 실업보험료 총액을 기초로 보험료 납부액에서 보상에 해당하는 금액을 자체적으로 감액하는 것이 고려될 수 있다. 이에 의해 노동행정에서 추가적인 행정력 낭비도 발생하지 않을 것이다.

　고용을 안정적으로 유지하거나 축소하지 않는 모든 기업은, 그렇지 않았다면 이에 해당하는 숫자의 실업자로 인하여 발생하였을 업무를 노동행정에서 면제해 줄 것이다. 여타 효율성 제고와 실업 축소 정책과 결합된 이러한 인센티브 제도의 긍정적인 효과는 보상제도에 의해 감소된 보험료 납부에도 불구하고 최종적으로는 전반적으로 보험료를 안정시킬 것이다.

근로자파견사업부

8

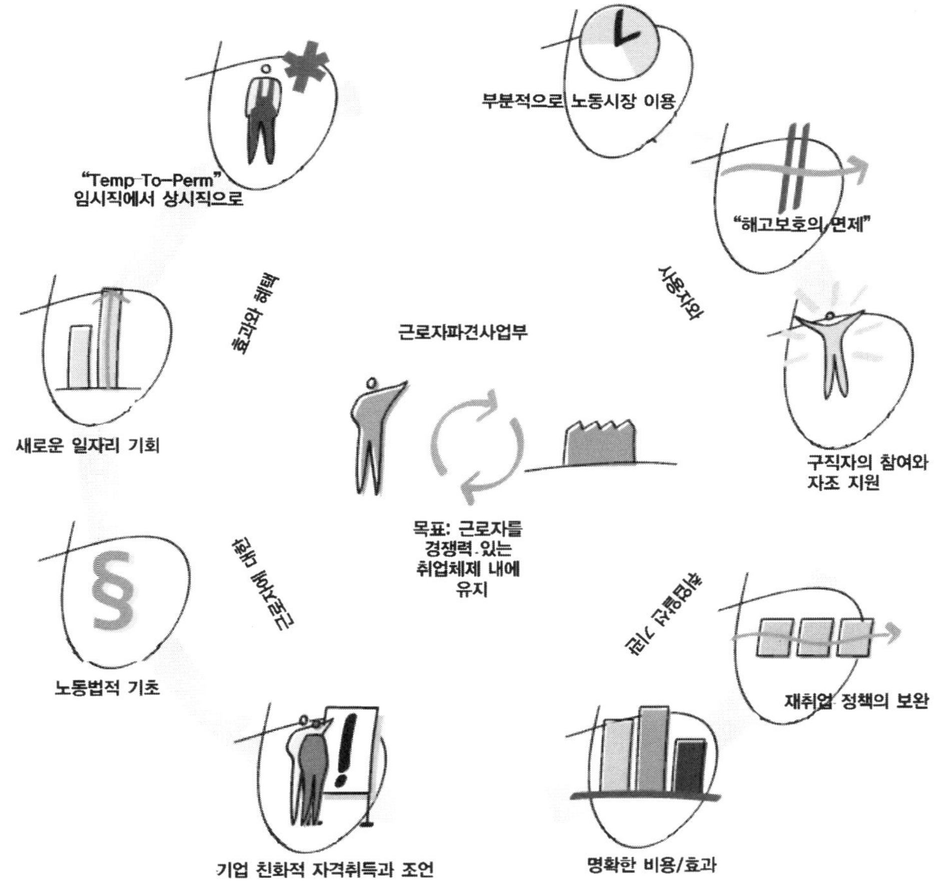
근로자파견사업부
목표: 근로자를
경쟁력 있는
취업체제 내에
유지
"Temp To-Perm"
임시직에서 상시직으로
부분적으로 노동시장 이용
"해고보호의 면제"
구직자의 참여와
자조 지원
재취업 정책의 보완
명확한 비용/효과
기업 친화적 자격취득과 조언
노동법적 기초
새로운 일자리 기회
효과와 혜택
사용자의
취업알선 기관
근로자에 대한

▎근로자파견사업부 설치

기업 친화적 직업교육 — 취업알선이 어려운 실업자의 재취업

- 근로자파견사업부는 실업 축소의 효과적인 정책수단이다. 근로자파견사업부의 목표는 채용장애를 극복하고, 실업자를 취업알선을 목표로 새로운 형태의 근로자 파견에 의해 신속하게 1차노동시장에 편입시키는 것이다("접착효과").
- 독립된 조직으로서 근로자파견사업부는 새로운 지방노동청의 위임을 위해 그리고 위임에 의해 업무를 수행할 것이다. 근로자파견사업부는 단체협약에 의해 움직인다. 지역여건에 따라 근로자파견사업부는 민간 사업자와 합작으로 별도의 사업자나 새로운 지방노동청에 의해 민사법상의 사업단위로서 경영될 것이다. 가능한 곳에서는 어디서나 새로운 지방노동청은 3자 개입에 의해 문제 해결에 노력할 것이다. 근로자파견사업부는 민간 제3자와 경쟁할 것이며, 민간 사업자가 특별한 시장지식을 활용하는 곳에서는 특별히 협력할 것이다.
- 새로운 적정성의 규정에 따라 근로자파견사업부에 실업자의 취업의무가 발생할 것이다. 이에 대한 거부는 급부권리와 연계될 것이다. 실업자의 채용 결정은 근로자파견사업부의 의무이다. 표적집단 구성은 새로운 지방노동청과의 계약을 통해 보장될 것이다.
- 실업자는 근로자파견사업부와 계약체결에 의해 사회보험 가입의무가 있는 취업을 하게 된다. 검증에 의해 단축될 수 있는 수습기간 동안 실업자는 단체협약상의 근로자파견사업부 임금에 따

라 실업급여액에 해당하는 순임금을 받는다. 정규적 근로관계로 전환되면 근로자는 근로자파견사업부의 통상적인 임금을 받는다.
- 근로자파견사업부에서는 1차노동시장으로 취업알선 지원을 위한 상담과 기업 친화적 기술 향상정책이 가능할 것이다.
- 근로자파견사업부는 - 기간제 고용 회사의 경우와 마찬가지로 - 근로자파견법(AÜG)의 제한이 적용되지 않을 때만 효과적으로 운영될 수 있다. 따라서 법의 폐지가 - 단체협약이 체결된다는 전제 하에서 - 계획되어야 한다.[1]

1. 근로자파견사업부

노동시장 업무 현대화를 위한 개혁과 함께 시작된 모든 노력의 최고의 목표는 사람들의 고용을 유지하고 실업을 피하거나 줄이는 것이다. 이의 달성을 위해서는 새롭고 창의적인 접근이 필요하다. 여기서 가장 중요한 것은 잠재적 사용자가 실업자에게 일자리를 주는 데 방해되는 장애 문턱을 제거하는 것이다.

근로자파견사업부의 목표

일자리센터의 독립된 사업단위로서 전국적인 업무를 제공하는 이 정책수단에 의해 더 많은 효과를 거둘 수 있다:

* 일자리를 잃어버린 사람은 실업 상태에서 방황하는 것이 아니라, 고

---

[1] 2002년 말의 하르츠 I, II 법률 제정에 따라 2003년 1월 1일자로 근로자파견법(Arbeitnehmerüberlassungsgesetzes) 개정이 있었다. 특히, 기간 제한, 주 계약자와의 계약기간과 파견 근로자의 고용기간 일치 금지, 최장 2년의 파견기간 제한이 폐지되었다.

용체계 속에 있게 된다. 이에 더하여 일자리센터는 경제활동 능력이 있는 적절한 모든 구직자들에게 근로자파견사업부에서 경제활동을 할 기회를 제공하며, 근로자파견사업부는 구직자 채용을 결정할 것이다. 실업자가 근로자파견사업부의 적합한 일자리 제의를 받아들이지 않으면, 취업알선 담당자는 급부 관련 업무를 개시할 수 있다.

* 근로자파견사업부 채용으로 구직자와 관련하여 권리와 의무를 가지는 근로계약상의 근거가 마련된다. 채용된 날로부터 이전의 실업자는 사회보험 가입의 의무를 가지게 된다.
* 근로자파견사업부 근로자의 취업알선 기회 개선을 위해서 근로자파견사업부는 기술향상 기회를 찾아내서 이를 위한 정책을 개시할 것이다.
* 근로자파견사업부는 특수한 노동시장에 대한 일자리 제공(예를 들어 휴가 대체 일자리, 교육시간 대체 일자리, 일시적이거나 계절적인 일자리)을 유리한 조건으로 창출하고, 이 분야의 잠재수요에서 나오는 노동력 수요를 창출한다. 부가적으로 사용자는 적은 비용으로 검증과 수수료를 주면서 자체의 인사관리에 부담을 없애면서 새로운 직원을 찾을 기회를 근로자파견사업부에서 얻을 수 있다. 근로자파견사업부에서 이행기 고용 기회를 가지면서 사용자의 채용 문턱은 지속적으로 낮아질 것이다.
* 근로자파견사업부 설립은 재취업 정책, 특히 취업알선의 어려움을 가진 사람들에 대한 다양한 재취업 정책을 보완해줄 것이다.
* 근로자파견사업부 근로자를 공익적이고 사회적인 분야에 활용함으로써 이러한 분야가 새롭게 설계될 것이다.
* 근로자파견사업부 지붕 아래 근로자파견사업부 근로자는 근로자파견사업부와 협의하여 잠재적인 사용자와 계약을 (프로젝트와 관련된 과제의 틀 안에서) 스스로 제의할 수 있다. 이에 의해 근로자파견사업

부 근로자는 또한 사회보험 가입 의무의 플랫폼으로서 사용자 역할을 하는 근로자파견사업부의 보호 하에 들어가는 것이다.
* 근로자파견사업부의 업무 방향은 시장에서 두 당사자의 역할이다. 한편으로는 적극적인 동기를 가진 구직자에게 빠른 취업에 조력을 제공하며 시장과 잠재적인 사용자에게 스스로 나서게 하는 것이다. 다른 한편으로는 "사용자" 고객에 대한 접촉과 네트워크가 강력하게 관리하고 강화되도록 하여야 하는 것이다. 근로자파견사업부의 업무는 앞으로 사용자에게 필요한 잠재적 노동력과 연결될 수 있게 해주고, 구직자에게 취업 가능성을 확신하도록 하는 것이다.
* 근로자파견사업부의 성과지향은 성과지향적 인센티브 제도에 의해 뒷받침될 것이다.
* 사실상 근로자파견사업부와 기간제 고용 회사는 해고보호 무효화에 강력하게 개입하게 된다-그러나 근로자파견사업부와의 근로관계의 조건에서 근로자 자신에게 영향을 주지는 않는다. 사용자는 근로자파견사업부 근로자를 잘 알게 되고 이를 기초로 그를 인수하여 고용을 결정할 수 있는 손쉬운 기회를 가지게 될 것이다

일자리센터와 근로자파견사업부의 협력

근로자파견사업부는 민사법상의 기관으로서 새로운 지방노동청의 위임에 의해 업무를 제공한다. 이 위임에 의해 새로운 지방노동청은 근로자파견사업부 근로자의 계약에 직접적인 영향력을 가진다. 이는 불공정 경쟁을 피하기 위해 단체협약에 포함되고 유럽연합의 법적 결정에 배치되지 않아야 한다.

근로자파견사업부는 독립된 사업단위다. 다양한 지역 여건에 따라 근로자파견사업부는 위탁(가령 민간 기간제 근로자 파견기업) 혹은 시장에서 민간기업과 합작(공·사 합작사)으로 별도의 사업자나 새로운 지방노동청 자체적

으로(지방노동청 지주회사 산하의 사법상의 사업단위)로 운영될 것이다.

근로자파견사업부의 운영에는 세 가지 실현가능성이 있다:

* 시장 방식의 해결방안: 새로운 지방노동청을 통한 공모와 민간 사업 자와의 계약 체제

여기서 문제는 민간 근로자파견사업 시장을 적극적으로 확대하고 관리하기 위하여 어떤 인센티브/기본조건을 마련하느냐다. 나아가 공모방식과 계약방식 및 민간 사업자의 선정과 권한부여의 검증 문제다.

* 공-사 합작사: 민간 파트너의 참여 확대 하에서 일자리센터의 참여와 기존 근로자파견사업부와 협력 강화

여기서 성공에 핵심적인 것은 적절한 사업자 선정이다. 특히 이전회사(Transfergesellschaft)와 기간제 근로자 공급회사는 근로자파견사업의 조기 사업 전망을 제시할 수 있어야 한다. 신속하게 성과에 대한 전망을 제시할 수 있다. 왜냐하면 그들은 수탁인과 표적집단을 부분적으로 매우 잘 알고 있고, 일자리를 확보하고 이를 **빠르게** 채우는 데 필요한 네트워크를 활용하기 때문이다.

* 일자리센터 내에 사법상 조직으로서 근로자파견사업부 설치

가능하다면 언제나 [새로운 지방노동청]은 공모를 기초로 시장 방식의 해결방안을 추진한다.

지역 여건(시장 및 경쟁 구조, 도시 밀집공간인가 아니면 여유로운 공간인가) [새로운 지방노동청]과 일자리센터는 하나 혹은 복수의 근로자파견 기업과 협력하거나, 하나의 근로자파견기업이 하나 혹은 복수의 일자리센터에 업무를 제공하게 된다.

일자리센터의 공간적 통합 개념에 근로자파견사업부가 포함된다. 근로자파견사업부는 일자리센터 내에 접촉 창구를 가질 것이다(담당제).

〈그림 20〉 일자리센터와 협력

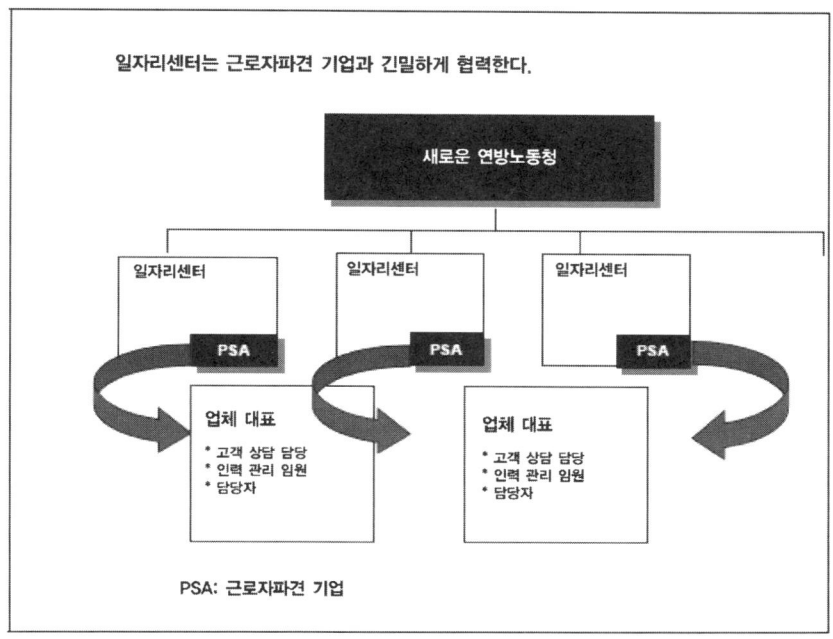

새로운 지방노동청과 근로자파견사업부 간의 계약

새로운 지방노동청과 근로자파견사업부 간의 계약에 대해서는 여러 가지 선택이 가능하다.

근로자파견사업부는 채용된 모든 실업자에 대하여 취업알선이 어려운 정도에 따라 임금비용 보조금을 받는다. 빠른 취업에 대한 인센티브 조성을 위하여 보조금은 때로는 체감(遞減)적으로 단계화될 수 있다. 더욱이 파견 대상기업에 취업알선이 성공한 경우(접착효과Klebeeffekt) 알선 수수료가 지급될 수 있으며, 이는 다시 체감적으로 단계화될 수 있다.

또한 이전의 실업급여 수급을 목표로 파견 수입 비율을 고려한 지원방식도 생각해볼 수 있다. 이에 따라 근로자파견사업부는 새로운 지방노동청과의 계약기간 중에 채용된 근로자파견사업부 근로자의 실업급여 금액을 한도로 한 모든 순 급여에 대하여 "유보적인" 지원약속을 받는다.

새로운 지방노동청의 최종적인 지원금액은 근로자파견사업부 근로자의 생산적인 활용(즉 업무와 취득한 수입액)에 의해 결정된다.

이질적인 노동시장구조(동독과 서독)를 기초로 취업알선을 목표로 하는 근로자파견의 집중도는 특히 파견 인력 중 표적집단별 구성과 파견수수료에 의해 조절된다.

일자리센터는 나아가 새로운 연방노동청의 핵심업무에 추가하여 이제까지 경제활동능력이 있는 사회부조수급자의 관리와 노동시장 관련 상담을 맡게 된다. 근로자파견사업부는 업무의 중점을 취업알선을 목표로 하는 근로자 파견과 이와 관련하여 필요한 기업 관련 기술 향상에 둘 것이다. 또한 근로자파견사업부는 사회부조를 받고 있는 경제활동능력이 있는 사람들에게도 개방되어 있을 것이다.

근로자파견사업부 고용의 적정성

일자리센터의 취업알선 노력의 목표는 1차노동시장에서 빠르고 지속 가능한 취업이다. 일자리센터의 상담과 관리 결과를 근거로 근로자파견사업부에서 취업알선 능력이 있다고 분류된 실업근로자는 원칙적으로 종전 근로관계가 끝나는 시점에 근로자파견사업부의 채용 제의를 받을 수 있다.

실업자에게는 새로운 적정성의 규정에 따라 근로자파견사업부 채용 승낙 의무가 발생할 것이다. 채용 제의 거부는 실업자에게는 급부와 관련된 결과로 이어진다.

경쟁 조건에서 근로자파견사업부에게는 실업자의 최종 채용 대한 결정 의무가 있다. 새로운 지방노동청과 근로자파견사업부 간의 계약에서는 표적집단별 구성이 보장이 준수되어야 한다.

보수지급

선정된 실업자는 근로자파견사업부의 일자리를 얻게 된다. 계약체결로 그는 사회보험 가입 의무가 있는 일자리에 취업하게 되는 것이다. 최대 6개월 간의 수습기간 동안 그는 실업급여 금액 상당의 순임금을 받는다. 검증이 되면 수습기간은 단축된다. 수습기간이 경과하면, 단체협약에 따른 근로자파견사업부 임금을 받게 된다. 또한 파견이 없거나 훈련이나 기업에 필요한 기술향상 정책 참여 기간 중에도 보수가 발생한다. 근로자가 파견대상 업체나 기타 사용자와의 정규적 근로관계로 전환되면, 그는 이 업체의 통상적인 임금을 받게 된다.

근로자파견사업부 근로자가 파견 대상기업에서 이들의 투입이 결과적으로 더 많은 수익 창출과 관련된다면, 이들 근로자의 동기부여를 위한 추가 인센티브가 마련될 것이다.

〈그림 21〉 근로자파견사업부 취업 시 소득

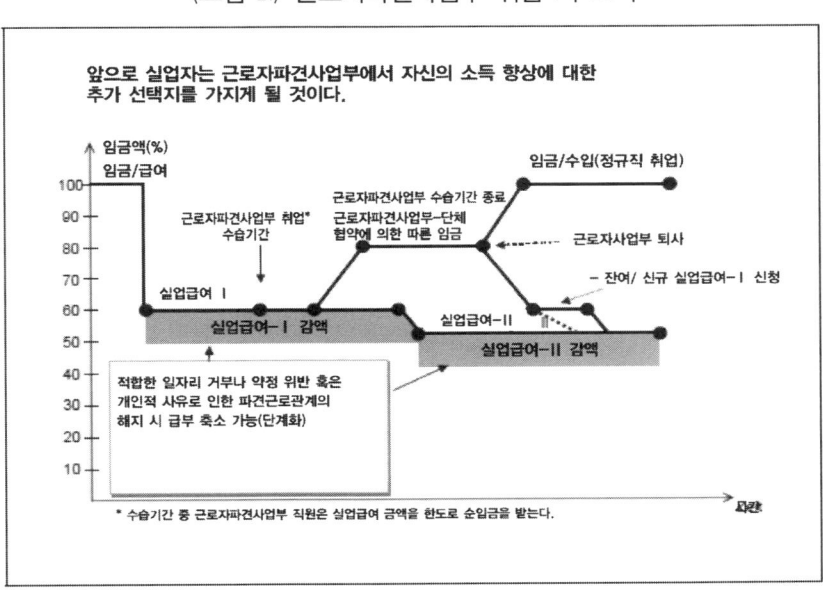

실업보험에 대한 새로운 신청자격을 취득하기 전에 다시 실업자가 된다면, 그는 근로자파견사업부 입사 전 남은 기간에 대한 실업급여를 신청할 자격이 있다.

원칙적으로 근로자파견사업부 입사에 의해 임금은 단체협약의 규율을 받게 된다.

근로자파견사업부 운영

실업자는 근로자파견사업부의 직원이 된다. 이 경우 최우선 목표는 그를 1차노동시장에서 취업시키는 것이다. 구조적으로 취약한 지역에서는 근로자파견사업부에 의하여 공익적인 자원봉사 업무을 알선해 주는 것도 필요할 수 있다.

〈그림 22〉 근로자 파견

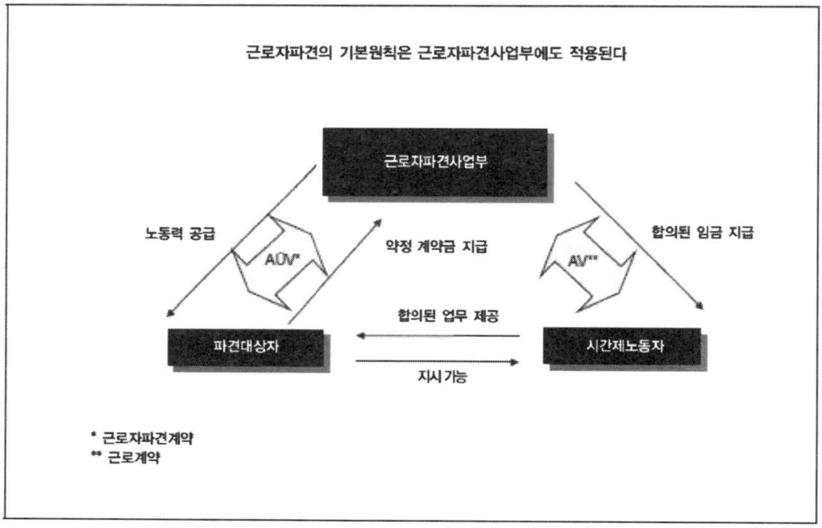

근로자파견의 기본원칙은 근로자파견사업부에도 적용된다

* 근로자파견계약
** 근로계약

기간제노동

근로자파견사업부는 근로자파견법에 근거하여 취업알선을 목표로 근로자파견업을 운영한다. 파견은 다음의 삼각관계를 바탕으로 한다: 직원은 근로자파견사업부의 직원이며, 근로자파견사업부와 모든 권리와 책임을 가지는 통상적인 근로계약을 체결한다. 근로자를 파견한 경우 근로자파견사업부는 근로자에 대한 지시권을 파견 대상자에게 위임한다.

근로자파견사업부는 파견 대상자와 이른바 근로자임대계약(Arbeitnehmerüberlassungsvertrag, AÜV)을 다시 체결한다. 근로자파견사업부는 근로파견법(Arbeitnehmerüberlassungsgesetz - AÜG) 제1조에 따라 근로자의 동의를 필요로 한다.

임시에서 상시로

기간제 근로자 파견 민간기업과는 달리 근로자파견사업부는 1차노동시장의 기업에 직원들이 남을 수 있도록 하는 것을 목표로 한다.

"임시에서 상시"는 따라서 근로자파견사업부의 기본적인 성과다. 이것은 기간제노동과 인력취업알선의 혼합에 관한 것이다. 긍정적으로 평가받음으로써 취업알선 과정에서 1차 노동시장 고객의 지속 가능한 상시직을 얻을 수 있도록 근로자는 일정 기간 시간제노동의 틀 속에서 기업 고객의 "검증"을 받는다. 근로관계는 일시적인 것에서 상시적인 것으로 매끄럽게 넘어간다(접착효과).

이미 헤센과 바이에른에서 성공적으로 시행된 이러한 종류의 프로젝트가 이른바 "접착효과"가 50%를 분명히 넘고 있음을 증명하고 있다.

프로젝트 작업

근로자파견사업부 지붕 아래에서 특히 기술을 가진 근로자파견사업부 소속 근로자가 프로젝트 업무 시장에 자신의 능력을 내놓을 수도 있다.

상담과 기술향상

근로자파견사업부에 의해 1차노동시장에 취업알선을 지원하기 위한 상담과 기업 친화적인 기술향상이 가능할 것이다. 취업알선이 어려운 실업자에 대해서는 근로자파견사업부 채용 조건 하에서 기업 친화적이고 모듈로 구성된 단기-기술향상 정책이 시작될 수 있다. 이는 파견이 없는 기간 동안이나 파견된 기업에서도 실행될 수 있다.

근로자파견사업부에 대한 이의 구체적 의미는 근로자파견사업부 근로자의 기능 요구가 이중전략을 통해 충족된다는 것이다. 이는 마찬가지로 파견 대상 기업의 요구에도 부응한다.

이런 접근방식에 의해 우리는 신속한 취업에 가장 흔한 장애-특수한 기능 부족에 효과적으로 대처할 수 있다. 모듈화된 기능 향상의 결과, 새로운 이력이 요구되거나 직업교육자(예를 들어 "...의 전문보조직")가 필요한 일자리가 추가 공급되거나 취업될 수 있다는 것이다.

모듈화된 기술향상이 교육기관에게는 커다란 도전을 의미할 것이다. 근로자 파견기업이 없던 시기에 취업알선을 목표로 하던 근로자파견에서 지금까지 기술향상 전략(예를 들어 "시작 노르트베스트팔렌 유한회사" Start NRW GmbH)[2]과는 반대로, 교육기관은 앞으로 매우 탄력적이면서도 기업과 관련된 업무를 제공하여야 할 것이다.

---

[2] 노르트베스트팔렌 주의 근로자파견사업부. 자세한 내용은 홈페이지 (www.start-nrw.de) 참조.

2. 이점과 인센티브

실업자

실업자와 근로자파견사업부 간의 계약체결에 의해 사회보험 가입의무를 가진 근로계약이 형성되고, 이에 의해 실업이 끝나며 적절한 수입이 확보된다. 목표를 세운 노동력의 활용에 의해 실업자는 일정한 자기긍정을 경험한다. 근로자파견사업부는 채용된 직원에게 자조를 지원할 것이다. 파견 대상 기업에 근로자 파견이 성공적이지 못한 경우, 근로자파견사업부 직원은 다시 기회를 가질 것이다.

파견이 되지 않은 시기에 근로자는 필요한 추가 조언과 경우에 따라서는 기술향상 기회를 가진다. 이는 일과 결합되면서 일터와 사회적 환경에서 자존심을 높여줄 것이다.

〈그림 23〉 임금 모델

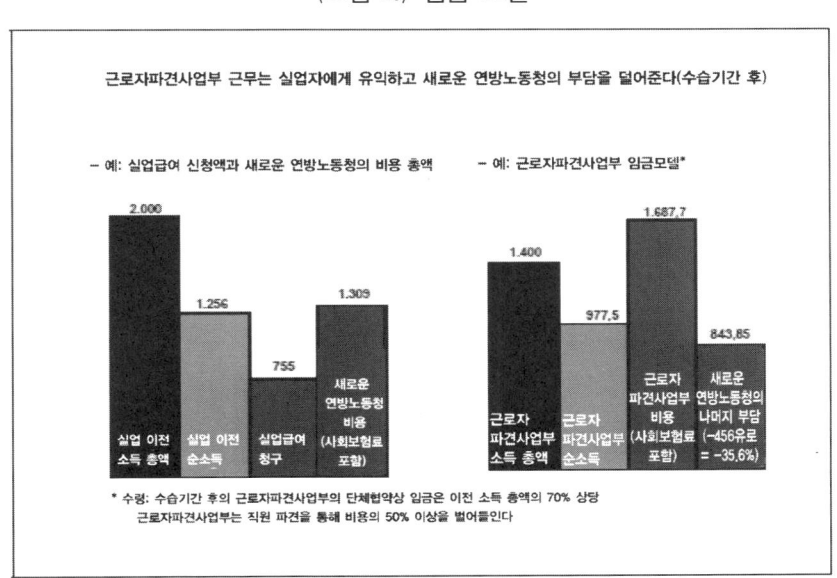

근로자파견사업부의 구속력 있는 일자리 제의에서는 수습기간 후 단체협약 상 임금에 의해 적정성을 가질 것이다.

사용자

근로자파견사업을 통해 기업은 노동법상 의무 없이 새로운 근로자를 알 수 있는 기회를 가질 것이다. 인력충원 시의 비용부담을 줄임으로써 기업의 고용 의지가 높아질 것이다. 질병과 휴가로 인하거나 최성수기의 인력부족은 단기적으로 취업알선을 목표로 하는 근로자파견에 의해 해결될 수 있다. 중소기업에서 규모가 작은 특별한 업무(예를 들어 인력관리)는 근로자파견사업부에 의해 처리될 수 있다.

새로운 연방노동청

근로자파견사업부가 전국적으로 설립됨으로써 전체적으로 취업알선 기회는 커진다. 다른 정책수단에 비해 적은 비용 투입에 의해 심지어 취업알선에 어려움이 있는 사람도 1차노동시장에서 더 많이 취업될 수 있다. 이것은 보험료 납부자의 부담을 덜어주고, 시장에서 양 당사자에 대한 일자리센터의 역할을 확대해 줄 것이다.

근로자파견사업부 효과의 투명성

근로자파견사업부는 실업자의 재취업 시 비용/효과(cost/effect) 관계를 분명하게 보여줄 것이다. 이것은 특히 성과에 바탕을 둔 비용지출에서 일어난다. 중요한 측면은 상담과 단기 기술향상이 더욱 시장의 수요를 지향한다는 점이다. 개별적으로는 이는 일자리 공급 요건을 직접 겨냥하여 수습기간 혹은 실무와 결합되어 시행될 수 있을 것이다. 전체적으로 일자리센터가 지출하여야 할 근로자파견사업부 관련 비용은 파견 수입에 의해 크게 줄어들 수 있다.

목표는 근로자파견사업부 자체가 고유한 법적 실체를 가진 하나의 사업단위로서 자립하는 것이다.

제3의 기관 사이의 경쟁과 협력

지역 시장 여건에 따라 근로자파견사업부는 민간 인력서비스업자, 기간제 근로자 공급업체, 기타 기관과 밀접한 협력 속에서 일한다. 경우에 따라서 특히 민간 일자리제공자가 세분화된 특수 분야 시장 수요와 구직자에 대한 특별한 노하우(가령 맞춤 서비스 Maatwerk)[3]를 들여오는 경우에는, 실무 적응 훈련에 중점을 두게 된다. 근로자파견사업부는 물론 민간 인력서비스업자도 일자리센터의 취업알선이 가능한 전체 노동력 풀에서 충원할 수 있다.

입법 요청

근로자파견은 현재 많은 부담과 제한 하에 있다. 근로자파견사업부는 - 기간제 인력 공급 업체와 마찬가지로 - 근로자파견법(AÜG)의 제한이 적용되지 않는다면, 효과적으로 일할 수 있다. 따라서 법률의 폐지가 - 단체협약 체결 전제 하에 - 준비되어야 한다. 다음 상황에 관해서는 특별히 필요하다:

* 주계약자와의 계약기간과 파견 근로자의 고용기간 일치 금지와 특별한 기간 제한
* 건설산업에서 기간제노동의 금지
* 파견기간의 제한
* 모국어로 근로계약 작성 의무 및 지시문 비치 의무와 같은 특별한 행정적 부담

---

3) Maatwerk: 네덜란드어로 고객의 요구에 맞춘 일로 번역된다.

* 재고용 금지

〈그림 24〉 효과의 투명성

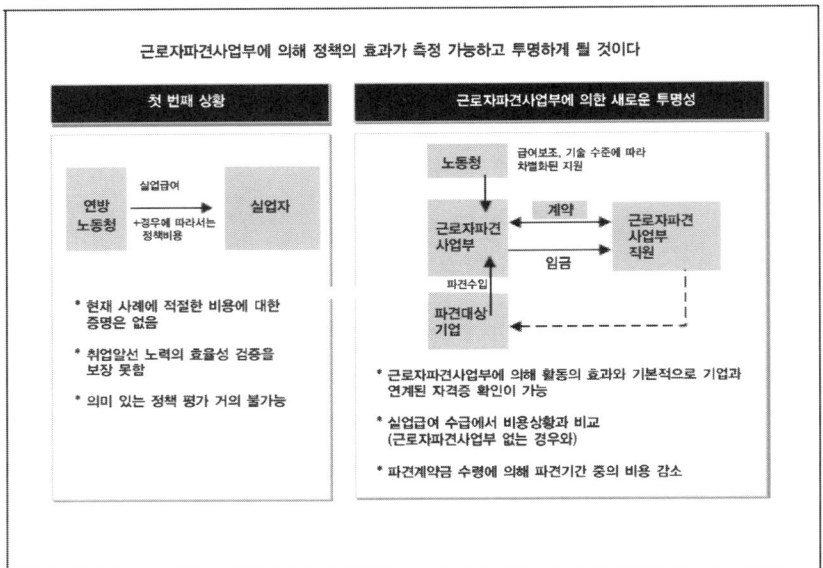

3. 직업교육시장 방향 재설정

독일은 - 또한 유럽적 맥락에서도 - 적극적 노동시장정책을 시행할 의무가 있다. 중심적 정책수단으로서 직업 재교육은 기술부족을 없앤다는 제1의 목적 이외에도 사회정책적 요소를 가지고 있다.

직업교육과 재교육은 우선 기업의 과제이다. 이것은 또한 중소기업에서 인적 자본과 그래서 미래에 대한 투자로 간주되어야 한다. 사회법전(SGB) Ⅲ권과 기업기본법(Betriebsverfassungsgesetz. BetrVG)[4]은 무자격자

---

4) 1972년에 제정된 사용자와 근로자에 의해 선출된 대표 간의 협력에 대한 기본

의 실업 방지를 위한 정책수단을 제공하고 있다.

기업 밖의 재교육시설은 보조적으로 기업 내 시설에 대하여 보조적이고, 그런 면에서 기업의 수용능력이나 역량이 충분하지 못할 때 기술향상 수요를 담당할 수 있는 시설인 것이다.

독일에서 재교육시장은 시장전문가의 평가에 의하면(가령 뤼넨동크 유한회사 Lünendonk GmbH, 정보통신협회) 약 70억 유로의 규모다. 이러한 시장에서 약 8만 내지 10만 명의 직원을 가진 대략 28,500 개의 교육기관이 서비스를 제공하고 있다. 물론 전문가의 의견에 따르면 그 중 거의 절반이 1인 기관이고, 10%만이 25명 이상의 직원을 가진 업체라고 한다. 직업재교육 제공자는 매우 이질적인 서비스구조를 보여주고 있다. 그들은 다양한 주제와 형식을 특징으로 하고 있다. 공개 세미나, 장기교육과정, 기업 내 조직, 기술 상담과 교육에서 다양한 재교육 교재 개발까지 제공된다. 그래서 비교와 간단하게 살펴본다는 것이 쉽지 않다.

재교육정책의 개발, 선택, 실행은 다음 기준에 따라야 할 것이다:

시장과 수요 지향

직업재교육은 기업에서 지속 가능한 기술수요를 지향한다면 그만큼 더 성공적일 수 있다.

노동력 공급(구직자 고객)과 노동력 수요(사용자 고객) 사이의 중심축으로서 근로자파견사업부는 기관 간에 상시적 균형을 맞추어야 한다. 근로자파견사업부의 업무구성은 수요에 맞춘 기술향상 사업을 포함해야 한다. 이를 통해 기업 친화적 기술향상 – 무엇보다 현장에 맞는 – 이 확보되어야 한다. 근로자파견사업부는 일자리센터에서 작성된 개별적인 개발계획에 의해 설립될 수 있다.

질서를 규정한 법률로 공동결정권과 직장협의회에 관한 규정을 두고 있다.

표적집단에 알맞게

직업재교육은 이외에, 개별 구직자의 기술향상 수요를 지향할수록 그만큼 더 성공적일 수 있다.

일자리센터 형태의 노동시장 관련 업무처리에 대한 근본적이고도 제도를 포괄하는 개편에 의해 직업 교육 및 재교육 기관 역시 처음부터 구직자 고객과 사용자 고객에 대한 통합적인 상담과 취업알선 과정과 연계되어 있다. 개별적인 강점 및 약점 분석과 잠재력 평가 위에 구축되어야 개별적인 발전계획이 수립될 수 있다. 이것은 적합한 정책 선정("무차별적 배분"이 없도록), 공동목표 약정, 지속적인 관여는 물론이고 취업알선에까지 기여한다.

교육은 모듈화하여 공급되어야 한다. 모듈화된 교육은 기업과 개인의 관심사에 대한 유연한 적응을 보장할 것이다("모두가 모든 것이 필요하지 않고, 언제나 동시에 필요한 것도 아니다"). 이와 동시에 아주 오래된 정책의 폐지비율이 줄어들면서 비용 절감이 가능할 것이다.

취업알선 지향

기술향상 정책은 미래 노동시장의 성과요구를 충족시키고 그에 상응하여 높은 취업알선율이 실현될 때만 시행되어야 한다.

투명하고 평가 가능해야

직업재교육은 무작위적이고 개별 상황별로 조정 없이 생겨나고 있다. 주의 재교육법률, 단체협약상의 재교육과 교육 기관은 투명하지 못하고 일정하지 못한 - 유럽연합에서 지자체까지 - 지원을 받는 프로그램을 제공하고 있다. 동시에 바로 여기서 이를 정당화하여야 할 의무가 발생한다.

경험적으로 이해하고 결과를 통제할 수 있는 범위와 체계화는 여러 개별 기관과 이용할 수 있는 책임 있는 지붕조직 하에서 매우 상이하다. 비교가능성은 없다.

그러나 성공이라고 입증되면서 재교육 정책 수용은 크게 증가할 것이다.

그러므로 정책 평가와 결과관리는 체계적으로 구축되어야 한다. 2002년 7월에 출범하는 "교육검증 재단"(Stiftung Bildungstest)은 이와 관련하여 올바른 방향을 보여줄 것이다.

재교육시장은 모든 고객집단에게 그 방향을 제시하여야 한다. 지식사회는 평생교육을 위해 신뢰할 수 있는 기반을 필요로 한다. 따라서 이 시장을 투명하게 설계하는 것이 중요하다. 고객에게 분명한 질적 기준에 도달할 수 있는 기회가 주어져야 한다. 이를 위해 전국적인 인증제도 도입을 추천한다. 이는 ISO 9000을 모델로 외부 기관에 의해 수행되고 적기에 기간을 정한 인증서가 교부되어야 한다. 인증서는 교육기관에 교육프로그램을 계속 개선하도록 하는 유인책이 되어야 한다. 이미 "교육" 분야의 요구에 맞춘 인증기관이 존재하고 있다(예를 들어 독일상공회의소 DIHK, 독일수공업자중앙회 ZDH, 독일사용자연합 BDA, 연방 계속직업교육협회에 의해 설립된 노동시장 및 교육 서비스 공급자 검증기관인 유한회사 CERT-QUA).

전체적으로 교육계획, 교육실행, 교육평가 관련 자료가 정보통신기술 지원 하에 기록되고, 평가되며 준비되어야 할 것이다. 접근권한 있는 사람은 과거에는 교육기관에 조회하여야만 얻을 수 있었던 정책정보를 온라인에서 실시간으로 받아볼 수 있다.

비용으로 설명이 안 되는 지역별 그리고 기관별 가격 차이를 없애기 위해, 기존 자료로부터 전국적인 기본요율이 개발되어야 한다. 대안 혹은 다음 단계로서 교육기관에 대한 성공보수가 도입되어야 한다. 성공 결과는 보통 지역의 노동시장정책 조건에 따라 그리고 취업알선 표적집단에 따라 다르게 나타날 것이다. 목표는 1차노동시장에서의 지속 가능한 취업이다.

"1인 기업"과 "가족 기업"

- 고용의 유연화
- 자립 지원
- 서비스시장의 창출/확대
- 고용역동성 증가
- 완전 자립 전단계
  - "1인 기업"
  - "가족 기업"
- 정규고용으로 상승 기회
  - 미니잡
  - 가계에 대한 세금공제
- 불법노동의 축소

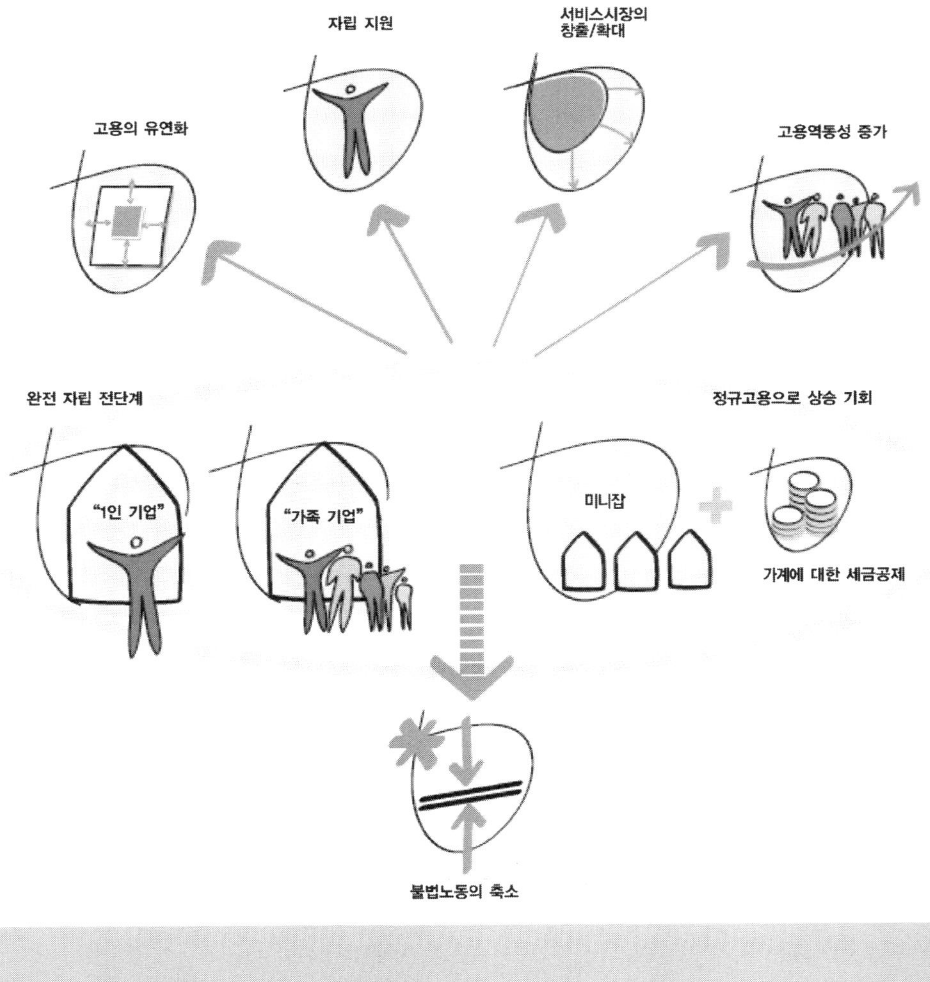

▎완전한 사회보험 가입 의무가 있는 "1인 기업"과 "가족 기업", 일괄 부담금과 사적 서비스 세액공제 제도가 수반된 미니잡에 의한 새로운 고용과 불법노동 근절

- 새로운 두 가지 정책수단에 의해 1인 기업과 미니잡으로 불법노동 문제를 극복할 수 있는 새로운 방안이 발굴되었다. 1인 기업 개념은 실업자의 불법노동을 줄이고, 미니잡은 가사도우미의 불법노동을 줄이는 데 목표를 둔다.
- 1인 기업의 경우 이는 완전한 자립의 전(前) 단계에 관련된다. 실업자는 1인 기업 등록 인센티브로서 3년 동안 새로운 지방노동청의 보조금을 받는다. 보조금은 실업급여 금액이 될 것이며, 새로운 지방노동청이 납부하는 사회보험료에 기초하여 기간에 따라 차등화되며 1인 기업의 수입에 따를 것이다.
- 1인 기업의 모든 수입은 10% 일괄 과세될 것이다. 1인 기업 수입의 한도는 25,000유로이다. 이는 완전한 사회보험 가입 의무를 부담한다.
- 소기업과 수공업기업은, 1인 기업 소유자와 정규 근로자 최대 1:1 고용 의무를 활용할 수 있다. 그에 반해 가사도우미는 이에 대한 어떤 제한도 없다. 가족 기업은 같이 일하는 확대 가족구성원(Familienmitglied)[1]을 포함한다.
- 자영업 소득으로 귀속될 수 없는 불법노동에서의 소득을 합법화

---

1) 여기서 말하는 가족구성원(Familienmitglied)은 독일 민법전 (Bürgerliches Gesetzbuch)의 가족법(Familienrecht)에서 규정된 가족(Familienangehörige)보다 확장된 개념으로 고조부모, 장인, 장모, 시부모, 사위, 며느리까지 포함된 개념이다.

하기 위해, 가사도우미 미니잡의 소득 상한선을 500유로로 높이고 저임금 고용 시의 보험료 징수를 간소화한다. 사회보험료율은 소득의 10%로 한다. 1인이 신고한 미니잡 전체는 500유로를 초과할 수 없다. 미니잡에 대한 규정은 실업자와 경제활동에 참가하지 않는 사람 모두에게 해당한다.

- 1인 기업과 가족 기업은 물론 미니잡 보유자도 앞으로는 무엇보다 이전에 불법노동자를 고용했던 가정의 가사도우미가 될 수 있다. 따라서 가정은 가사도우미 고용에 대하여 세금공제 기회를 갖게 됨으로써 불법노동은 더 이상 유리하지 않게 된다.

1. 불법노동으로부터 출구

2002년에는 약 3,500억 유로의 불법노동 매출이 예상된다. 우리가 "불법으로" 이루어진 노동시간을 취업자의 노동시간으로 환산하면, 독일에는 약 500만의 "불법노동자"가 존재하고 있다. 동시에 가사도우미 수요가 크다. 약 350만의 가정이 이런 가사도우미를 이용하는 반면에, 이 분야에 등록된 사회보험 가입 의무를 가진 근로관계는 4만 건이다.

불법노동 문제를 근절하기 위해 이제까지의 접근방식은 이러한 상황을 거의 바꾸지 못했다. 한정된 자금으로 어떻게 더 많은 고용을 창출하는 동시에 실제로 저임금 분야에서 일하는 사람들을 어떻게 불법으로부터 끌어낼 수 있는가의 문제는 또 다른 해답을 필요로 한다. "1인 기업"과 "미니잡"이라는 새로운 두 가지 정책수단 은 비전통적인 방식으로 그 방안을 보여줄 것이다.

"1인 기업" 개념은 불법노동과 실업을 줄이는 데, "미니잡"은 가사도우미 분야에서 불법노동을 줄이는 데 목적이 있다. 이 구상 확대 시에 정상적인 사회보험 가입 의무가 있는 고용의 부담에 대한 어떤 대체효과도

일어나지 않아야 한다는 것이 고려되어야 한다. 1인 기업의 개념이 앞으로 경제활동에 참가할 사람에게도 가능하고 또 미니잡 개념이 "가사와 관련 없는" 활동에도 개방하는 것이 검토될 수 있다.

〈그림 25〉 불법노동을 줄이기 위한 인센티브

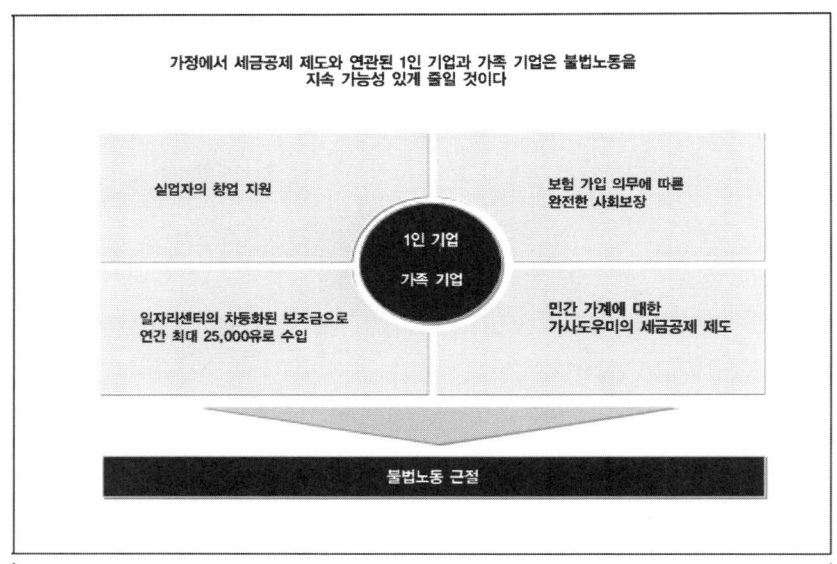

2. "1인 기업"과 "가족 기업"을 통한 새로운 자립

1인 기업의 경우 이는 완전한 자립의 전(前) 단계와 관련된다.

실업자에게 1인 기업은 일자리센터의 지원에 의해 단순한 형태로 자기책임이 따르는 합법적인 일로 가는 길을 열어준다. 이는 노동청의 이제까지 창업-지원에 대한 대안이다.

1인 기업은 자신의 일상적인 능력과 재능을 가지고 비용 면에서 유리한 서비스 산업의 커다란 수요를 충족시킬 수 있는 많은 실업자를 목표로 한다.

따라서 현재의 불법노동의 일부를 합법화하는 동시에 단순 서비스에 대한 수요를 확대하는 데 큰 기여를 할 것이다. 이와 관련하여 소기업과 수공업기업이 이러한 유리한 성과를 이용하여 자기들의 일의 규모를 확대할 수 있는 가능성이 커질 것이다. 전체적으로 이를 통해 긍정적인 고용의 역동성이 유발될 수 있다.

1인 기업의 형태의 취업에는 실업보험의 지원이 뒤따를 것이다. 이것은 3년의 이행(移行)기 이후에 완전한 자립으로 가는 길을 마련하는 데 목표를 둘 것이다.

과세 - 간소화된 처리

새로운 "소규모" 자영업은 특히 단순한 과세 처리를 특징으로 할 것이다. 이익잉여금 산정은 폐지될 것이다. 1인 기업의 모든 수입 (기본 세액공제액 감액) 총액에 대해 10% 과세할 것이다. 통상적인 세액공제와 사회보험료는 공제 대상이다. 총액과세는 단지 소득을 증가시키는 것이 아니라 소득 상한선이 낮아진다. 소득 상한선은 연간 25,000 유로로 규정될 것이다.

거래세액 공제는 폐지될 것이다. 거래세법(Umsatzsteuergesetz. UStG) 19조에 소기업에 대한 적용 면제가 규정될 것이기 때문이다.[2]

사회보험

1인 기업의 소유자는 사회보험(연금보험, 의료보험, 실업보험, 요양보험) 가입 의무가 있다. 그는 보험료 전액(근로자 부담 보험료 및 사용자 부담 보

---

2) 거래세법(Umsatzsteuergesetz.UStG) 19조는 소기업에 대한 거래세 면제 (Besteuerung der Kleinunternehmer)를 규정하고 있다.

험료)을 납부할 것이다. 따라서 그는 실업보험에 대하여 새로운 신청자격을 취득할 것이다. 이에 의해 창업의 위험은 줄어들 것이다.

실업보험 보조금

1인 기업의 등록 인센티브로 실업자는 최장 3년 동안 실업보험으로부터 보조금을 받는다. 이런 인센티브 지급은 1회에 한한다.

보조금 금액은 실업급여 금액과 이와 연계된 새로운 연방노동청이 사회보험 기관에 납부하게 되는 사회보험료를 기초로 한다. 이에 더하여 1인 기업의 수입에 따라 단계화되어 지급될 것이다. 15,000유로 이하, 2만유로 이하 그리고 마지막으로 25,000유로의 수입 상한선까지 수입 별로 단계화가 고려될 수 있다. 진입보조금(Einstiegszuschuss. 실업에서 1인 기업으로 진입)으로서 노동청의 과거 비용의 50%로 산정될 수 있다.

〈그림 26〉 실업보험 보조금의 단계화(안)

	1인 기업과 가족 기업의 연간 수입		
	15,000유로 이하	20,000유로 이상	
1차년도	50%	30%	20%
2차년도	30%	20%	0
3차년도	20%	10%	0

수입 하한선 미달 시 일자리센터를 통한 1인 기업의 보조금 지급 모델

일자리센터의 보조금은 실업자의 수동적 급부에 대한 노동행정의 비용에 기초한다. 이것은 실업급여와 새로운 연방노동청이 실업자 대신 납부하는 사회보험료로 구성되어 있다.

예를 들어 집에서 750유로의 실업급여를 받는 실업자는 노동청에 모두 약 1,300유로의 비용을 부담하게 만든다. 노동행정은 추가적으로 사회보험료를 납부해야 하기 때문이다. 1인 기업의 소유자는 1차 년도에 15,000유로 미만의 수입을 얻었다면 매달 약 650유로의 보조금을 받게 될 것이다. 2차 년도에는 동일한 조건 하에서 보조금은 30% 감액되어 매달 390유로를 받게 될 것이다.

노동청의 보조금은 사회보험료의 적절한 재정이 보장될 수 있도록 설계될 것이다. 증가되는 수입의 증가와 보조금의 감소로 수입과 사회보험료 양자를 확보할 수 있는 적절한 과도기적 모델이 개발되어야 한다.

적어도 3년 후에는 실업보험과 기타 유리한 규정, 특히 세금의 특례규정에 의한 1인 기업 지원은 끝날 것이다. 이 기간 내에 완전한 영리기업으로의 이행이 가능해야 한다. 일자리센터는 자영업으로의 길을 필요하다면 상담과 재교육 제공을 통해 필요 시 자립의 길을 뒷받침할 것이다.

두 번째 가능성은 이후에 종업원 채용이다. 자립 시기에 1인 기업의 소유자는 자신의 활동을 통해서 잠재적인 사용자의 역할과 이에 필요한 사항을 배운다. 이외에 그는 자신의 노동을 통해, 가령 수공업기업과 같은 자신의 고객에게 상시 고용을 매력적으로 만들어 줄 추가 자격을 취득할 것이다.

수요 창출

소기업과 수공업기업은, 1인 기업 소유자와 정규 근로자의 1:1 고용의무를 활용할 수 있다. 이러한 비율은 기업 규모에 따라 차등화된다. 그렇지 않으면 직원의 일부가 더욱 유리한 노동력에 의해 대체될 수 있기 때문이다. 가사도우미의 경우에는 어떠한 제한도 없다. 원칙적으로 규정은 배제효과가 일어나지 않도록 설계되어야 한다.

〈그림 27〉 고용 시의 지원금 수입 비교

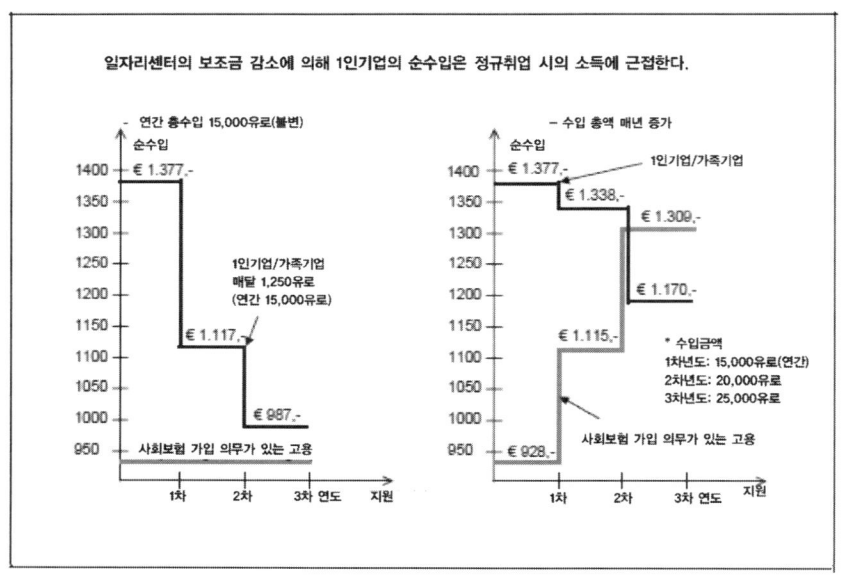

고용 인센티브

1인 기업의 등록 지원을 위하여 추가로 1인 기업의 가사도우미 이용에 대하여 가계는 (제한된) 세금공제를 받는다. 최소한 부담 공제가 있는 동안 가계에서 이용하는 불법노동은 매력을 잃을 것이다.

가족 기업

가족 기업은 함께 일하는 가족구성원에 의한 1인 기업의 단순한 확장이다. 이는 보험 주계약상 피보험자에 의한 1인 채용에 의해 공동으로 피보험자가 되는 것과 같다. 높은 면세 하한선에 의해 1인 기업에 비하여 금전 부담이 추가적으로 완화된다(부부의 경우 대한 이중의 공제). 이외에도 새로운 지방노동청의 보조금이 더 많다. 왜냐하면 다른 소득세 집단

(Steuerklasse)[3])에 속하거나 더 많은 복지급여를 받기 때문이다(18세 이하 자녀 가정).

3. 미니잡

1인 기업과 가족 기업 이외에도, 완전한 수입원천으로서 자영업 소득으로 귀속되지 않는 불법 노동으로부터의 소득이 양성화되어야 한다.
이를 위해 첫 번째 단계로:
* 가사도우미의 소득 상한선을 500유로로 올린다.
* 저임금 고용 시의 보험료 징수를 간소화한다.
* 가사도우미에 대한 조세 지원을 도입한다.

미니잡에 대한 규정은 실업자와 경제활동에 참가하지 않는 사람에게도 적용한다. 이것은 정규 취업 진입 기회를 제공할 것이다.

미니잡 취업의 월 소득 총액은 500유로를 초과할 수 없다. 이 소득에 대하여 일괄적인 사회보험료 10%가 부과된다. 사회보험료 총액은 사회보험기관에 이전된다. 실업보험료는 발생되지 않는다. 연금보험과 의료보험이 그 수입을 서로 나주지 않는다. 그래서 모든 미니잡 보유자는 전체 금액을 기초로 한 적은 지출부담의 혜택을 볼 것이다.

미니잡의 등록방식은 지금까지의 저임금 고용 시의 절차에 비해 확연히 간소화될 것이다. 미니잡 통합 창구가 도입되고, 사용자는 여기에 등록과 취소 및 분기별 소득 총액과 근로시간을 알려주면 될 것이다. 일괄 사회보

---

3) 독일 소득세법(Einkommensteuergesetz. EStG)에는 가족상황에 따라 세율을 달리하는 6개의 분류집단이 있다. 1집단: 독신, 배우자 사망자, 별거/이혼, 2집단: 한부모, 3집단: 부부(더 높은 소득자), 4집단: 부부(양자 모두 고소득), 5집단: 부부(더 낮은 소득자), 6집단: 부업 또는 시간제(혼인 여부와 무관)로 분류된다.

혐료 공제액은 징수기관이 기입한다. 등록은 세금공제를 위한 전제다.

〈그림 28〉 미니잡 활동

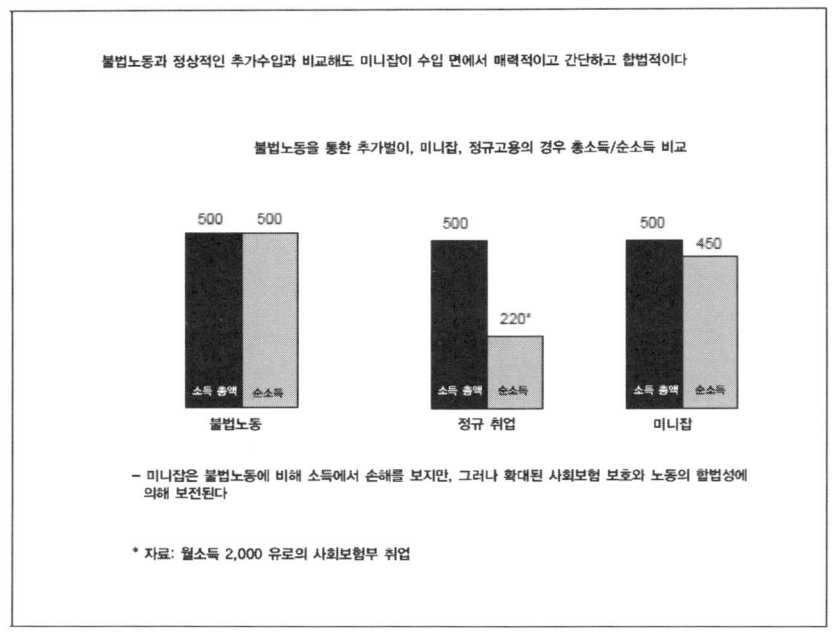

제한과 확대

원칙적으로 1인이 등록한 미니잡의 소득 총액은 500유로를 초과할 수 없다.

도입단계에서 미니잡 규정은 가사도우미만 해당된다(가사도우미, 자녀 돌봄 등). 실업자에게 부업소득의 새로운 규정은 경우에 따라서는 체감(遞減)적인 계산으로 검토되어야 한다.

노동시장에 대하여 긍정적인 효과가 있다면, 추후에 다른 직업군으로 확대가 고려될 수 있다.

한 가지 목표는 이런 취업도 서비스 기관을 통해서 제의되어야 한다는 것이다.

매달 501-1,000유로의 확대된 소득구간에서, 저임금 분야의 근로관계 지원을 위하여 사회분담금의 단계적인 축소가 고려되어야 한다. 규정은 이의 결과인 비용효과를 고려하면서 검토되어야 할 것이다.

4. 가계의 세금 공제[4]

1인 기업과 가족 기업은 물론 미니잡 소유자는 앞으로는 무엇보다, 과거에 불법노동자를 고용했던 가계(家計)에 의해 고용될 것이다. 그러나 일괄 부과에 의해 약간 비싸지기 때문에, 서비스를 계속해서 이용할 수 있게 할 수 있는 인센티브가 가계에 제공될 것이다. 마찬가지로 불법노동에서 벗어나서 1인 기업이나 미니잡을 등록할 수 있도록 하는 인센티브가 마련될 것이다.

따라서 가계는 가사도우미를 채용할 경우 세금공제 기회가 주어질 것이다. 불법노동 수요가 있는 가계에게 더 유리하지 않도록 세금공제는 설정되어야 한다. 세금공제는 무엇보다 미니잡의 고용과 사회보험 가입 의무가 있는 정규적인 근로자의 고용 및 1인 기업과 가계의 도우미 서비스 기관/기업에게도 적용될 것이다. 이에는 관료적이지 않은 방식이 적용될 것이다.

소득이 적거나 연금생활가계에 대해서도 세액공제제도 도입이 검토되어야 할 것이다.

---

4) 가계(Privathaushalt): 경제적 의미에서 최소 1인 이상으로 구성된 경제단위로 국민경제 통계가 상속 등 법적으로도 중요한 의미를 가진다.

인사, 조직, 조정 10

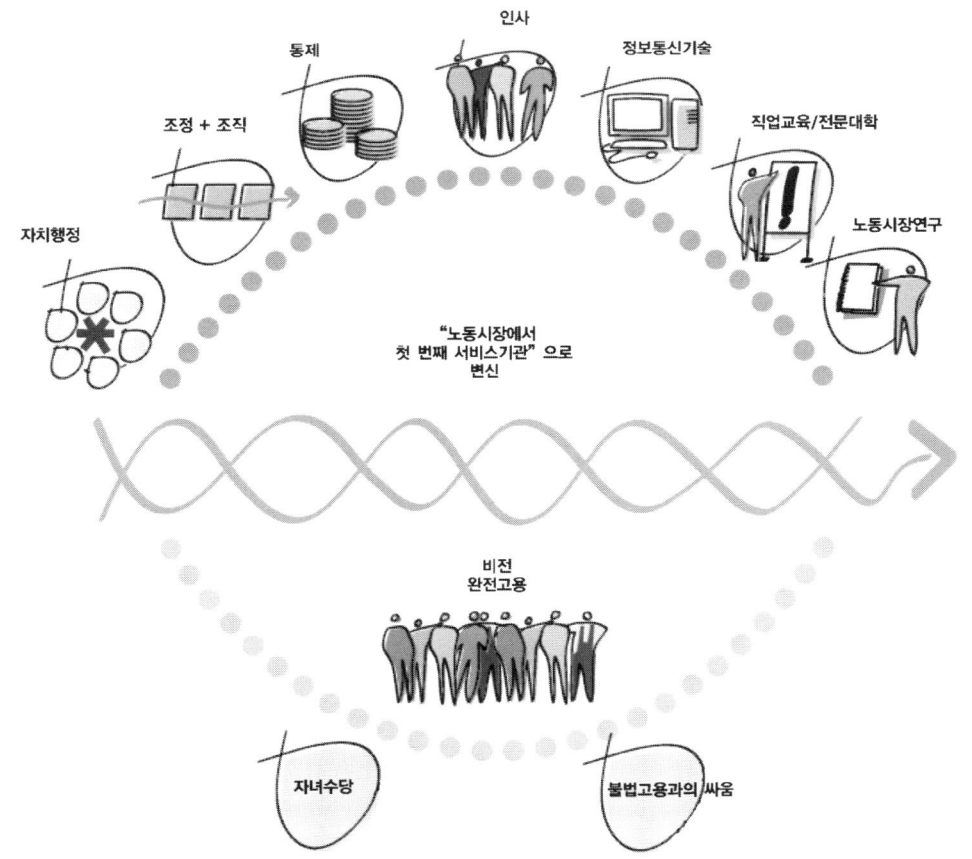

▌인사. 투명한 통제, 모든 업무에 효율적인 정보통신기술 지원, 조직과 관리, 자치행정

- 비전에 의해 시작된 변화와 [새로운 연방노동청]의 개편은 일상 업무에서 모든 직원들에 대한 행동지침으로서 새로운 모델을 필요로 한다.
- [새로운 연방노동청]의 전략과 조직의 정비는 새로운 인사 개념에서 이에 상응하는 것을 찾아야 한다.
- [새로운 연방노동청] 내부 근로관계도 개편될 것이다. 통일된 복무규정이 도입될 것이다. 개편에는 특히 사회적으로 받아들여질 수 있고, 재정적으로 균형이 맞게 그리고 공정하게 기준을 충족시킬 수 있고 "노동청개혁법"에 기초한 모든 직원을 대상으로 한 과도기적 규정의 제정을 요구하고 있다.
- 앞으로 [새로운 지방노동청]은 자세한 입구(통제절차로서 자금 흐름)가 아니라, 약정되었거나 미리 정해진 성과에 의해 관리할 것이다.
- 통제 업무는 앞으로는 본부(연방노동청)와 [새로운 지방노동청]만이 맡을 것이다. 본부가 그 업무를 전략 통제에만 집중하는 반면에, 전략목표를 배경으로 실무적 통제는 [새로운 지방노동청]에 이관될 것이다.
- 앞으로 정보통신기술은 예외 없이 모든 업무처리를 지원하여, 전국적으로 활용 가능한 통합 데이터 유지를 보장하여 인터넷(전자정부)과 자동화정보기기를 통하여 [새로운 연방노동청]의 정보와 업무에 공개적으로 접근할 수 있도록 할 것이다.
- [새로운 연방노동청] 조직구조는 앞으로 두 단계로 될 것이다.

본부를 조직의 정점으로 하고 일자리센터를 통하여 지역의 수요에 응하는 [새로운 지방노동청](181개 소)이 있을 것이다. 각각의 연방 주에는 고용 지원과 일자리 개발 분야에서 각자의 업무를 수행하는 역량센터가 설치될 것이다.
- [새로운 연방노동청]의 기관으로는 연방차원에는 이사회와 감독이사회, 지역 차원에서는 [새로운 지방노동청]의 상임이사와 자문회의가 있게 될 것이다.

1. 직원

비전과 변신

연방노동청의 향후 전략 및 조직 개편은 종합적인 전환과정이다. 그 전문적인 관리와 인간적 경영이 실행의 성공에 중요하다. 노동시장에서 현대적인 첫 번째 서비스 제공기관으로서 혁신과정은 높은 복잡성을 통해 특징지어진다.

복잡한 대(大)조직의 변화과정 경험에서, 모든 관계자들의 태도와 행동방식이 구조 방향 개편의 성공에 영향을 주는 결정적인 요소임이 알려져 있다. 바라는 기본적인 문화변화에 대한 특별한 도전은 그래서 이러한 조건과 이제까지의 개혁 경험 하에서 임직원의 태도를 지속 가능하게 변화시킬 폭넓은 전환을 어떻게 시작하고 통제될 수 있느냐다.

비전

이를 위해 새로운 연방노동청은 변화를 시작하고 추진할 비전을 가지는 게 필요하다.

비전의 내용은 기존의 정책수단과 기회를 활용하여 완전고용목표의 성공적 실현을 위해 모든 에너지를 동원하는 것이다. 고객에 대한 관계에서 새로운 연방노동청은 노동시장에서 더 현대적이고, 더 경쟁력 있는 "첫 번째의 서비스 제공기관"으로 자리매김하는 것이다. 모든 고객과 사회의 신뢰를 향유하는 것이다.

이러한 비전의 정확한 정식화는 직원들과 함께 새로운 연방노동청의 경영진이 해내야 할 것이다. 그런 방식은 필연적이고, 그래서 비전은 위로부터 그리고 밑으로부터 공동의 목표로 변화될 뿐만 아니라 공동의 길잡이 역할을 할 것이다. 이것은 낙관주의를 낳을 뿐만 아니라, 새로운 연방노동청의 목표와 자기이해에 대한 지속 가능한 동질성으로 발전될 것이다. 중요한 것은 당사자들을 참여자로 만드는 것이다.

새로운 비전은 "노동청 2000"이라는 비전으로 제시되고 내용적인 더욱 발전되어야 할 것이다. 여기서 이제 다시 시작하여야 한다는 인상에 대한 직원들의 대응이 매우 중요하다.

연방노동청의 이런 기본적인 비전에 이어서 일정한 시간 동안 규칙적인 간격으로, 이러한 비전을 정당화하기 위해 마찬가지로 법적 요건 및 시장의 수요를 동일하게 지향하는 업무목표가 개발되어야 한다.

이상모델

비전에 의해 시작된 새로운 연방노동청의 변화와 새로운 방향 설정은 일상적 업무에서 모든 직원들에 대한 행동지침으로서 새로운 이상모델을 필요로 한다.

이러한 이상모델의 일부는 또한 새로운 경영철학이 될 것이다.

새로운 이상모델은 결국 임직원 간의 공동 과정에서 완성될 것이다. 그럴 때만 새로운 연방노동청의 향후 전략과 조직의 개편이 성공하게 될 것이다.

이상모델의 실현을 위한 최초 시도로부터의 경험에 기초하여, 새로운 정의(定義)에서는 특별히 다음과 같은 원칙에 주의하여야 할 것이다:

* 비전과 이상 전략은 이상모델로 표현되어야 한다
* 이상모델은 새로운 연방노동청의 살아 있는 경영철학 이상에 통합되고 기초를 두어야 한다.
* 이상모델의 솔선수범
* 이상모델의 규정은 짧고 기억할 수 있어야 한다.
* 이상모델 규정 위반 시 구속력 있는 제재
* 통합된 소통개념이 이상을 안팎으로 전파한다
* 본부에 의한 통일적인 시행개념의 개발

비전과 목표, 이상모델의 부분이 배우는 조직이라는 의미에서 이제는 지속 가능한 변화과정이 시작되었다는 사실을 이해해야 한다. 임직원은 이것을 항상 인식해야 하고, 각 개인과 관련하여 적극적인 행동이 요구된다는 것을 모두에게 인식시켜야 한다. 그럴 때만 오늘과 내일의 노동시장의 도전은 극복될 수 있다.

결정적 성공요인으로서 직원

모든 서비스기업의 성공요인은 직원이다. 따라서 직원이 자신의 업무와 자신을 동일시할 수 있고 건설적인 비판으로 자신의 업무분야와 업무조건에 만족하고 직업적 발전가능성을 인식할 수 있다는 전제와 조건을 마련한다 것이 그 만큼 더욱 중요하다. 그럴 때만이 높은 성과와 질적 수준이 달성되고 계속 유지될 수 있다.

"새로운 연방노동청"은 수많은 사람들에 의해 구성되었다. 그러나 오직 그 직원에 의해서만 살아 있는 새로운 조직이 될 수 있다.

[새로운 연방노동청]의 새로운 인사와 조직 계획안은 공기업과 행정기관의 개혁과 개편에서 나온 경험을 받아들일 것이다. 근무조건과 근로관계의 개편으로 개혁된 연방노동청에 주어진 새로운 과제와 새로운 기회

는 전문적으로 설계된 변화과정에서 이루어진 이제까지의 성과를 존중하면서 직원들에게 전달되어야 한다.

출발상황

시행일인 2002년 4월 15일 현재 연방노동청 직원은 모두 93,720명이다. 그 중 21,949명(23%)은 공무원 신분이고, 68,117명(73%)은 사무직원이며, 3,654명(4%)은 노무직이다.

경력	공무원		직원	
	인원	비율(%)	인원	비율(%)
중위직/단순업무	213	0.4	53,264	99.6
중간 고위직	20,012	60.0	13,305	40.0
고위직	1,724	53.0	1,544	47.0
전체	21,949	23.0	68,117	77.0

연방노동청의 중위직은 일자리 지원 전문사무직원으로 구성될 것이다. 이외에, 제한된 규모로 중위직 직원은 앞으로 공개시장에서 채용되고 그 후에 직업교육의 최종시험에 참가할 기회를 가지게 될 것이다.

노동청의 중간 고위직 충원은 중위직 직원 중에서 내부 직업교육과 재교육을 통해서나 아니면 행정감독관 후보자, 상담직 후보자, 전문직 후보자 선발을 통해서 이루어질 것이다. 여기서 이론적인 직업교육은 기본적으로는 만하임과 슈베린의 연방공공행정전문대학(Fachhochschule des Bundes für öffentliche Verwaltung)의 노동행정학과가 담당할 것이다.

고위직은 고급 업무 담당의 신규직(사무직원 공무원에서) 채용과 중위직에서 승진지원자로 주로 충원될 것이다.

현재 노동청의 인사개념은 사무직원과 공무원의 복무관계를 규정하는 공공 취업규칙을 특징으로 하고 있다. 전국적으로 급여체계와 직군체계, 승진체계가 통일적으로 규정되어야 한다. 이것은 부분적으로 다양한 업무와 상황, 직원의 성과에 따라 적절하게 대응할 수 있는 유연성을 제한하기도 한다.

또한 오늘날의 연방노동청은 "외부" 인력, 즉 전문대학의 직업교육을 이수하지 않은 직원에 대하여 개방적이지 못하다.

새로운 인사 개념 요구

새로운 연방노동청을 실업 축소에 기여하도록 모든 직원들을 활성하고 현대적이고 매력적인 사용자로서 설계하는 데는 이러한 변신에 직원들을 참여를 필요로 한다. 여기에는 중요한 세 가지 목표가 설정되어야 한다:

* 분권적인 업무 확대로 자기책임 하의 혁신적인 업무 장려(효율적인 통제가 가능한 범위 내에서)
* 장기적으로 선택 가능한 경력의 창설과 제시, 투명한 급여체계와 물질적 및 비물질적 인센티브제도 도입을 통한 동기 부여
* 순환보직(경험의 확대), 가변적인 업무 환경 설계(노동시간-유연성), 재교육을 통한 근무처 매력도 상승(특히 "외부"에 대해서도)

배우는 조직으로 새로운 연방노동청의 비전과 설계는 특히 경영기법 활용에 의해 성공적으로 결정될 것이다. 구조개편은, 분명한 업무비전의 확정 외에도 기업에서의 핵심인력을 발굴하고 비전에서 나온 업무개념의 빠른 시행과 직원과의 진지하고 투명한 소통이 이루어질 때, 비로소 가능하다.

새로운 연방노동청의 본부구조에 기초하여 강화되고 목표를 정하여 책임이 따르는 권한을 직원 특히 임원에게 위임하는 것이 중요할 것이다.

지역에서의 재량권은 직원의 책임과 동기를 강화하기 위해 확대되어야 한다. 이에는 기존의 과도한 규제의 폐지, 업무처리의 간소화, 지역 재

량권의 확대와 분권적 예산책임이 포함될 것이다.

새로운 연방노동청의 전략 및 조직의 방향 개편은 이 부응하는 인사 개념에서 찾아야 할 것이다.

새로운 인사 개념의 핵심요소는 다음과 같다:

* 근로관계의 유연성 강화
* 모든 직원들의 자기책임감 활성화
* 개인적인 경력 관리
* 기회균등의 장려
* 시장 및 고객 지향
* 업무능력을 위한 새로운 경영문화 창조
* 모든 직원에 대한 인센티브 혹은 보상제도
* 민간기업과 새로운 연방노동청 사이의 개방적이고 복잡하지 않은 인사 및 아이디어 교류(인력 시장 개념 포함)
* 모든 수준에서 직원에 대한 조언과 자격제공으로 인력개발 개념

인력 개발

현 연방노동청의 현대적인 서비스기업으로의 변신은 장기적 인력 개발 개념을 다양한 요소에 기초할 것을 필요로 한다.

효율적 통제 내에서 지역 재량의 확대

분권화된 지역의 재량권은 직원들의 책임과 동기를 강화하기 위해 확대되어야 한다. 이에는 법령과 업무지시에 의한 과도한 규제의 폐지, 절차의 간소화, 지역 재량권의 확대, 분권화된 예산책임, 이월에 의해 극복되는 예산회계제도가 포함된다. 새로운 책임을 위해 모든 조직 단위에서 외부 충원이 가능한 분권화된 인력 예산의 도입이 포함될 것이다.

개인별 목표 약정

경영진의 이해도 변화에서 기본적인 것은 피드백(환류)문화와 실수문화 장려다(실수문화는 조직과 그 직원들이 실수로부터 배우고 일회성 실수에 대해 즉각 제재를 가하지 않는 태도를 말한다). 새로운 경영체계의 기초로서 피드백 및 발전을 위한 대화 외에 개인적 목표합의가 도입되어야 한다.

〈그림 29〉 경영정책수단으로서 개인별 목표 약정

- 조직목표와 직원의 성취의욕 및 책임 추구의 결합
- 수평적인 위계질서에서 자기 통제와 자기 체계화를 위한 기본전제; 필수적인 목표설정 기능
- 방법이 아니라 바라는 결과의 정의
- 자신의 아이디어를 약정하고 검증할 수 있는 개인별 성취감 속에 도입함으로써 동기부여
- 자세한 연간 피드백과 간략한 잠정적 피드백
- 약정목표와 성과 간 체계적인 비교에 의한 성과와 연계된 가변적인 보상을 위한 참고 기초

성과지향 경영

이미 부분적으로 그리고 접근방식으로 도입된 성과지향 경영은 일관되게 더욱 발전되어야 하고 모든 새로운 지방노동청에 반드시 도입되어야 한다. 이를 위해 특히 경영능력이 확보되고 수준향상이 있어야 한다. 왜냐하면 이것이 앞으로 이 과정을 책임지고 활력 있게 만들어야 하기 때문이다.

성과지향 경영에서는 성과와 발전이라는 주제에 대한 경영진과 팀/동료들 사이의 지속적인 대화가 중요하다. 목표는 약정 목표의 이행, 이에 따른 개인별 목표와 사업전략/목표의 조정, 업무절차의 이행, 과정과 결과의 장단점 분석 및 평가, 필요한 지식과 능력의 강화와 개발, 지속적인 조언과 피드백이다.

성과지향 급여제도 도입

확정 목표 달성하기 위해 결과 및 성과 지향의 보상요소를 도입하는 것이 필요하다. 이것은 성과경영과 목표약정을 통한 경영과 결합되어야 한다. 계량화 외에 재정상의 성공 인정도 연공서열 원칙 대신 목표 및 성과원칙 뒷받침을 위한 중요한 구성요소가 되어야 한다.

새로운 연방노동청의 경영진은 이런 성과 보상이 직원 개인, 팀 차원에서나 이들이 결합된 차원에서 성공적인지를 결정해야 한다. 게다가 그러한 인센티브 제도는 다양한 노동시장 특유의 조건에 맞출 수 있도록 지역적으로 차별화되어야 한다.

〈그림 30〉 성과 평가

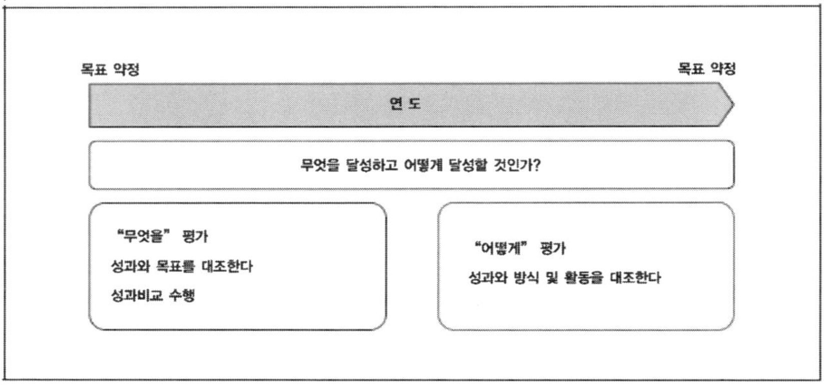

```
목표 약정                                        목표 약정
┌─────────────────────────────────────────┐
│                    연 도                      >
└─────────────────────────────────────────┘
┌─────────────────────────────────────────┐
│         무엇을 달성하고 어떻게 달성할 것인가?         │
└─────────────────────────────────────────┘
  ┌──────────────┐        ┌──────────────┐
  │  "무엇을" 평가   │        │  "어떻게" 평가  │
  │ 성과와 목표를 대조한다 │        │ 성과와 방식 및 활동을 대조한다 │
  │  성과비교 수행   │        │               │
  └──────────────┘        └──────────────┘
```

성과지향 관리는 이렇게 세분화되고 연방노동청의 목표에 일치하는 유인체계 도입의 지원을 받아야 한다. 목표달성의 정도는 직원들이 이에 더 적극적으로 참여할수록 그 만큼 더 커질 것이다. 이는 직원들이 물질적 관심에서 높은 목표달성도를 위해 투입된다면 특히 그럴 것이다. 이러한 태도는 실수에 대하여 제재하지 않거나 훌륭한 성과에 대해서는 보너

스를 통해 보상함으로써 더욱 강화될 것이다. 성과지향 급여는 단체협약 규정으로 합의되어야 할 것이다.

비물질적 인센티브 마련

물질적 인센티브만큼이나 비물질적 인센티브도 중요하다. 이것은 가령 최고의 실천 벤치마킹 대상이나 혁신상 혹은 직원-행사의 형태로 구상될 수 있다. 이런 인센티브 제도에 필요한 전제는 차별화되고 효율적인 성공평가이다. 이를 위해 예를 들어 균형점수카드, 경영정보제도, 직원참여 모델과 같은 보완적 수단이 도입될 수 있다.

근로관계의 유연성 향상

기존 근로관계 내에서 한시적 근로계약(예를 들어 2002년 1월 1일 연방청에 마련된 한시적인 1,000개의 새로운 일자리)을 통해 더 많은 유연성이 가능할 수 있다. 고정된 직무분석표나 근무장소 규정의 완화가 이에 지원이 될 수 있다

직원 역량의 최적화

전체적으로 새로운 연방노동청의 직원 역량은 일관되게 최적화해야 하는데, 이것은 새로운 연방노동청의 전략적, 실무적 목표를 달성과 관련된 새로운 요구와 비교하여 기존 직원들의 능력에 대한 세심한 분석을 의미한다. 여기서는 배우는 조직이라는 의미에서 직원들에게 미래에 요구되는 기술향상 기회를 제공한다는 것이 중요할 것이다.

목표를 정하여 차별화된 능력향상

임직원에 대한 차별화된 능력향상 개념 개발이 중요하다. 여기서 중요한 것은 학습제공의 확대가 아니라, 오히려 직원에게 요구되는 개인적이

고 집중적인 능력향상이다. 능력향상 개념은 특히 미래의 변화과정을 고려해야 하고, 경영진이 이에 대비하여 참여하도록 하는 것이다. 이런 의미에서 경영진의 매우 개별적인 상담으로 확대되는 직원 상담이 권고된다.

나아가 직원들은 외부의 직업교육 및 재교육 및 민간기업의 업무 맥락에서 자기 직무 요건에 대비할 수 있는 단기적 기회도 가져야 한다. 그래서 예를 들면 취업알선 담당자는 민간 기업에서 인력을 배치하는 업무 경험을 가질 수 있도록 하여야 한다.

근로관계의 법적 형식

연방노동청의 사무직원과 공무원에 대하여는 복무관계가 오늘날 포괄적 단체협약(Manteltarifvertrag, MTA)[5]과 연방공무원법/공공서비스 개혁법(Dienstrechtsreformgesetz für Angestellte)[6] 의 규율을 받는다. 이론상으로는 위에서 언급된 개방과 유연성을 위한 몇 가지 요소가 기존의 복무규정 내에서 실현될 수 있지만, 이러한 정책수단이 새로운 연방노동청의 앞으로의 인사 요건에는 충분하지 못할 것이다.

이러한 사유에서 새로운 연방노동청 내에서 복무관계가 새롭게 설정될 것이다. 통일된 복무규정이 도입될 것이다.

전환은 모든 직원들에 대한 과도기적 규정을 필요로 한다. 이 규정은

---

5) 포괄적 단체협약(Manteltarifvertrag. MTV): 상급단체의 기본적인 단체협약으로 이는 사회적 당사자 즉, 사용자 단체와 노동조합 간의 협상에 의한 것으로 협약은 협상 당사자의 구성원에게 모두 구속력을 가진다. 이 협약에는 실제 임금이나 급여액이 포함되지 않는다. 전형적인 협약 내용에는 해고조건, 휴가, 근무시간, 질병 휴가 및 질병휴가 급여, 시간외 근로, 야간 근로, 교대근무 등이 포함되며, 임금이나 급여 합의보다 유효기간이 길다. 가장 대표적인 것은 공공서비스 단체협약(Tarifvertrag für den öffentlichen Dienst. TVöD)이다.

6) 1997년 2월 24일 제정

무엇보다도 사회적으로 받아들여질 수 있고, 재정적으로 형평성이 있고 공정하며 "연방노동청–개혁법"에 근거할 것이다. 공법상의 복무관계를 새로이 설계된 단체협약상의 복무관계로 전환하는 데는 연방 체신부, 체신은행, 텔레콤사(社) 및 연방철도국에서의 경험이 활용될 수 있을 것이다(예를 들어 공무원에 대해서는 일시 휴직).

인력 충원: 일자리 보장 대신 고용능력

새로운 연방노동청의 기능 회복을 위해서는 양적으로나 질적으로 새로운 인력 수급계획이 필요하다(특히 새롭게 규정된 업무와 높아진 효율성 요건을 갖춘 기능을 위하여).

새로운 연방노동청과 전체 노동시장 간에는 정규적인 인사 교류가 있어야 한다. 이에는 한편으로 새로운 연방노동청의 더 많은 "외부" 충원이 포함된다. 즉 예를 들어 경험 많은 직원들이 전문 분야의 민간기업으로부터 채용될 수 있어야 한다. 다른 한편으로 새로운 연방노동청의 직원들에게는 전체 노동시장에서 매력적인 일을 찾을 수 있다는 전망을 만들 수 있다는 의미다 – 일자리 보장에서 고용능력으로 전환의 의미에서.

한편으로 새로운 직원들에게 채용에 필요한 조건을 보장하고 그에 상응하는 인력개발 도구를 제공하는 것이 연방노동청의 업무가 될 것이다. 다른 한편으로 그러나 새로운 연방노동청의 직원들은 이를 위해 스스로 다음의 기본요건을 구비하고 받아들여야 한다. 즉 평생교육, 전근, 보상 및 탄력적인 근무시간. 새로운 연방노동청에 의해 마련되는 조건에는 예를 들어 투명한 내부 노동시장의 창출, 노동시간모델의 개발, 자격 향상 개념, 경력선택 등이 포함될 것이다.

경영진도 경영 업무 지식을 위해 목표를 정한 재교육을 경험하게 될 것이다. 직원에 대한 학습과 능력향상에 특별하게 맞춘 정책을 개발하여 개별적인 인력개발 계획과 일치시키는 것이 필요할 것이다. 이와 관련하여 중요한 것은 필요한 상담 내용에 초점을 맞추는 것이다. 특정한 기술과 능력은 직무적응 및 훈련 모듈로 전달될 수 있을 것이다.

나아가 새로운 연방노동청의 신규 충원계획에서는 경영능력을 가진 경영진 채용에 관해 규정되어야 한다. 전략적인 경영진, 예를 들어 새로운 지방노동청 상임이사는 앞으로는 적기에 그리고 공모에 의해서만 충원되어야 한다. 경영진에 대한 평가센터와 수습기간이 도입될 것이다.

자격향상/전문대학의 개방

"능력향상"이라는 주제에는 사회적, 전문적, 방법적 내용의 능력을 가진 모든 직원들의 직업교육과 상시적 재교육이 포함된다. 이 업무는 새로운 지방노동청의 인력 부문에서 제공될 것이다.

개방성의 필요에서 입사와 퇴사가 가능한 "외부" 기용 직원의 사용자인 새로운 연방노동청을 내용이나 조직 면에서 "능력 향상" 업무의 일관된 개편이 필요하다.

나아가 원칙적으로 이원체계와 전문대학 수준에서 직업교육이 필요하다. 그러나 여기서 주의할 것은 이러한 이원적 직업교육이 새로운 연방노동청의 업무만을 겨냥해서는 안 될 것이다. 오히려 내용은 일반 노동시장에서의 업무가 가능한 내용이 전달되어야 한다.

새로운 연방노동청 조직의 기본생각에서 출발하여 능력 향상의 전체 업무 분야가 이사의 내부적인 업무 단위로 조직되고 시행될 것이다. 여기서 이 업무 단위는 새로운 연방노동청의 자원을 활용할 뿐만 아니라, 또한 외주에 의할 수도 있다. 대외적 개방과 높은 업무의 질이라는 기본 사고 아래 여기서 두 요소가 잘 결합될 것이다.

이 내부적 업무 단위는 효율적이고 효과적인 업무 집행을 지향한다. 지역의 하부조직의 경우에는 이는 더욱 분권적인 업무 집행 원칙이 고려할 것이다.

전문대학은 앞으로 새로운 연방노동청[BA-n]에서 독립된 기관이 될 것이며, 다른 독립된 전문대학과 종합대학의 경우와 같이 입학이 관리될 것이다. 전문대학은 노동시장정책 전문의 내용을 전달함으로써, 그 교육 내용은 국내외적인 학습과정 및 직업교육과정과 양립할 수 있을 것이다. 그래서 이와 관련하여 제공된 직업교육의 높은 가치는 결과적으로 그 졸업생들로 하여금 사용자인 새로운 연방노동청[BA-n]에만 묶이지는 않을 것 것이다.

인사이동 및 과잉인력 관리

새로운 연방노동청[BA-n]으로 개편은 업무와 기능 쇄신을 조건으로 한다. 이에는 모든 수준에서 인력 재배치가 수반된다. 상세한 인사이동 계획은 당사자에게 사회적으로 받아들여질 수 있고 공정한 조건을 조성한다는 계획에서 이루어질 것이다.

더욱이 업무와 기능 재편은 새로운 연방노동청[BA-n]의 인사가 각각의 구비요건에 기초하거나 상응하는 지원과 개발에 의해 중기적으로 단기적으로 이에 부응할 수 있다는 것을 전제로 하고 있다.

이를 위해 다양한 인력관리 수단이 활용될 것이다. 예를 들어 부분적으로 대내외 공모가 있을 것이다.

위에서 거론한 사유에서 새로운 조직단위로 이동하지 못하거나 다른 분야의 일이 주어지지 않은 직원은 개별 조직단위에서 잠정적인 업무가 주어질 것이다. 이를 위해 새로운 노동청[BA-n]은 잠정적으로 직원대표 참여 하에 과잉인력 관리 계획을 마련할 것이다. 인력대표의 참여 하에 현대적인 과잉인력관리 계획을 작성할 것이다.

직원대표와 단체협약

직원과 이들의 대표가 초기에 계획과 실현에 참여하지 않는다면, 개편은 성공할 수 없다.

직원대표는 그들 편에서 직원들의 요구안 지원과 연방노동청의 현대적 서비스 기관으로 전환을 위한 다양한 정책에 적극적으로 참여할 것이다. 이를 위해 새로운 연방노동청[BA-n]은 이사회와 함께 현대적 서비스 기업의 요건에 부응할 수 있도록 개혁 전망 하에 기존의 단체협약을 더욱 발전시킬 것이다.

관리 통제

성과 지향적 관리

새로운 연방노동청[BA-n]의 지역적 조직단위는 앞으로는 자신의 업무를 효과적이고도 효율적으로 집행하기 위하여 근본적으로 분권화된 더 많은 권한을 가질 것이다. 분권화가 자의적으로 되지 않도록 하기 위해서 이처럼 대규모적이고 복잡한 사업에는 적절하고도 성과 지향적 관리기법이 필요하다.

앞으로 새로운 지방노동청[AA-n]은 더 이상 세세한 투입관리(관리과정으로서 현금 흐름)가 아니라, 약정되었거나 미리 정해진 성과를 관리할 것이다. 한편으로 이는 분명한 비전과 여기서 나온 일관성 있고 모든 직원들에게 투명한 목표 체계를 필요로 한다.

행동의 필요성을 찾아내어 필요한 관리정책을 시작하기 위하여 선정된 구체적인 지표를 기초로 새로운 연방노동청 [BA-n] 내부의 모든 경영단위의 달성목표가 제시될 것이다.

신뢰를 얻기 위하여 새로운 연방노동청[BA-neu]은 특히 대외적 효과에서 투명하면서도 공감을 얻을 수 있는 노동시장 정책의 성과를 측정할 수 있을 것이다.

새로운 관리모델

원칙적으로 "통제"와 "서비스 지향 경영" 요소를 갖춘 오늘날 "연방노동청의 새로운 관리 모델"의 개념은 효율적인 서비스 조직으로서 연방노동청의 방향을 설정할 수 있는 경영철학에 의해 뒷받침될 것이다.

연방노동청의 새로운 관리정책에는 다음과 같은 것들이 포함된다:

* 성과 지향
* 다면적 관리
* 경영개념의 정착과 반영
* 규정된 정책수단

성과 지향: 지시와 연계된 금전 및 인적 자원의 활용(투입)이 관리의 중점이 아니라, 목표로 하는 성과가 관리의 척도다(산출, 결과). 이에 의해 고객에 대한 혜택에 중점을 둘 수 있는 것이다.

다면적 관리: 연방노동청의 관리개념과 이의 개발에는 균형 잡힌 득점표 모델에 따라 다면적으로 차원의 통합에 초점이 맞춰지고, 연방노동청의 다면적 목표체계(효과, 효율성, 고객지향, 직원 만족도, 수평조직)가 고려될 것이다.

경영개념의 정착과 반영: 연방노동청의 경영개념은 일관되게 성과를 지향한다. 목표약정에 의해 개별 단위 간의 책임이 확정된다; 목표달성도가 정기적으로 점검된다. 지표에 관한 내부적인 성과 비교도 있을 것이다.

정책수단: 기본적인 정책수단은 규정되어 체계적으로 제시될 것이다. 예를 들어 제품목록(업무목록), 병행업무 처리 계획, 목표약정, 목표 이탈 및 원인 분석, 자기관리, 성과비교, 개선관리, 업무의 질 관리(고객 및 직원 대상 설문), 컴퓨터기술 지원.

통제제도 실행 시 장애

"새로운 관리모델"의 실행 역사를 배경으로 다음과 같은 약점이 확인될 수 있다:

* 부족한 수용도
* 신구 관리 병행 적용
* 경영철학으로 통합 결여
* 균일하지 못한 집행 상황
* 제도 간 연계성 부족
* 낮은 정도의 실행력과 영향력

새로운 연방노동청 이사회에서 모든 경영단위에 이르기까지 일관된 집행이 새로운 통제-철학의 도입과 시행 성공에 특히 중요하다는 것이 증명되어야 한다. 새로운 통제 개념의 도입은 새로운 연방노동청[BA-n]의 경영진이 담당 분야에서 목표로 정한 성과에 의해 평가 받아야 한다는 것을 의미한다. 추가적으로 목표달성과 개인의 발전은 서로 연계되어야 할 것이다.

이에 더하여 과거의 경험은 연방노동청-경영이 감수하여야 할 신구 관리제도의 병행이 무조건 지양되어야 한다는 것을 보여준다. 앞으로는 일관된 결과 목표를 지향하여야 한다 – 주된 관리 수단으로서 시점에 맞춘 자금흐름(예산투입)은 앞으로 피해야 한다. 중심적인 관리 단위는 실업자 수가 될 것이다.

새로운 연방노동청[BA-n]의 예산이 앞으로는 연방예산규정(Bundeshaushaltsortnung, BHO)의 규제 밖에서 운용될 때만 성과자료와 자금흐름의 설득력 있는 연계가 가능할 것이다.

고전적인 독일의 예산법률은 회계와 함께 낡고, 더 이상 쓸모없는 부기 방식을 적용하고 있다. 이것은 너무 세세한 예산계획에 의해 움직이고, 기존의 완화에도 불구하고 시대에 맞지 않는 관리규정의 비효율을 야기하면서, 결정권자에게 불충분한 형태로 비용, 성과 및 영향 정보를 제공할 뿐이다. 오늘날 연방 차원에서 추구되듯이, 비용/효과(Kosten und Leistungsrechnung, KLR) 측정의 도입만으로는 지자체 수준에서의 경험이 입증하는 것처럼 전혀 충분치 못하다. 결정적인 것은 예산 자체가 자원소비를 반영하고 이것을 원하는 결과와 대비시키는 것이다. 연방예산규정(BHO)에서 탈피함으로써 새로운 연방노동청[BA-n]에게는 타당한 자원소비 개념을 포함하여 효과를 지향하는 예산운용 도입의 길이 열릴 것이다.

통제조직구조

앞으로 통제 업무는 본부와 새로운 지방 노동청[AA-n]만이 맡을 것이다. 본부는 전략적 통제에 집중하고, 새로운 지방노동청[AA-n]은 전략적 목표설정 하에 통제 실무를 수행할 것이다.

전략적 통제와 통제실무의 기본적 차이는 다음과 같다:

전략적 통제

* 경영정책과 그 핵심목표의 정의 시 이사회 지원
* 성과 지수와 지표에 의한 목표의 효율성과 효과 측정

통제실무

* 새로운 연방 노동청[BA-n]의 경영정책 실행 시 새로운 지방 노동청[AA-n] 내의 경영지원
* 분권화된 업무 및 자원 책임과 관련하여 지역 차원에서 수준 높은 경영 판단 확보

통제본부

경영정책

자원투입을 고려하면서 실업을 줄이는 것 외에, 시장에서의 협력기관과의 협력 및 고용시장 제1의 서비스 공급기관으로의 전환이 새로운 연방노동청[BA-n] 경영 핵심요소에 속한다. 이러한 경영정책 목표의 성과 측정을 위해 앞으로는 경영정책의 양적, 질적 측면이 전략적 통제 및 통제실무의 대상이 될 것이다.

전략 통제

본부는 새로운 연방노동청[BA-n]의 전략 관리의 주무기관이다. 통제는 안내자와 항법사로서 업무집행 시 전체 경영을 지원할 것이다. 개별적으로 통제는 다음의 중점 업무에서 이사회를 "상대"하게 된다:

〈그림 31〉 이사회와 본부의 업무협력

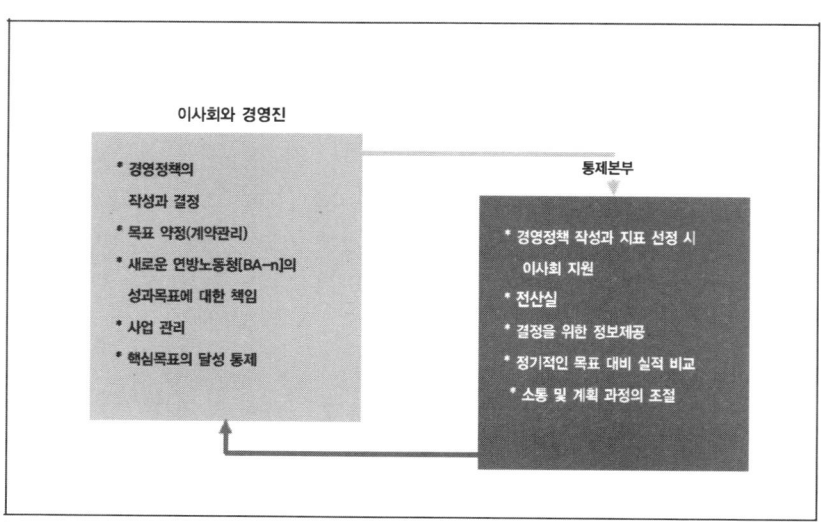

이는 기본규정의 성공보장을 위하여 경영진을 지원한다. 앞으로 일자리센터의 업무는 세세한 지시가 아니라 관리코드를 가진 기본방침(시행지침이 아님)을 통해 관리될 것이다. 이와 관련하여 이사회가 어떻게 단기간에 모든 지시규정을 폐지하고 지역 차원에서 업무지침을 새로이 작성할 것인지도 정해져야 할 것이다.

경영의 테두리 내에서 통제본부는 본부의 관리 결정 시 이사회를 지원할 것이다. 정기적인 목표 이탈 및 원인 분석을 통해 이탈이 확인되면 이사회의 대책이 적절한 판단 자료로서 작성될 것이다. 나아가 계획 및 목표 합의과정이 통제본부에 의해 마련되어 이에 포함될 것이다.

계약관리

모든 차원에서의 재량권 확대에 의해 앞으로는 노동사회부와 새로운 연방노동청[BA-n] 간 그리고 본부와 새로운 지방노동청[AA-n] 간의 관계에서 감독과 관리의 개선이 필요할 것이다. 따라서 외국의 경험을 기초로 계약관리를 도입하는 것을 검토해야 한다. 그러한 계약은 달성 성과와 효과를 약정목표로 정할 것이다. 이에는 필요한 예산이 포함되고, "계약당사자들" 서로에게 해당되는 "게임 규칙"이 규정될 것이다.

계약관리에 대한 국제적인 경험은 계약관리가 다음과 같은 특징을 띠고 있음을 보여주고 있다:

* 업무 수행의 효율성 제고와 업무 및 질적 수준의 향상
* 생산성 향상(투명성과 문서화)
* 목표 및 성과 지향의 강화
* 더 많은 현대적인 관리기법의 지원과 확충
* 복잡한 업무의 개선과 관리
* 이해당사자(Stakeholder)와 "고객"을 위한 서비스의 투명화

목표와 예산에 의해 관리되는 외국의 노동행정은 "문화적 변화"가 계

약관리의 핵심적이고도 중요한 결과임을 확인하였다. 직원들의 태도와 행동은 더욱 성과를 지향하고, 경제적이며, 외부를 겨냥하고, 관리를 지향하는 동시에 자의식적이었다.

새로운 연방노동청[BA-n]의 입장에서 계약관리의 일관된 적용은, 예를 들어 목표약정, 성과계약, 명시적 질적 기준에 의해 연방의 특별프로그램이 계약으로 확정되고 관리된다는 의미다.

현안의 근본적인 새로운 연방노동청[BA-n]의 개혁의 범위 안에서 통제본부의 통제는 관리와 전환과정에서 이사회를 지원할 것이다.

조직 설계

이사회와 통제본부 간의 관계에 새로운 업무처리방식이 도입되고 제도화될 것이다. 여기에는 월간 경영회의 및 분기별 "통제위원회"가 포함된다. 통제위원회에서는 분기별로 통제 관련 모든 사안이 관련 당사자들에 의해 다뤄질 것이다. 준비 과정에서 통제본부는 이사회 보고서와 결의안을 작성한다.

새로운 업무 수행을 위하여 통제본부는 충분한 인력을 갖추어야 한다. 통제본부 업무의 규모와 복잡성을 감안할 때 비교 대상인 민간기업의 통제기구에는 약 12-15명의 인력이 배치된다.

새로운 연방노동청[BA-n]에서 종합적 통제 이행에는 필요한 자료의 공급과 그 질이 새로이 요구된다. 정보처리기술에 의한 해결은 성과를 목표로 하는 관리의 변수, 지표 및 핵심적 수치를 겨냥한다. 이상적으로는 통제본부가 일관되게 정보통신기술의 지원을 받아 생산된 자료를 활용할 것이다. 자료의 수집과 조달 시에 통제본부는 전문 부서, 통계 및 노동시장 조사연구의 지원을 받을 것이다. 예를 들면 지금까지는 관리체계에 통합되지 않았던 취업결산서에서 나온 개별 자료는 성과지향적 관리에 가중치를 주어서 편입될 것이다.

2. 지역 수준에서의 통제

통제실무

새로운 연방노동청[BA-n]에서 새로운 지방노동청[AA-n]은 일자리센터를 단위로 경영정책을 실현할 것이다. 시행 시에 관리는 다음의 핵심 영역에서의 통제실무의 지원을 받을 것이다:

통제실무에서 특별한 도전은 본부의 경영정책과 구조가 지역 차원에서는 특수하게 혼합된 정책에 의해 시행된다는 것이다. 현업통제는 지역 수준에서 경영정책 시행 시에 특수성이 반영된 본부의 수치 지표에 의해 뒷받침될 수 있어야 한다. 자료 수집을 위한 정보통신기술의 지원을 받는 필요한 조사와 정책은 이후에 진행될 것이다. 사업정책의 변경을 위해 다음의 협력수단이 일자리센터에서 조정되어야 한다:

* 정보센터 – 사례관리자
* 사례관리자 – 업무부서(사회복지담당, 청소년담당, 주택담당, 중독 및 부채 상담)
* 사례관리자 – 대내 업무(직무 상담, 업무 복귀 상담, 심리 상담 및 의료 업무)
* 사례관리자 – 일자리센터에서 취업 알선
* 사례관리자 – 근로자파견사업부
* 취업알선 – 전국 및 지역 노동시장

이러한 상호협력 업무 관리를 위하여 통제 실무에서 신속히 관리 관련 지표가 개발되어야 한다.

고용시장에서 첫 번째 사업자가 되기 위한 새로운 연방노동청[BA-n]의 미래 발전의 또 다른 중요한 요소는 고객에 대한 서비스의 개선이다. 이를 위해 지역 차원에서 통제실무가 뒤따르는 품질 관리체계가 도입될 것이다.

<그림 32> 관리 업무와 통제실무의 협력

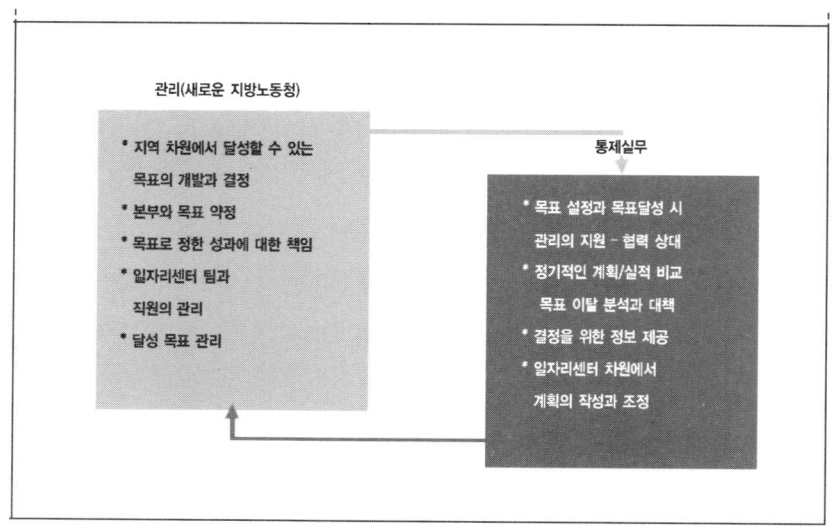

<그림 33> 일자리센터 통제관련 업무 협력

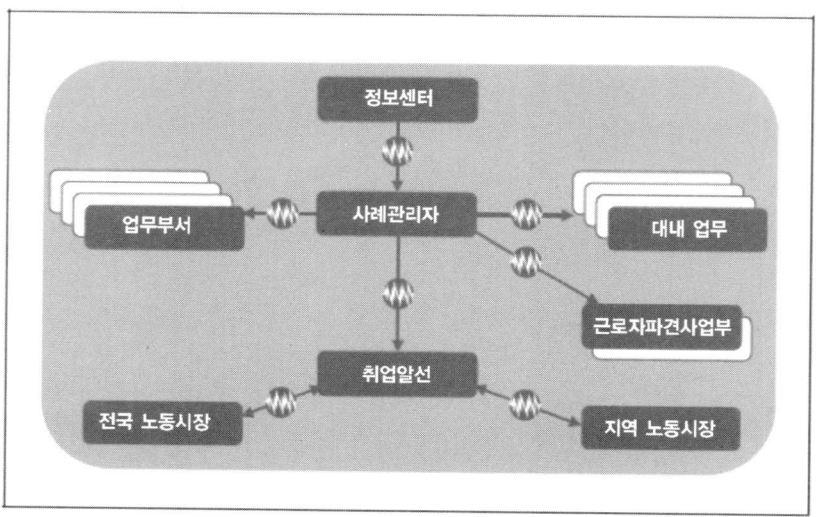

조직 설계

앞으로 지역 차원의 통제는 통제관에게 넓은 안목과 높은 수준의 전문적인 능력을 요구할 것이다. 새로운 통제체계의 조기 실현에는 전문적이고 상업 분야에서의 역량을 갖춘 적합한 직원들의 목표지향적 학습과 능력향상이 요구될 것이다. 이와 함께 통제관에게는 적합한 보조수단(예를 들어 과정의 기록, 개별 사례, 도구, 해석 보조 등) 이 제공되어야 한다. 각급 통제관 간의 정기적인 경험교환을 위한 기반이 조속히 도입되어야 한다.

앞으로 통제의 의미와 관련하여 통제업무에 정통하기 위하여 모든 새로운 지방노동청[AA-n]에는 최소한 전임 통제관이 배치되어야 한다.

전략 통제와 마찬가지로 구체적인 경영정책에는 앞으로 정보기술상의 요건이 제시될 것이다. 자료의 작성과 해석에서 일자리센터의 모든 전문직 담당자는 자신의 업무 수행에서 통제관을 지원할 것이다.

통제업무

다음에 개괄적으로 정리된 업무절차는 우선 전략 통제에 해당된다. 통제실무와 관련된 업무는 지역 차원에 맞게 구축될 것이다:

* 목표 설정: 통제부서는 이사회와 협력하면서 새로운 연방노동청[BA-n]의 장기적 경영전략을 기초로 연간 경영정책을 작성하는 데 주도적 역할을 할 것이다. 이때 모든 경영정책 목표는 가능한 한 몇 개의 설득력 있는 핵심지표에 의해 운용될 것이다.
* 목표 계획: 본부와 새로운 지방노동청[AA-n] 간의 경영정책 목표에 따른 연간 목표 약정이 체결된다. 이 약정에는 목표달성, 자원공급, 인센티브 및 제재 방식, 새로운 지방노동청[AA-n]에 대한 본부의 의무(종료 조항 포함) 등에 대하여 양 당사자 간의 연간 합의 내용이 포함될 것이다. 장기적으로 새로운 지방노동청[AA-n]과의 목표 약

정에 작용지표 관련 지역에서의 예측이 포함된다. 효율성과 분권화된 노동시장정책 수단을 평가하기 위해 지역노동시장의 인과적 작용기제에 관한 과학적 분석과 그 결과가 포함되어야 한다. 그런 분석이 활용될 수 있을 때까지는 지금까지 달성된 성과와 약정 목표의 목표 수치를 기초로 한 변화의 정도가 모든 새로운 지방노동청[AA-n]에 사용될 것이다. 이러한 과도기적 해결 방안 경험에 의해 오스트리아 노동시장 업무가 만들어졌다.

* 목표달성 통제: 통제부서는 매달 지역 및 종합 형식으로 전국의 목표달성도를 평가할 것이다. 모든 새로운 지방노동청[AA-n]은 목표달성을 감독하기 위해 최소한 매달 내부전용망을 통하여 실시간 자료(와 다른 모든 자료)를 이용할 수 있을 것이다. 정보통신기술에 의한 모든 수준의 데이터 생산 솔루션이 신속하게 구축되어야 할 것이다. 장기적으로 새로운 연방노동청[BA-n]은 실시간 자료를 가진 체계를 갖출 것이다.
* 이탈분석과 원인분석: 목표 이탈의 경우 지역 차원에서 원인분석을 위한 관련 지표가 활용될 것이다.
* 대책: 대책 마련을 위하여 최소한 분기별로 본부와 새로운 지방노동청[AA-n] 간에 목표달성회의(-위원회)가 열린다. 특히 목표달성도, 예상되는 이탈분석의 결과, 계획 혹은 도입될 일자리센터의 관리정책 등이 회의의 주제가 될 것이다.
* 목표달성의 연간평가: 연말에는 모든 새로운 지방노동청[AA-n]과 일자리센터의 성과에 대한 최종적인 평가가 있을 것이다. 이는 다음 해의 목표 약정에 포함될 것이다.

살아 있는 통계

앞으로 새로운 연방노동청[BA-n] 경영진에게 제기되는 요구는 결정,

입지 선정 및 원인 분석을 위한 좋은 데이터베이스 구축이다. 자료는 이해하기 쉽고 적절하게 이용될 수 있어야 하고, 신속하게 열람할 수 있으면서도 심도 있는 분석을 가능하게 해 줄 수 있어야 한다.

관리는 "살아 있는 통계"에 의해 다음의 질문에 대답할 수 있도록 지원받을 것이다:

* 우리는 어디에 있는가(남과 비교하여)?
* 우리는 왜 거기에 있고, 남들은 무엇을 더 잘 하는가?
* 우리는 향상을 위하여 무엇을 해야 하는가?

정보는 "개괄에서 상세"로 표현된다. 전략 통제의 지표와 관련하여 이것은 다음과 같은 사례로 표현된다. 이와 관련하여 정보는 앞으로 정보통신기설을 기반으로 내부전용망에 의해 이용될 것이다.

모든 경영정책상 사업의 목표관리를 위하여 이사회는 최소한 1달에 한 번 핵심 자료와 관련된 전국적인 최신의 핵심지표에 접근하게 될 것이다.

이에 더하여 이사회는 모든 새로운 지방노동청[AA-neu]이나 개별적인 일자리센터에 이런 지표자료를 요청할 수 있을 것이다.

새로운 지방노동청[AA-n]와 일자리센터 대상의 모든 개별 지표가 작성되어 달성목표 도표로 종합되어 다양한 시각적으로 표현되어 찾아볼 수 있게 될 것이다. 전문적인 관리에 필요한 심층 분석자료는 주문에 따라 이용될 수 있을 것이다.

달성목표 도표는 특히 개략적으로 비교 가능한 새로운 지방노동청 [AA-n]의 성과를 나타낼 수 있도록 작성될 것이다.

현 사례에서 새로운 지방노동청[AA-n]은 비교 가능한 시장의 움직임(실업자에 접근/등록된 일자리에 접근)을 보여주고 있다. 목표치와 현황으로서 실업자 상황(실업자 수)을 비교하면서, 실업 상황 탈피, 평균 실업기간이 표시되고 있다. 추가적으로 재취업에 데 드는 1인당 평균비용도 개략적으로 보여준다.

〈그림 34〉 경영정책을 위한 경영정보

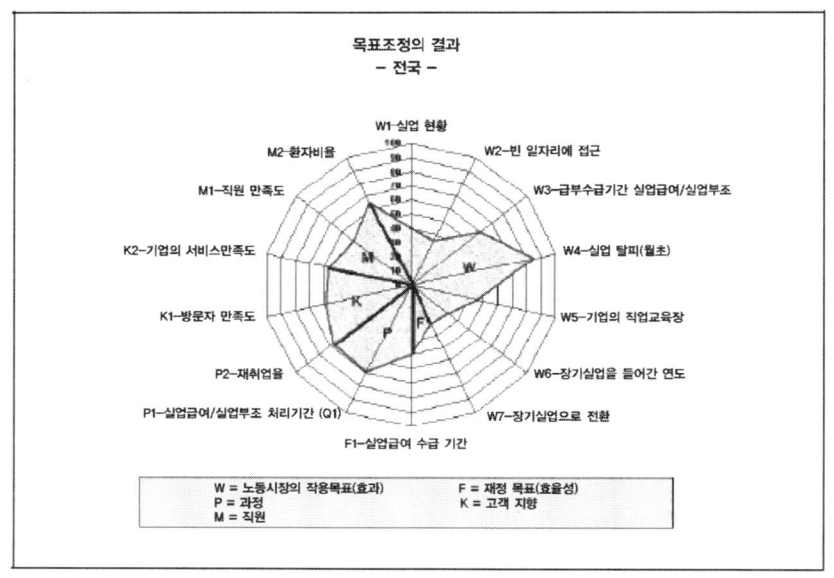

3. 서비스와 업무처리에 목적을 둔 정보통신기술의 지원

정보통신기술은 여기서 거론되는 개혁안의 성공적인 실행에서 결정적인 요소다. 효율성 제고와 대내외적인 업무처리의 간소화라는 의미에서 정보통신기술의 지원과 개편은 서로 불가분의 관계에 있다.

정보통신기술에 대한 요구

미래의 정보통신기술은 모든 업무를 지원하고, 모든 전문분야에 적용하기 위하여 전국적으로 이용 가능한 통합된 자료관리를 제공하며 또 인터넷(e-정부)과 자동화정보기기를 통하여 새로운 연방노동청[BA-n]의 정보와 업무에 공공이 접근할 수 있도록 해 줄 것이다.

사용자 중심의 정보통신기술

전자적 업무지원과 정보망은 접근장벽이 사라질 때만 가능하다. 이를 위해 쉽게 이해할 수 있는 소프트웨어와 복잡하지 않은 서비스가 필수적이다. 인터넷과 콜센터에 기반한 업무해결은 새로운 연방노동청[BA-n] 업무에 대한 내부 및 외부 고객의 사용자 중심의 접근을 보장할 것이다. 정보통신기술 지원은 고객에 대한 최상의 서비스와 최대한 행정 간소화를 지향해야 한다. 따라서 서비스 중심의 솔루션이 기술 중심에 앞서야 한다.

통합적 정보 수집과 데이터베이스

정보 수집은 전용업무망과 인터넷을 통하여 통합적이고 가능한 한 중앙집중적으로 수행될 것이다. 그 결과 다면적 탐색에 의해 오류를 줄이고 연속적인 자료 이용이 확보될 수 있다. 통합적이고 중앙집중적인 데이타베이스는 필요한 정보에 대하여 필요 시 상응하는 지원을 보장할 것이다.

유연한 조정

정보기술체계는 변화된 법적 요건이나 내부의 요구에 대하여 유연하고 적기에 조정될 수 있도록 설계될 것이다.

고객과의 최적의 효율적인 상호작용을 위해서는 다음 세 가지 요소가 특별한 의미를 가진다:

* 전용업무망 구축
* 인터넷을 통한 자동화업무 제공

* 업무과정의 지원

전용업무망 구축

전용업무망은 구직자는 물론 사용자에게 포괄적인 서비스를 제공하면서 추가적인 분배망을 열 수 있도록 구축된다. 전용망의 업무는 의견을 관리하고 처리상황에 대한 문의에 응답하는 것이다.

조직상으로 전용업무망을 구조적으로 취약한 지역 중심으로 배치하는 것이 의미 있을 것이다. 여기서 인력 수요, 최적 고용지원의 잠재적인 지역 분포가 자세히 분석되어야 한다. 원칙적으로 앞으로는 여러 분야에 걸치는 최신정보가 중앙 콜센터에 의해 배포되고 지역적으로 특수한 문제는 적합한 부서에 전송될 것이다.

앞으로 정보통신기술 지원은 전용업무망 이용에 의해 최대한 보장되어야 한다.

근로자집단과 관련하여 앞으로는 전용업무망에서 종종 구직자와의 "최초 접촉"이 이루어지고, 거기서 고객 정보가 수집되고 입력자료가 만들어질 것이다. 추가 질문에 대해서는 자동화기기에 의한 지원이 제공될 것이다.

전용업무망은 사용자에게 정보를 제공해주고 빈 일자리 정보를 제공받는다. 여기서부터 사용자에 대한 최초의 접촉이 일어날 수 있다. 이러한 업무 외에 전용망은 사용자와 구직자에게 가능한 지원금이나 급부에 관하여 1차적인 기본 정보를 제공해줄 것이다.

인터넷을 통한 자동화정보 서비스 제공

노동행정은 최근 "공급자 개념"에서 자동화정보설비(Selbstinformationseinrichtung, SIE)를 구축하였다.

* 사용자-정보-서비스(AIS)에는 실시간의 일자리 공급과 교육정책 참가자 정보가 포함된다. 이를 통하여 사용자는 직업교육과 일자리 공급 내용을 일자리센터에 전송할 것이다.
* 일자리-정보-서비스(SIS)에는 실시간 일자리 공급 내용이 포함될 것이다. 일자리-정보-서비스를 통하여 사용자는 자체 인력관리체계로부터 일자리 공급 정보를 자동적으로 일자리센터에 직접 전송할 수 있을 것이다.
* 사용자-정보-서비스는 교육-일자리-정보 서비스 체계다.
* 직업취업알선 거래소는 부업에 지원하거나 이를 찾는 사람들을 지원한다.

행정-시민(B2C) 형식의 "가상 노동시장" 사업으로 연방노동청은 2001년 e정부-경연(eGovernment- Wettbewerb)[7)]에서 수상하였다.

"가상 노동시장" 사업은 노동시장에 참여하는 모든 고객집단을 상대로 하는 포괄적인 온라인-서비스를 목표로 한다. 사용자는 인터넷 상의 전체적인 구인 업무 흐름을 이용할 수 있다. 추가적으로 전직(이직)-자료은행은 구직자로 하여금 온라인-직업거래소에 쉽게 들어가도록 도와준다. 300개 이상의 직업-거래소로부터 일자리를 온라인 주소(www.arbeitsamt.de)로 찾을 수 있다. 또한 일자리센터의 취업알선 및 상담 전문가 역시 앞으로는 온라인에 상주할 것이다. 가상의 상담자는 필요 시 일과 직업에 관한 거의 모든 개인적인 질문을 지원할 것이다. 모든 업무는 모바일로 처리되고, 종합 고객관계관리 체계 속에 포함될 것이다.

이러한 방식은 환영할 만하고 강력한 지원을 받을 것이다.

다음의 구축단계에서는 고객이 이것을 넘어서, 자동화기기를 통하여

---

7) 2001년부터 연방 총리실이 주관하는 전자정부 구축을 위하여 제출한 사업을 대상으로 한 경쟁 프로그램

서비스를 스스로 이용하고, 자기 정보의 입력에 의해 임금보전 급부 신청을 포함한 상담과 업무를 쉽고도 빠르게 처리할 수 있을 것이다. 이 경우 이 체계에 대한 요구사항은 다음과 같다:

* 보험금 지급을 위한 기본정보 입력과 정보 작성을 위한 추가자료 수집에 필요한 메뉴 지원; 예를 들어 선택목록이나 내용에 알맞은 도움, 입력을 전제로 한 결정 제안 등을 통한 지원.
* 자동화기기와 취업알선/상담 체계와 결합; 필요한 개인적 지원이라는 맥락에서 추가적인 작업이 가능하도록 하거나 구직자에게 취업알선 담당자와 같은 일자리 제의를 제공하기 위한 정보의 투명성
* 지능적인 메뉴안내를 통해 일자리와 노동력을 찾을 기회의 지속적 개발
* 외부 이용자(예를 들어 대기업)의 필요한 정보통신 활용 허용; 정보보호 법령에 주의하면서 기계화되고 완전히 자동화된 인터페이스 장비에 의한 새로운 연방노동청[BA-n]과 기업 간의 일자리와 지원자 자료의 교환
* 자동화정보기기의 이용 시 고객을 지원하기 위한 전용망 구축(예를 들어 계속되는 기술적 문의에 응답하기 위해 그리고 경우에 따라서는 필요한 자격을 가진 상대자에게 이관).

업무 지원

지역경계를 넘는 수요에 부응하기 위해 취업알선 담당자는 전체적으로 활용할 수 있는 일자리와 지원자 자료에 전국적으로 그리고 실명으로 접근할 수 있다. 외근으로 일자리를 모집하거나 정보행사를 여는 취업알선 담당자는 이 업무에 대하여 기술적으로 최적의 장비를 갖출 것이다. 응용 프로그램의 활용가능성은 효율적인 업무에서 무조건적인 전제이

다. 예를 들어 앞으로는 전용망 혹은 인터넷을 통해 입력된 자료는 급부신청에 직접 활용될 것이다.

취업알선 업무는 앞으로는 최대한 정보통신기술의 지원을 받을 것이다. 여기서 소프트웨어는 한편으로 맞춤형 취업알선을 보장해야 하고, 다른 한편으로 잠재적인 일자리 알선 업무도 지원해야 한다. 그 외 취업알선-소프트웨어는 일-가족-원칙에 맞게 대안적 직업 기회를 제시하여야 한다. 나아가 정보통신기술은 등록카드 기술과 노동연구소(IAB)의 정보통신을 지원할 것이다.

기본업무를 목표로 하는 정보통신기술 지원은 정보통신기술에 기초하여 개발된 모든 업무에 대한 조작 없는 평가를 보장해야 한다. 이는 통제부서의 중요한 통제 지표의 적기 활용을 보장할 것이다. 통계 분야에서는 자동화된 자료평가에 의해 직원들의 업무 부담이 줄어들게 된다.

협력파트너와 네트워킹

협력파트너와 신속하고 원활한 자료 및 정보 교환을 위하여 전자 네트워크가 구축될 것이다.

기간제노동자 파견 기업과 민간 취업알선 기관에 대해서는 이 이상의 특별한 정보 접근이 검토될 것이다. 이에는 정보보호 문제가 고려되어야 한다.

조직구조

2단계 구조

새로운 연방노동청[BA-n]의 업무조직은 앞으로는 2단계가 될 것이다. 조직의 정상에 본부를 두고 일자리센터를 통하여 지역 고객의 수용에 응하는 새로운 지방노동청[AA-n](181개 소) 외에 모든 연방 주에는 고용지원과 고용개발 분야에서의 자체적인 업무를 가진 지역역량센터가 설치될 것이다.

새로운 연방노동청 [BA-n] 본부

이제까지의 본부는 "본부의 경영요건"과 "전국 조직의 경영 수요"라는 관점 하에서 종합적으로 분석되고 새롭게 규정되어야 한다. 표제어 "지시 문화와 특별한 본부 정서" 아래 제기되는 토론은 모든 수준에서 본부 경영문화의 근본적인 변화를 요구하고 있다. 지역 수준에서 기본적인 활성화는 본부의 분명한 재편 없이는 달성될 수 없다.

〈그림 35〉 새로운 연방노동청[BA-n] 구조

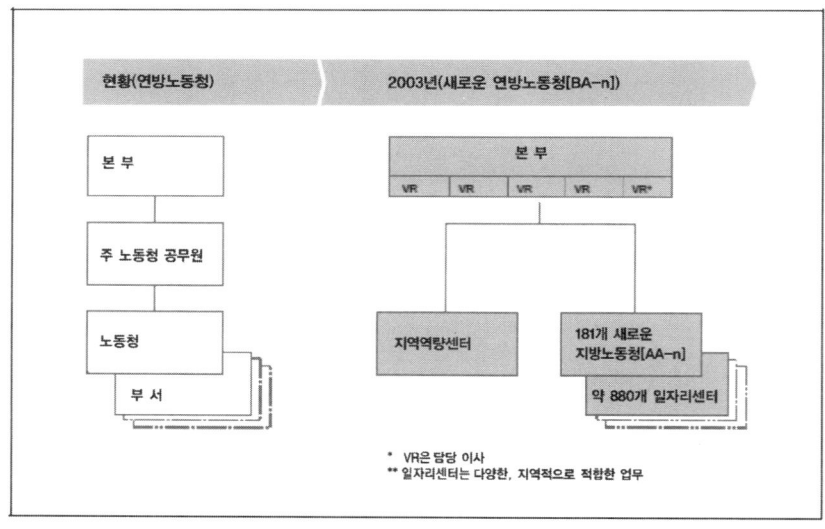

본부 개편은 조직에 미시정책적으로 영향을 주는 향후 개혁의 신호일 뿐만 아니라, 새로운 연방노동청[BA-n]의 행정낭비 축소와 효율성을 위한 끌어올리기 위한 아주 중요한 주제이다. 조직개편을 위한 정책은 초기

단계에서 소통이 있고 시작되어야 한다.

본부는 새로운 지방노동청[AA-n]의 조정에서 효과적으로 업무를 수행하고 대변하기 위하여 앞으로는 다음의 핵심기능을 제시하여야 한다:

* 새로운 연방노동청[BA-n]의 전략 관리와 집행(통제 포함)
* 변화 관리
* 기본조건에 대한 전문적 관리(전문분야별 업무감독과 수정)
* 언론 및 홍보 활동
* 다양한 수평적 업무(인력, 재정, 정보통신, 통계, 마케팅)

전략적 위상 정립과 실행은 새롭게 작성된 새로운 연방노동청[BA-n]의 경영개념에 반영될 것이다. 현대적인 서비스기업의 본부와 마찬가지로, 새로운 연방노동청[BA-n] 본부는 효율적으로 될 것이고, 구조가 단순화될 것이다.

원칙적으로 새로운 연방노동청[BA-n]은 이사회를 통하여 새로운 지방노동청[AA-n] 업무를 직접 관리할 것이다. 이런 방식으로 경영진은 높은 정도의 책임성과 개인적 강점을 알게 될 것이다. 이사회의 경영정책상 의지가 중간 매개 없이 지역의 경영자에게 직접 전달될 것이다. 경영진은 그 결과에 관해서 이사회에 직접 책임진다.

개혁의 시작과 함께 본부의 이사의 관장업무는 기능과 지역별로 조직될 것이다. 이사는 자신의 관장업무 이외에 담당 지역 관리를 맡게 될 것이다. 따라서 관장업무와 단기적인 업무 수요에 근거하여 직원을 추가 배치하여 이사를 보강할 필요가 있다.

업무

과거 본부는 연방정부의 접촉 상대로서 그 노동시장정책 업무와 사회복지법전-Ⅲ에 규정된 산하 조직의 법정 목표를 기초로 연간 업무목표와 중점사항을 설정하였다. 이와 관련하여 본부는 주의 노동청과 부서의 업무와 법령 감독권을 행사하였다. 동시에 이에 필요한 인력 및 재정을 활용할 수 있도록 하였다. 그 밖에 본부는 적은 범위에서 원래의 업무를 집행하였다(예를 들어 경영전략 전체적인 수정).

새로운 연방노동청[BA-n] 본부는 앞으로 따라서 가능하다면 자신의 핵심업무에 집중하며, 행정관료제의 타파에 근본적으로 기여할 것이다. 개편은 혁신적 조직의 성공요인에 집중해야 한다.

본부가 집행업무에서 최대한 벗어나면서 전략적 기능은 결합되고 - 필요하다면 - 전문적 업무는 결집될 것이다.

전문적인 본부의 "역량센터"

과도기에 본부는 지식이전(노하우와 최고의 관행)을 통해 모든 전문 분야에서 지역단위를 지원하는 전문적인 본부 역량센터 업무를 맡을 것이다. 예를 들어 단기간 일자리, 사회정책 지원, 자격취득 혹은 노령자의 시간제 일자리에 대한 대규모 지원 등 사회법전-Ⅲ의 복잡한 업무 처리를 위해 필요한 넓은 지식은 본부의 전문부서의 전문가들이 가장 잘 갖추고 있을 수 있다.

관리와 통제

포괄적인 목표 그리고 지역 본부와 지역목표의 조정은 본부에 의해 수행될 것이다. 또한 전체 관리와 정책 결정 역시 본부에 의해 수행될 것이다. 본부는 "중간 조직 단위"와 지역 수준의 최고의 관행의 교류를 보장할 것이다(경우에 따라서는 양적 비교를 통해 보충한다).

"모듈 시스템" 개발

본부는 모듈 업무 체계 개발 업무를 맡을 것이다. 여기에는 다양한 취업알선과 상담, 지원금 제공 등의 정책과 업무가 일자리센터의 실무 차원에서 활용될 수 있는 표준화되고 쉽게 취급할 수 있는 업무로 구성되어야 한다.

인력 개발

본부는 전체 경영에 대한 인력을 책임질 것이다. 여기에는 경영진에 대한 요건과 인력 충원 및 개발 전략 모델 개발이 포함된다.

과거의 주 노동청

이미 개혁 초기에 주 노동청은 계선조직을 탈피하였다. 직접 이와 관련하여 단계적이 업무 이관이 시작될 것이다.

〈그림 36〉 이관 경로

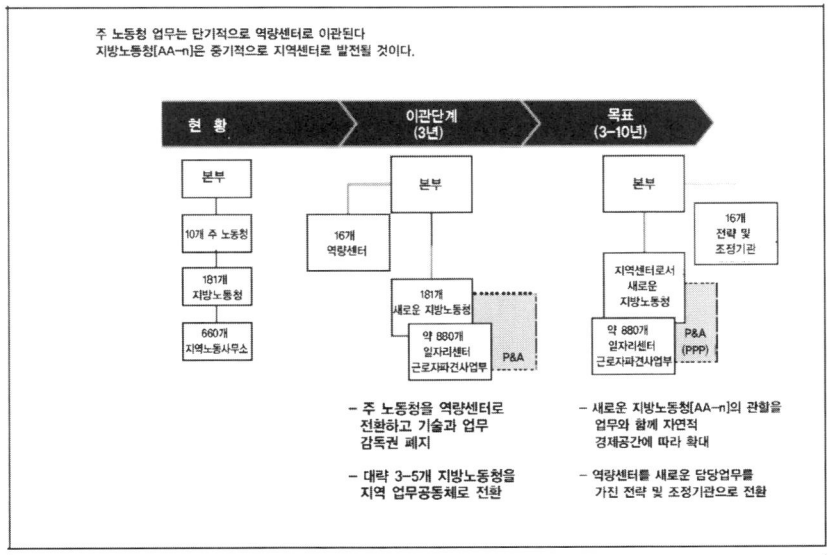

과거 주 노동청의 실무는 본부로(예를 들면 조정 업무), 역량센터(예를 들어 주 정부와 접촉, 법적 대표) 혹은 새로운 거점 지방노동청[AA-n]으로(예를 들어 청구 신청) 이관될 것이다. 업무 및 인력의 성공적인 개편과제 및 인적 변화의 성공에 따라 주 노동청의 기구는 폐지될 것이다.

새로운 지방노동청[AA-n]의 개편에 동반하여 컨설팅 팀(OE-팀)은 새롭게 구성되는 역량센터로 이전된다. 이를 통해 새로운 지방노동청[AA-n]의 관리는 새로운 조직과 업무처리 절차 도입에 의해 계선 밖의 업무로 조직될 것이다.

성과 지향적 목표관리는 이미 2000년부터 크게 확립된 구조와 강화된 권한에 의해 과도기 단계 없이 전국적으로 시행될 수 있게 되었다. 이사회에 의한 새로운 지방노동청[AA-n]의 직접적 관리는 이에 따라 과도기 단계에서 이미 시행되고 있다.

역량센터

주 차원에서 역량센터는 노동시장에서 수요를 자극하기 위해 새롭게 도입되는 조직단위로서 그리고 주 정부와의 접촉기관으로서 역할을 할 것이다. 이외에 역량센터는 일자리센터에 대한 자문기능을 맡으며, 대(大) 고객 관리자가 된다. 새로운 협력자를 확보하고 사용자에게 구직자의 취업 동기를 부여함으로써 역량센터는 지역 현지 클러스터에서 네트워크를 구축하고 조정을 통해 고용개발 지원을 위한 "일자리 제조기"로서의 중요한 역할을 할 것이다.

이에 대해서는 혁신(모듈) 11의 자세한 설명 참고

지역 수준 - 출발점: 노동청 2000

최근에 연방노동청은 개혁계획인 "노동청 2000"에 따라 고객 지향 조직개편에 착수하였다. 과거의 조직구조는 전문 분야별, 기능별로 업무를 배정하는 데 주력했다. 이러한 조직형식은 결과적으로 구직자가 자신의 일을 위해서 여러 부서를 찾게끔 하였다.

"노동청 2000"에 의해 부서조직을 고객 지향적 팀 조직으로 전환하는 것이 완료되었다. 고객의 다양한 관심사는 전체 업무를 처리할 수 있는 직원 팀에서 충분히 말하자면 종합적으로 처리되어야 한다. 고객 집단별로 각기 전문화된 담당 팀이 구성되어야 한다(직업교육시장 담당, 노동시장 담당, 복귀자 담당, 자녀수당 수 담당, 불법 고용 담당).

업무 구성 시에 상향식 고객 담담부서에 의해 사안설명, 정보공유, 사전 준비된 간단한 업무는 장시간 대기하지 않고 이용할 수 있다는 원칙에 따를 것이다. 이러한 고객서비스 분야에서는 담당 분야를 넘어서서 일이 처리될 수 있을 것이다("톱니바퀴처럼 맞물려").

복잡한 사안은 팀의 전문인력에게 이관될 것이다. 노동시장 상담과 취업알선은 상담 당당자/취업알선 담당자를 통해 처리되고, 급부 업무는 사안 별로 전문가에 의해 처리된다. 이러한 구조에서 개별 사안은 부서별 업무협의를 줄이면서 빠르게 처리된다.

고객 지향 팀은 분명하고 명확한 업무를 가지게 될 것이다. 이들은 자신의 업무를 독자적으로 책임을 지고 처리한다. 또한 이들은 자신의 업무를 가능하면 스스로 관리하면서 처리한다. 여기서 상담 전문가가 팀 내에서 책임 있는 관리 기능을 맡게 될 것이다.

팀 외부에서 여러 팀을 관장하고 있는 직계 임원(팀장)의 기본적인 업무는 여러 팀과의 협력 속에 목표와 성과 지향적으로 업무 처리를 계획하고 통제하며 관리하는 것이다. 여기서 그의 임무는 팀과 업무 목표를 약정하거나 설정하고 팀과 함께 목표달성을 관리하는 것이다. 이 경우에 팀장은 개별 실무와 업무처리의 내부 관리에 그리고 목표 달성 방법 문제에 최가능한 한 최소한의 영향을 주도록 하여야 한다.

"노동청 2000" 개념에서 보전되어야 할 요소는 다음과 같다:

* 팀 조직에서 팀원은 업무 성과에 관해 높은 자율성과 책임을 가질 것이다.
* 강화된 고객서비스에 의해 예를 들어 고객과의 집중적인 초기 접촉과 단기적 사안에 대한 포괄적인 처리로 대기 시간의 극적인 단축이 실현될 것이다.
* 결국 업무의 분권화는 담당부서의 실업급여, 실업부조, 생계수당 승인 시에 고객 서비스를 개선하고 업무상 과오를 줄이게 될 것이다.

일자리센터의 발전

새로운 연방노동청[BA-n] 조직은 "노동시장 2000" 조직형태의 긍정적인 접근을 기초로 더욱 발전될 것이다.

이를 위해 다음 사항이 시행될 것이다:

* 상담과 관리 수요에 따라 고객집단 근로자들이 세분화될 것이다(정보고객, 상담고객, 관리고객). 정보센터(안내창구)는 입력 정보를 기초로 고객을 관리할 것이다.
* 자동화정보기기 활용이 확대되고 고객안내 제공이나 이에 활용될 것이다.
* 금전 급부 신청 설명은 정보센터(안내창구)에서 이루어질 것이다. 급부 계산은 팀에서 처리될 것이다.
* 사례관리자는 관리고객의 개별적 업무를 처리하며, 일자리센터의 다른 담당자를 필요로 하는 업무를 처리할 것이다.
* 취업알선 담당자는 행정, 관리 기타 취업알선과 관련 없는 업무에서 제외된다. 취업알선 담당자는 취업알선이 가능한 지원자의 알선과정에 집중하고, 이 경우 구직자와 사용자 관련 업무 비율을 50:50으로 유지한다. 이에 의해 취업알선 담당자는 시장의 양측 모두에 대

해 책임을 질 것이다.
* 조직상 고객 근로자 관련 업무 관장은 취업알선 담당자의 최상의 알선능력에 기초한 기준에 따른다.
* 기업의 수요와 잠재력에 맞추어 업무를 수행하기 위하여 기업은 일자리 및 관리 잠재력에 따라 세분화된다.
* 취업알선 담당자는 여기서 부서의 고객관리자로서 중소기업을 관리한다.
* 대기업의 관리는 역량센터가 담당할 것이다. 실무 인력은 일자리센터에서 제공될 것이다.
* 취업알선 담당자의 방문과 정보행사를 통해 사용자와 정기적 접촉은 계속 유지되어야 하고, 지속적인 대화와 전체 업무 상시적 제시를 위하여 언제나 접속할 수 있는 전용망이 유지될 것이다.
* 업무 분담은 팀 내에서 변함없이 이루어질 것이다. 목표 약정과 통제를 통해 업무는 책임 있게 그리고 성과 지향적으로 관리될 것이다.

새로운 지방노동청[AA-n]은 일자리센터가 될 것이다

과거 노동청(본부)의 고객분야와 이의 업무부서는 일자리센터로 개편된다. 새로운 지방노동청[AA-n]의 각 일자리센터의 전문화 정도와 업무 수준은 지역적 상황과 필요에 따라 차이가 난다.

새로운 지방노동청[AA-n]의 수는(이제까지의 노동청 관할 지구) 우선 변하지 않는다. 개편 첫 단계에서 중점은 일자리센터에 서비스 지향적 내부 구조를 신속하게 구축하는 데 있다. 장기적으로는 현지 사업에 최적화된 조직구조와 노동청 관할 지역 규모 크기가 검토될 것이며 경우에 따라서는 새롭게 설정될 것이다. 이에 관하여 연방회계감사원[8])의 권고가 있다.

---

8) 연방회계감사원(Bundesrechnungshof.BRH)은 독립된 연방회계 통제기관이다.

중장기적으로는 새로운 지방노동청[AA-n] 수의 축소가 추진될 것이다. 그 관할 지역은 지역 경계를 고려하면서 자연적 경제활동공간에 기초를 둘 것이다.

새로운 지방노동청[AA-n]은 3원 체제로 경영될 것이다. 일자리센터는 1인의 담당 이사가 관장할 것이다. 일자리센터의 모든 수평적 기능은 유지될 것이다. 고전적인 수평적 업무(인사, 재정, 정보통신, 통제 등) 외에, 새로운 지방노동청에는 노동행정 특유의 업무가 부과될 것이다. 여기에는 무엇보다 기회조정 업무, 근로자파견사업부와 계약 기획, 지역 시설(사회복지, 청소년, 중독 및 보건, 채무, 주택 담당) 기타 기관이 속한다.

일자리센터에서는 고객업무 실무가 이루어질 것이다. 효율적인 업무 집행을 위하여 현장의 업무의 강도에 따라 최대한 탄력성을 가지면서 다음의 기능이 유지될 것이다:

* 정보센터(안내창구)
* 사례관리
* 취업알선
* 급부 상담
* 직업 상담
* 복귀 상담
* 대내 업무(의료, 심리, 기술 상담)

관리

새로운 연방노동청[BA-n]에게는 효율적인 경영목표가 달성될 수 있도록 각 조직단위와 두 차원의 협력을 잘 이끌어낼 것이 요구되고 있다. 이것이 조직관리의 기본업무다.

자원운용과 서비스 제공 사이의 교환과정을 효율적으로 설계하기 위해 새로운 연방노동청[BA-n]은 앞으로 모든 포괄예산제도(Globalbudget)[9]

를 활용할 것이다. 이에는 조직의 모든 재정이 포함될 것이다(일반 경비, 인건비, 이전경비, 기획 자금).

현장 업무는 분권화된 예산과 목표에 의해 관리될 것이다. 이는 약정된 목표에 따른 새로운 지방노동청[AA-n]과 일자리센터의 일관된 예산편성을 의미한다. 모든 핵심업무 처리는 이런 예산논리를 바탕으로 할 것이다.

첫 번째 단계에서 실질적으로 분권화된 자원 이용 책임제 도입을 위하여 새로운 지방노동청[AA-neu]에 이를 위한 시작예산(Startbudget)이 결정될 것이다. 시작예산에는 전체조직과 유사하게 지역 수준의 모든 재정이 포함된다.

이 제도와 그 논리의 성공적인 시행에 필수적 전제는 적절하고 투명한 통제수단의 개발과 강화다.

기타 과제: 불법고용 및 자녀수당과의 싸움

불법고용과의 싸움

독일에는 현재 거의 500만의 전일제 불법노동이 존재한다. 무엇보다 가사도우미와 요식업, 건설업의 경우 등록되지 않은 고용이 상당한 규모를 차지하고 있다. 가사도우미 분야에서는 330만이 사실상의 근로관계에 있지만 등록은 거의 4만밖에 되지 않는다. 무엇보다 높은 임금 외 비용으로 인해 불법고용이 사실상 임금 외 비용의 축소를 해결하고 있는 것이다(저임금 분야 관련 부분 참조). 전체적으로 거의 300만의 일자리가 불법노동에 의해 없어졌다고 추산된다.

---

9) 분권화를 위하여 행정조직과는 독립된 총액 예산만 제공하는 예산 제도. 총액 범위 내에서 내부적으로 각 조직 단위에 예산이 배정된다.

불법고용과의 싸움이 앞으로도 연방노동청 업무로 남길 것인지 아니면 연방노동청 업무에서 떼어내야 할지 문제와 관련하여 다음의 방안이 있을 수 있다:

'불법고용과의 싸움' 분야를 포함시킬지 아니면 제외시킬 지와 관련한 최종적인 결정을 하기 전에, 연방노동청은 비용과 효과, 절차를 더 투명하게 하여야 한다. 이를 기초로 불법고용에 대한 싸움이 연방노동청에 유지되어야 하는지 아니면 다른 조직이 이 과제를 더 효율적으로 수행할 수 있는지는 추후에 결정될 것이다. 불법고용과의 싸움은 조직적으로 핵심 업무와 명확히 분리해야 한다.

자녀수당

세금에 의한 자녀수당의 산정과 지급은 연방재무부의 소관이다. 이는 어떤 자체적인 하부 행정조직도 필요 없기 때문에, 가족금고(Familienkass)로서 연방노동청이 위탁업무로 이 업무를 시행하는 것이다. 그 외에도 노동청 소관 업무에는 여전히 - 비록 아주 적은 규모지만 - 연방자녀수당법(Bundeskindergeldgesetz. BKGG)에 따른 자녀수당의 지급 업무가 있다.

조세에 의한 자녀수당 신청자격을 가진 공직자의 가족과 연금수령자는 노동청의 가족금고의 관리 대상이 아니다. 이들에 대해서는 원칙적으로 (과거) 기관장 혹은 사용자가 관할한다. 이에 따라 연방노동청(약 900만 유자격자의 경우에 180개의 가족금고)과 공직자 가족금고(약 150만 유자격자의 경우에 거의 16,000개 가족금고)로 관할이 나누어진다.

조세에 의한 자녀수당과 연방노동청의 사회보장법상 가족기금 집행은 연방정부와 연방노동청 사이의 행정협약에 근거하여 연방의 전체 행정비용(인건비 및 경비)으로 대체된다.

따라서 자녀수당을 제외시켜도 노동청의 취업알선에 어떤 인력 수용능력 확대가 발생하지 않는다.

연방노동청의 가족금고에 의한 자녀수당 지급 대안 부재와 과거에 여러 차례 언급되었던 경제정책방식을 근거로, 자녀수당 지급을 연방노동청의 가족금고에서 그대로 지급할 것을 제안한다.

연방회계감사원의 심사와 확인에 근거하여 입법기관은 공직자 가족금고 업무를 연방노동청의 가족금고가 인수할 수 있는지를 새롭게 검토해야 한다. 연방청의 평가에 따르면 이것은 연방에 거의 5,000만 유로의 재정적 초과부담이 될 것이라고 한다. 이는 연방 주의 거의 같은 금액의 절감에 의해 상쇄될 것이다. 연방의 관점으로부터 상상할 수 없는 절감액이다. 왜냐하면 전문감독기관인 연방재무부가 단지 한 부서에 대해서만 전문감독을 할 수 없기 때문이다. 이에 더하여 자녀수당 업무가 부처로 가거나 그 내부에서 담당 부서 변경이 있게 되면 현행 법적 상황에서 존재하고 있는 업무의 상호협력 관계가 무너질 것이다.

5. 업무 기능별 조직

정보통신 조직의 개발

새로운 정보통신 조직으로서 새로운 연방노동청[BA-n]은 새로운 연방노동청[BA-n]의 합작 정보통신기업이나 외부에 별도의 기업 혹은 컨소시엄 설립이나 외부의 정보통신기업 인수를 권고 받았다. 정보통신의 전략 기획, 관리 및 조정은 새로운 연방노동청[BA-n] 본부에 존치되어야 한다. 이는 경영정책 업무로서 중요성을 가지기 때문이다.

새로운 합작 정보통신 기업은 정보통신 보안 관리를 포함하여 경영, 활용지원, 응용프로그램 개발을 책임질 것이다. 그래서 전체적인 업무실행과 책임의 의미에서 오늘날 본부로 이관된 정보통신 업무는 하나의 지휘 하에 통합되고 시너지효과를 목표로 가지게 될 것이다. 이에 의해 본부는 연방노동청의 특별한 업무 부서로 해체될 것이다. 본부의 기타 업무는 다른 부서로 배정될 것이다.

합작기업의 정보통신 담당 직원과 본부의 핵심 전략 그룹의 직원들을 위해서는 시장에 표준이 되는 급여와 근무 조건이 마련되어야 할 것이다. 그래서 사용자로서 새로운 연방노동청[BA-n]은 인력 충원과 교육에서 수준 높은 정보통신 전문 인력에 대해 관심을 가질 것이다.

통제-조직의 적응

통제부서가 새로운 연방노동청[BA-n]의 조직구조 안에 조직적으로 편입되기 위해서 중앙집중화된 솔루션이 유지되어야 한다. 본부의 통제부서는 상급부서의 전반적 업무를 인수할 것이다. 통제부서는 특히 전체 조직의 운영에 영향을 주는 동시에 전체 관리 체계의 수립과 개발 책임을 진다. 하위 단위의 통제부서는 분권화된 업무를 집행할 것이다. 실제로 분권화된 통제관은 상급 통제체계에 구속된다.

인사 분야 개편

새로운 연방노동청[BA-n]의 인사 분야의 미래의 조직구조는 다음의 원칙에 따라야 한다:

* 이사의 관장 업무에 따른 새로운 연방노동청[BA-neu]의 부서 조직 혹은 업무 분장에 상응하는 업무를 중심으로 한 상담 기능에 초점. 여기에는 새로운 연방노동청 [BA-n]의 분권화된 편재가 고려되어야 할 것이다.
* 개인용 사무기기의 효율성과 표준화에 특별히 관심을 둔 선구적이고 성과 지향적인 필요한 전략적 인사 업무 시행.
* 인사 분야에서 신뢰할 만하고 투명하며 비용/효과에 기초한 업무 구현.

목표는 인사 분야와 다양한 업무 분야 사이에서 이른바 위임계약 (Geschäftsbesorgungsverträge. Service Level Agreements)[10) 체결이다. 이에 의

해 새로운 연방노동청[BA-n]의 업무는 인사 상담과 업무의 범위 및 이에 따라 발생되는 비용에 유연성과 통제권이 부여될 것이다.

6. 새로운 연방노동청[BA-n]의 (법적) 형태

출발점

기본법 제87조 2항에 따라 연방노동청은 연방직속 공법상 단체로 설립되었다. 왜냐하면 그 관할구역이 한 개 주의 영역을 넘기 때문이다.[11] 이는 연방직속 공법상 단체로서, 사회법전-Ⅲ 367조에 따라 자치권을 가진 노동지원 기관이다.[12] 자치행정은 근로자와 사용자 그리고 공공단체를 통해 행사된다. 연방노동청은 연방노동사회부의 법적 감독을 받는다.

법적 형태

연방노동청은 또한 앞으로 공법상 단체로 핵심 업무를 수행한다. 더 큰 효과와 효율성이 필요하다면, 개별적인 업무와 정책수단에 대하여 – 핵심 분야 내에서도 – 또 다른 법적 형태가 선택될 수 있다는 것을 배제하지 않는다.

연방정부와 새로운 연방노동청[BA-n] 간의 관계를 더 잘 설계하기 위하여 입법기관에는 계약기관(Contract Agency) 모델을 도입 검토가 권고된다. 계약기관의 기본 특징은 연방정부와 새로운 연방노동청[BA-n] 사이의

---

10) 독일 민법(Bürgerliches Gesetzbuch. BGB) 611조에 규정된 일종의 위임계약.

11) 기본법 87조 2항은 "관할구역이 한 개 주의 영역을 넘는 사회보험 담당기관은 연방직속의 공법상 단체로 운영된다"라고 규정되어 있다.

12) 사회법전-Ⅲ 367조(연방노동청) 1항은 "연방노동청은 자치권을 가지는 연방직속의 법인"이라고 규정되어 있다.

목표약정이다. 실무, 단기적 정책기준, 개입에 관하여 새로운 연방노동청 [BA-n]과 이사회 및 단체협상 당사자의 자율성이 이에 의해 강화되며 이와 동시에 고용정책과 노동시장정책의 일반적 목표설정과 기본조건에 대한 연방정부의 책임도 인정된다.

이의 실행의 기본요소는 다음과 같다:

* 노동시장정책의 기본 목표, 바라는 결과, 업무 이행 조건, 공통의 "운영규칙"과 노동청의 자원 등을 규정하고 쌍방 계획을 보장하는 다년간의 기본조건(기본 문건).
* 특별히 각각의 포괄예산과 궁극적으로 연방에 의한 결손 보전 조건을 포함하는 연간 목표약정 및
* 노동청이 기대하고 달성하고자 하는 것을 분명히 한 연간 공동성과기준(이행 목표)의 확정
* 경우에 따라서는 필요한 목표약정, 업무계약, 명시적 질적 기준에 의한 연방(혹은 주)의 특별 정책의 확정과 관리
* 사실상의 그리고 기대되는 성과를 서로 비교, 설명하게 되는 "살아있는 통계"의 의미에서 상세한 공식보고서에 의한 전체적 투명성
* 마지막으로 노동청 전체에 대한 정기적인(가령 5년마다) 종합평가

기관

연방노동청 기관

* 이사회
* 감사위원회

지방노동청

* 상임이사
* 자문위원회

이사회

감사위원회는 감사위원회 위원장의 제청으로 이사회 이사를 지명한다. 감사위원회는 이사를 해임할 권한도 가진다.

이사회는 연방노동청을 경영하며 그 업무를 운영한다. 이사회는 법적으로 그리고 법률 외적으로 새로운 연방노동청[BA-n]을 대표한다. 이사회는 규정에 따른 업무를 보장하기 위하여 필요한 지침을 정한다.

이사회는 자체 업무규정을 채택한다. 업무규정은 특히 이사회의 업무 분장과 이사의 관장 지역 및 의결을 위한 대표와 조건을 정한다.

이사회 의장은 경영지침을 정한다. 이 지침 내에서 이사 각자는 자기 관장 업무를 수행한다.

〈그림 37〉 새로운 연방노동청[BA-n] 기구

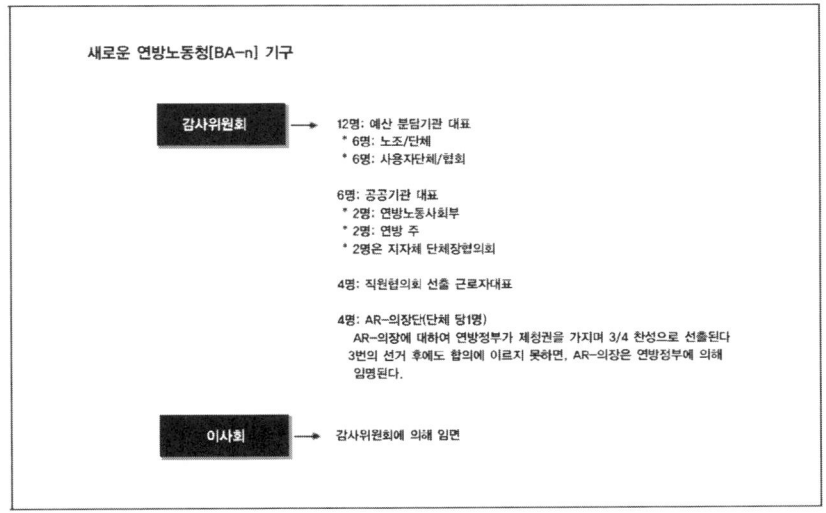

감사위원회

감사위원회는 22명으로 구성되며, 그 중 12명은 예산 분담기관 대표에 의해 임명되고, 6명은 공공기관에 의해 임명되며, 4명은 연방직원대표법에 따라 선출된다.

예산 분담기관 대표 중 6명은 단체협약을 체결한 노조와 그 단체에 의해, 그리고 6명은 단체교섭을 체결한 사용자단체와 그 협회에 의해 임명된다.

공공기관 대표는 다음과 같이 결정된: 2명은 노동사회부, 2명은 연방주 그리고 나머지 2명은 지자체 자치단체장협의회에 의해 임명된다.

감사위원회 의장단은 4명으로 구성된다(사용자단체, 노조, 공공기관, 기업의 근로자대표).

감사위원회의 권한은 개인에게 귀속된다. 대리는 불가능하다.

감사위원회 위원장은 감사위원회의 3/4 이상의 결의로 선출된다. 연방정부는 제청권을 가진다. 3번의 선거 후에도 다수를 획득하지 못하면, 감사위원회 위원장은 연방정부에 의해 임명된다.

감사위원회에 결의가 과반수에 이르지 못하면, 감사위원회 위원장에게 결정권이 있다.

감사위원회는 이사회의 전략방침을 승인한다. 감사위원회는 예산을 결정한다. 이는 이사회의 결정에 반할 수 없다.

이사회는 규정에 의해 개별적으로 정해진 업무에 대하여 감사위원회의 동의를 필요로 한다.

이사회는 정기적으로 그리고 중요한 경우에 감사위원회에 보고해야 하며, 그리고 감사위원회의 요구가 있을 때에는 언제나 새로운 연방노동청[BA-n]의 업무에 관한 정보를 제공해야 한다.

감사위원회는 항상 이사회의 전체 사업지도를 감독하고, 따라서 새로운 연방노동청[BA-neu]의 모든 장부와 문서 및 자산내용을 열람하고 조사할 수 있는 권한을 가진다.

감사위원회는 이사회의 규정을 승인한다.

〈그림 38〉 새로운 연방노동청[BA-n] 기관의 업무

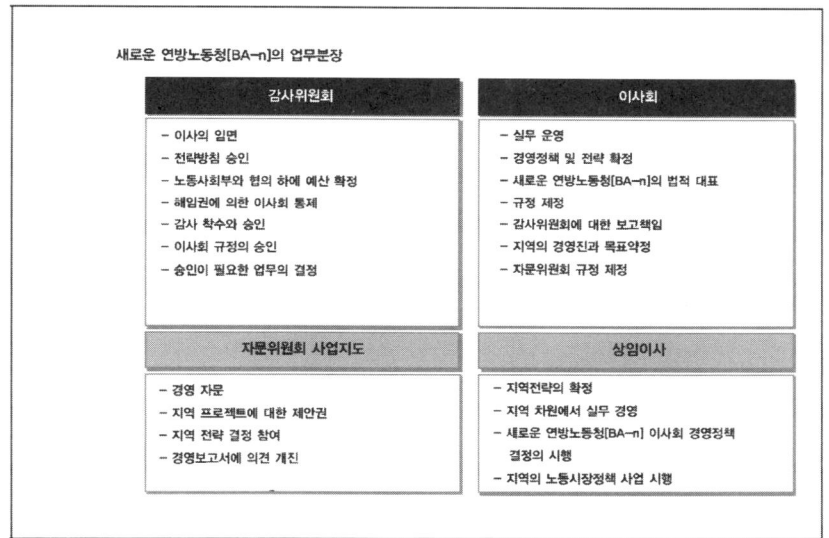

새로운 지방노동청[AA-n] 임원

새로운 지방노동청[AA-n]의 경영은 경영이사회(Geschäftsführung)의 지휘를 받는다. 경영이사회는 상임이사 1인과 임원 2인으로 구성된다. 경영이사회에는 합의제(Mehraugenprizip)가 적용된다. 이는 팀 조직(Kollegial- oder Stellvertretermodell)에 의해 집행된다.[13]

---

13) 상위 집단과 직접적인 모든 하위 집단으로 구성되는 동료 팀이 전통적인 계선조직을 대체한다. 상위 집단이 조직의 목표를 설정하고 내용과 관련된 업무는 전문가를 갖춘 하위 집단에 이관된다.

지역 차원의 전략 설정과 지역의 노동시장 정책 수립 및 집행은 상임이사 소관 사항이다.

상임이사는 새로운 연방노동청[BA-n] 이사회가 결정한 경영정책 집행을 책임진다.

자문위원회

새로운 지방노동청[AA-n] 차원에서 경영이사회에 대한 자문과 정보 제공을 위하여 자문위원회가 구성된다.

자문위원회는 예산 분담기관(노동조합과 사용자연합) 대표 2명과 공공기관 대표 1인으로 구성된다. 관할지역의 크기에 따라 자문위원회는 3~6명으로 구성될 수 있다.

자문위원회는 지역 노동시장 정책 발의권을 가진다. 자문위원회는 지역 차원의 경영정책 전략의 결정에 참여해야 한다.

7. 노동시장연구와 평가

독일의 정책과 여론에서 노동시장의 구조와 발전 경향에 관해 수많은 정보와 상담 수요가 있다. 경제활동과 실업에 대한 개별적인 측면 및 이해와 노동시장에서 사람들의 기회와 위험의 원인에 대한 이해는 정책 개입의 전제조건이다.

다양한 분석적 연구와 보완적 방법이 성과의 질을 보장할 것이다. 학문적 지식의 확인은 상호 검증과 조정, 경쟁을 통해 이루어진다.

노동연구소(Institut für Arbeitsmarkt- und Berufsforschung; IAB)[14]는 독일

---

14) 1967년에 설립된 노동청의 연구소. 사회복지법전-Ⅲ의 실업보험 분야와 사회복지법전-Ⅱ의 구직자의 기초보험에 관한 법정 연구를 기초로 노동시장을

의 노동시장연구와 직업연구 기관 중 하나이다. 이 연구소는 새로운 연방노동청[BA-n] 산하에서 내외적인 지식이전 업무를 수행하고 있다.

학제 간 연구센터로서 노동연구소(IAB)는 연구역량을 노동시장연구와 직업연구의 중심문제에 두고 있다. 연구소의 과제는 노동시장의 지속적인 관찰, 노동시장발전의 중요 지표 연구, 정책개입 효과 분석이다. 이러한 과제를 수행 기초는 통계청 및 연방노동청의 통제본부와의 긴밀한 협력 그리고 연구의 중립성이다.

전향적이고도 집행을 목표로 한 통계 개발

노동연구소의 대내외 업무는 현장 취업알선 담당자지, 학계, 정책과 여론을 위해 연구결과와 노동시장자료를 사용자 중심의 보급 개선에 의해 강화될 것이다.

이에 더하여 노동연구소의 지원에 의해 연방노동청의 보고는 발전될 것이다. 전향적이고도 집행을 목표로 하는 모니터링 지표가 일자리센터의 수준에서 정기적이고 실시간에 그리고 분권적으로 이용할 수 있어야 하고 조작되어서는 안 된다.

고용결산은 여기서 중요한 수단이다. 이는 앞으로 경제활동과 실업 및 은퇴 사이의 과정에 대한 취업알선의 지속가능성에 대한 더 많은 정보를 포함하고, 지역과 집단의 차이를 고려한 다면적인 성과 비교와 자금과 효과 간의 연계를 가능하게 해줄 것이다. 미시적 효과 이외에 거시적 효과도 추적되어야 한다.

통제부서는 내부 관리와 제도상의 성과 관리 모니터 정보를 활용할 것이다. 쉽게 수집할 수 있고 일반적으로 받아들여질 수 있는 것으로서 한 눈에 볼 수 있는 예를 들면 스위스처럼 지표를 개발함으로써 노동연

연구한다.

소는 새로운 연방노동청[BA-n]을 지원할 것이다. 통제에 대한 기존의 좋은 접근방식은 속도를 높여서 상호 대화방식으로 분권화된 실무단위에서 활용할 수 있게 될 것이다.

나아가 노동연구소는 또한 수요에 맞춘 활성화 정책 활용을 목표로 자격 취득 수요 분석 개념의 개선과 강화에 중점을 둘 것이다. 여기에는 양적이고 지역화된 기초자료의 개발, 조정되어서 독립적으로 수행된 지역의 자격취득 전망, 직업교육과 재교육에 대한 사용자 중심의 대화형 정보체계에서 결과의 평가 등이 포함된다.

효과분석 강화

이제까지 충분치 못했던 데이터베이스와 관련하여 독일의 평가연구는 기껏해야 예비 권고안만을 제공하였다. 노동시장 정보와 효과분석 활용도 제고는 지체 없이 더욱 추진될 것이다.

이 경우 모니터링과 통제, 평가를 감당할 수 있는 정보 요구는 과도한 통계보고 업무 완화 요구와 상충되지 않는다. 새로운 연방노동청[BA-n]의 심층 검토에 따르면 현행 통계보고의 상당한 부분은 대체되지 않고 삭제되거나 다른 부서로 전송될 수 있다. 더욱이 이는 기본적으로 개별적인 기술적 처리과정에서 발생하는 기존 정보기록의 연계 문제에 관한 것이다.

효율적인 행정, 관료제의 폐지와 효과분석의 필요성에 대한 압도적인 여론의 관심은 개인 정보보호 채택의 정당성을 뒷받침하고 있다.

새로운 연방노동청[BA-n]의 고용결산은 통제와 모니터에 필수적이다. 이는 그러나 노동시장정책의 설득력 있는 평가와 관련하여 충분치 못하다. 정책에 참여하지 않은 사람들로 구성된 비교집단의 모형화가 불가능하기 때문이다. 이 경우 이는 통제집단과의 평가연구는 언제나 사후적으로만 그리고 종종 시간이 상당히 지난 후에 실행될 수밖에 없다는 사안의 성격에 관한 것이다. 평가연구는 통제도구의 중요한 보완수단으로서 필수적이다. 이는 정책의 실질적인 효과와 효율성을 결정할 수 있기 때문이다.

평가는 미시분석적 방법에만 한정되어서는 안 된다. 임금, 고용, 분배 구조와 같은 핵심 변수에 대한 노동시장정책의 효과를 측정할 수 있기 위해서 개별적 자료에 대한 연구는 분야, 지역 및 연방 주 연구 및 질적인 사례연구를 통해 보충되어야 한다.

외부 학자의 자료 접근

외부 학자들과 노동연구소 사이의 학문적 경쟁은 물론 더 심도 있는 협력이 신속히 추진되어야 한다. 다양한 학제간, 방법적 접근방식의 경쟁만이 노동시장 정책의 효과와 효율성에 관한 신뢰할 수 있는 인식을 제공하기 때문이다.

노동연구소와 외부 학자들이 새로운 연방노동청[BA-n]의 자료에 접근하는 것은 불가피한 정보보호의 제약 하에서 연방교육부(Bundesministerium für Bildung und Forschung; BMBF)에 의해 설치된 "학문과 통계 간의 정보기반구조 위원회(Kommission zur Verbesserung der informationellen Infrastruktur zwischen Wissenschaft und Statistik; KVI)"의 권고를 고려하여 지속 가능하게 개선될 것이다.

노동연구소 지도 아래 그리고 새로운 연방노동청[BA-n]의 통계부서와 협력 하에 연구자료센터 구축이 가속화될 것이다. 연구자료센터 재정은 사용자의 참여 아래 연방 자금에 의해 확보될 것이다. 그리고 이미 존재하는 자료와 연계하여 만들어지는 "학문/공공 이용자 파일"의 처리와 지속적인 관리도 마찬가지다.

노동연구소(IAB) 조직

노동연구소는 다양한 노동시장 및 직업연구에 초점을 맞추고 있다. 연방노동청의 통계국과 밀접한 관계를 통해 노동연구소는 과거에는 자료원(源)을 개발하여 왔다. 연방노동청의 개편으로 그러나 연방노동청의 개편은 노동시장 및 직업연구 특히 지역 노동시장 관찰과 평가에 대하여 그 질과 규모에서 더 많은 것을 요구하고 있다.

따라서 다음 정책안이 제안된다:

* 노동연구소와 연계된 전문성의 유지와 발전을 전제로 학문적 독립성과 중립성의 보장. 해당 부문별 연구와 학문적 연구의 후퇴는 있을 수 없다.
* 노동연구소는 이사회 직속이다("직할 연구소"). 연구 계획은 이사회의 제의에 따라 감사위원회에서 확정된다.
* 학제 간, 종합적 연구: 노동연구소 조직은 연구 분야에 따라 한시적 프로젝트집단에 의해 보완될 것이다. 그럼으로써 구체적인 연구 수요에 따라 역량이 유연하게 투입될 수 있다. 연구 분야의 분할은 변화되는 연구내용에 맞추어 계속 조정될 것이다.
* 외부 학자들과 협력도 강화된다: 더 많은 연구가 외주에 의할 것이고 노동연구소 내에 외부학자의 초빙도 장려될 것이다. 노동연구소는 외부 용역연구도 강화할 것이다.
* 연구소장은 임기가 정해지며 대학 교수 임용기준에 따라 임용된다.
* 협력-대학과의 협력에서 더 높은 자격 획득 가능성이 있는 하급연구원을 무기직에서 기간제로 전환. 장기적으로는 연구직의 약 절반을 기간제 자격직으로 임용해야 할 것이다. 이것이 연구의 국제적 수준의 혁신과 방향을 보장할 수 있는 유일한 길이기 때문이다

새로운 연방노동청[BA-n] 이사회에게 사례비교를 통하여 노동연구소의 효율과 비용을 조사하고, 비용과 효과의 상관관계를 평가할 것을 권고할 것이다.

혁신경영

소통, 명칭, 기업브랜딩 요구

새로운 연방노동청[BA-n]은 고객과 사회의 신뢰를 향유하는 현대적이고 경쟁력 있는 서비스 기관이 될 것이다. 내부관계에서 개혁은 새로운 요구와 업무과제에 필요한 직원들을 확보하기 위하여 낙관주의를 창출하는데 기여하여야 한다.

통합소통 개념에 의해 새로운 노동청[BA-n]은 자신의 새로운 목표와 자기 이미지를 대내외적으로 통일적으로 그리고 자신 있게 표현할 것이다. 이는 홍보 활동, 광고, 전문가, 경영진 및 직원정보, 업무 소개, 서비스 제공에서 고객 접촉까지 활용될 것이다.

연방통신과 연방철도 그리고 연방우편에서의 경험과 사례는 새로운 연방노동청[BA-n]에게도 활용될 수 있다.

개혁의 핵심요소로부터 새로운 연방노동청[BA-n]의 새로운 모델이 나올 것이다. 임무와 전략은 모델에서 분명하게 표현되어야 한다.

기업 디자인은 개편을 방향을 뒷받침한다: 명칭, 로고, 내외적 사용 어법, 언론 노출, 홍보책자, 자동화정보기기, 내부 매체 등은 현대적이고 능력 있는 서비스기관의 기업상의 기본이다.

새로운 명칭에는 다음 요건이 필요하다:

* 명칭과 약칭은 일상 언어로서 그리고 연방노동청 내부에서 유지되어야 한다.
* 명칭에는 더 이상 관료제를 암시하는 어떤 요소도 포함하지 말아야 할 것이다.
* 명칭 속에 기본적인 업무과 표현되어야 한다.

  오스트리아에서는 "노동시장지원부(Arbeitsmarktservice)"라는 용어가 선정되었는데 일상적으로는 AMS"라는 약어로 통용된다.

연관성과 설문조사를 통하여 연방노동청과 그 사무소의 새로운 명칭이 모색될 것이다. 직원과 연방노동청의 고객도 이러한 모델(理想) 찾기에 참여할 것이다. 이는 새로운 기업이미지통합전략(CI)으로 연결된다. 이제까지 거론된 명칭 예는 "노동담당부"(Bundesagentur für Arbeit) 및 "노동시장지원부"(ArbeitsMarktService)이 있다.[15]

일관된 마케팅 정책(브랜딩)이 추구되어야 한다. 이와 함께 이제까지의 로고의 높은 인지도가 고려되어야 한다.

문화변화 - 혁신경영에 도전

핵심지표의 타당성 논의에 의해 시작된 연방노동청을 둘러싼 논쟁은 마지막 남은 대규모 국가기관 중 하나의 개편과 그 업무에 대한 심사숙고를 시작하게끔 하였다. 당면한 개혁에서 중요한 것은 단점(통계/핵심지표)의 단순한 회피만이 아니라 근본적으로 현대적 서비스 기관으로서 연방노동청의 새로운 위치 정립에 관한 것이다. 이에는 다음 내용이 포함된다:

* 조정자, 설계자, 망(網) 운영자, 사례관리자로서 새로운 업무
* 새로운 경영체계 - 더 엄격한 성과관리(통제)에 의한 자기책임과 자율성
* 고객에 대한 새로운 자세 - 구직자와 기업을 위한 서비스 기관
* 성과에 대한 새로운 자세 - 정책의 고 효율성, 목표 관리
* 새로운 이미지 - 새로운 기업이미지 통합전략

출발상태

노동청 2000 사업에 의해, 주 노동청 2000, 연방노동청 2000 그리고 "새로운 관리모델"의 부분요소 도입으로 오래 전에 개혁과정이 시작되었

---

15) 종전 명칭은 연방노동청Bundesanstalt für Arbeit이다.

다. 그러나 문화적인 개편은 지금까지 전국적으로 성공할 수 없었다는 것이 드러났다. 연방노동청의 현재의 문화는 몇 가지 외부조건에 의해 결정되었다:

* 지나치게 다양한 계획프로그램 다양성과 개별사례의 요구와 관련한 복잡한 법적 요건
* 과거 연방노동청장과 자체적으로 충원된 이사회 간의 경영진에서의 책임 분산
* 연방노동부와 연방재무부의 직책 지침에 의한 협소한 인력운용 재량권
* 최근에 와서야 더디고도 점진적으로 연성화하고 있는 오랜 독점기관으로서 위상
* 예산법률, 공무원법 및 연방공무원급여표의 제약을 받는 행정조직
* 법령의 조건 하에서 강력한 취업알선 성과의 제약

이러한 배경에서 오늘날 다음의 일반적인 내부의 행동과 태도에 대한 논리가 확인된다:

연방노동청에 대한 요구

연방노동청의 기본적인 혁신과정은 아주 복잡하다는 것을 특징으로 하고 있다. 원하는 변화에 대한 특별한 도전은, 외부 즉 여론과 정치권의 높은 기대와 지금까지 개혁 경험 하에서 어떻게 넓은 바탕에서의 전환이 시작되고 관리되어서 직원과 경영진의 행동방식이 항구적으로 변화될 수 있는가에 있다.

연방노동청 개편을 문화적으로 정착시키기 위해서는, 개혁과정에 대한 분명한 조건이 필수적이다. 여기에는 한편으로 전반적인 개혁을 되돌릴 수 없게 만들 초석의 설정과 다른 한편으로 대내외적으로 가시적인

이정표의 설정이 포함된다. 본질적으로 조직은 새로운 재량권과 더 큰 유연성을 가져야 할 것이다. 개혁의 이해관계자(입법기관, 연방노동부, 지자체)의 공동 행동에 의해 그 복잡성이 항구적으로 축소되어야 할 것이다. 이들 요인은 필요하지만, 그러나 아직 연방노동청의 성공적인 문화변화의 충분조건은 아니다.

변화를 달성하기 위해서는, 조직의 체계적인 전환을 추진하고 그것을 전체적으로 진척시킬 것을 요구하는, 연방노동청 자체의 신속하고도 심도 있는 변화를 위한 종합적인 접근이 필요하다. 근본적이고 혁신적인 경영체계에 관한 숙고와 넓은 바탕에서의 기동화만이 새로운 태도, 문제해결과 사업기회의 개발에 기여할 수 있다.

〈그림 39〉 행동과 태도의 논리 – 출발점

고객 지향	– 조직상의 내부지향적 관점의 지배 – 오직 실업자에 관심
목표 및 업무의 우선순위	– 다수의 동시적 목표 – 우선순위와 초점 결여
경영구조	– 인센티브와 및 제재 재량권 전무 – 목표관리 경영이 정착되지 못함
인력 충원	– 자체의 행정대학에 의한 내부지향적 관점 강화 – 외부 충원의 커다란 제약
관리와 통제	– 지역 차원의 재량권을 거의 기대할 수 없는 규정 문화 – 처음에만 효과지향적 통제
계획 관리	– 성과의 척도로서 자금의 완전한 집행("정확한 착륙") – 벤치마킹 경험 전무
외부 협력기관의 관계	– 주문에 대한 재량권 불충분 – 네트워크 관리의 경험 부족

* 집중인터뷰 요약

여기에는 두 가지 요인이 성공에 특히 결정적이다:
* 경영진 문제
* 넓은 바탕에서 직원 동원

큰 조직의 개혁에서 경영진

개혁은 "정상적인 경영"보다는 경영진에 대하여 활성화, 사후관리, 갈등해결을 요구한다. 경영진은 따라서 문화적 변화에 참여할 뿐만 아니라 적극적으로 이끌고 새로운 태도에서 "모범을 보여야"한다. 왜냐하면 문화변화는 남에게 맡길 수 없기 때문이다.

하향식과 상향식 간의 상호작용에서 새로운 조건이 적기에 위에서-아래로 정착되어야 한다. 여기에는 비전과 임무의 개발과 합의는 물론 메시지 전달이 포함된다.

더욱이 개혁은 경영진의 이에 따라 능력이 강화되고 확대될 때 비로소 성공할 수 있다:

* 변화과정에 대한 내부적인 경영진의 책임 확대
* 계선조직과 병행하여 강력한 사업조직의 관리와 지원조직의 지능적인 결합(이사회, 사업관리 핵심팀. 실행팀/실행 그룹)

넓은 바탕에서 직원 동원 없이 개혁은 성공은 없다

개혁, 새로운 요구, 과정과 구조를 받아들이고 "새로운 연방노동청"에 대하여 열정을 가지게 되는 것은 직원들을 조기에 그리고 현실적 기대를 가지고 개혁 실행에 동참시켜서, 개혁에 대한 태도를 목표 지향적으로 변화시킬 수 있을 때만 가능할 것이다("당위"에서 "가능성"으로, 여기서 "의지"로). 작업집단, 워크숍, 품질 팀, 사업 팀 등의 참여는 직원들이 내부 및 외부 전문가와 긴밀하게 협력하고, 성과가 실천에 목표를 두게 되며, 참여자들이 조기에 새로운 사업 방식의 시행에 들어가게 해줄 수 있다.

성공적인 개혁 관리지침

* 전체적 기준 – 비전의 확정, 개별적인 활동 지침 금지, 계획과 실행의 일치
* 전략에 기초한 기준 – 의욕적 목표와 주제의 분명한 우선순위 설정

* 동원화 – 많은 직원의 동참과 여러 분야를 포괄하는 팀 구성
* 신뢰 구축 – 대내외적인 공개적이고 진지한 소통
* "단순한" 사고(思考) – 복잡하지 않고, 소통할 수 있는 개념
* 현실적 일정 확정 – 변화는 압박을 필요로 하지만, 그러나 동시에 변화의 계기를 활용하고 이에 필요한 과정을 연출할 시간을 필요로 한다.

당면한 개혁을 성공적으로 관리하기 위해서는 다음의 핵심요소에 주목하여야 한다:

* 연방노동청의 이사회는 분명하고 제한 없는 혁신에 대한 권한을 필요로 한다.
* 혁신의 목표는 분명하고 명쾌하고 가능한 현실적이어야 한다.
* 목표 설정 시에는 2-3가지 시한을 가지고 작업해야 한다.
* 필요한 경영진의 역량은 개혁 시작부터 구축되어야 한다. 경영의 소모가 상당히 크기 때문이다.
* 근거 있는 반대를 피하기 위해 경영진 간의 합의에 의해 경영진의 일치단결이 확보되어야 한다.

〈그림 40〉 직원의 개혁 동참

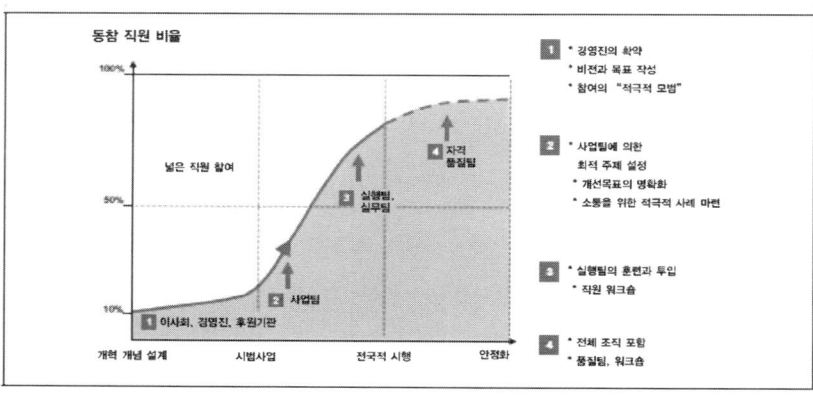

역량센터

11

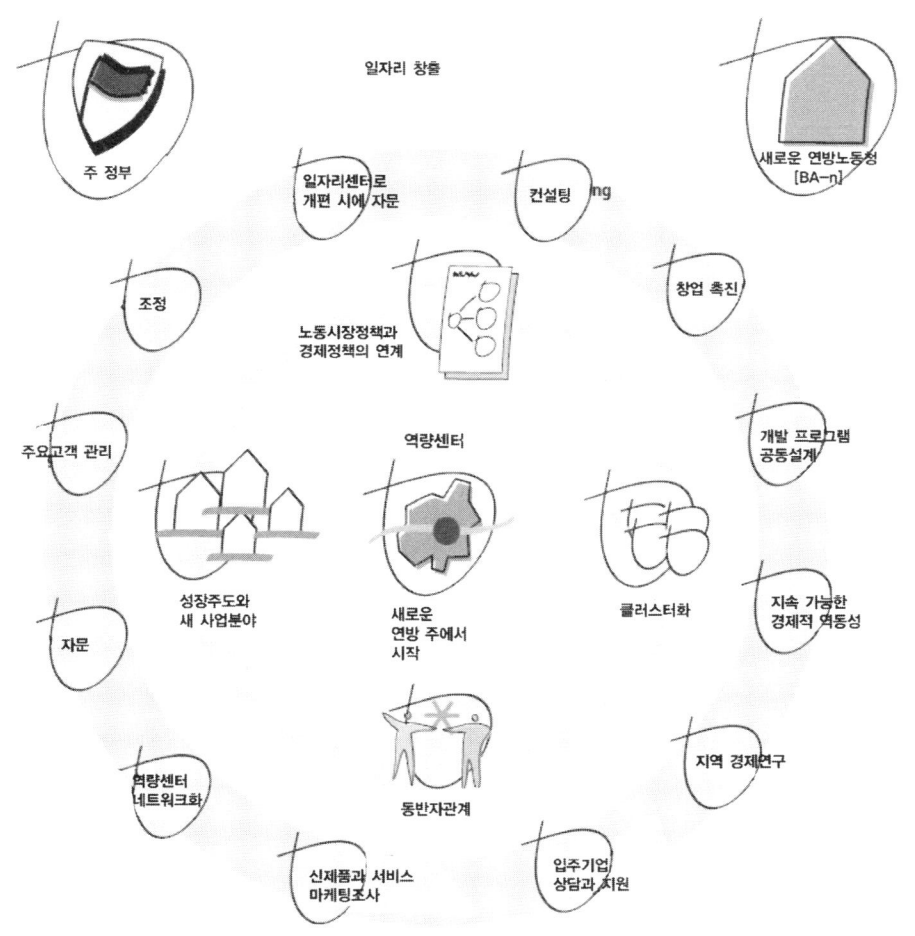

▌새로운 연방 주에서 시작하는 주 노동청을 일자리와 고용개발을 위한 역량센터로 전환

- 완전고용의 목표를 달성하기 위해서는 노동시장 정책, 경제 정책, 사회 정책 사업이 협력하여야 한다. 따라서 새로운 일자리의 창출과 새로운 고용 기회개발에 실질적으로 기여할 새로운 정책이 마련될 것이다.
- 따라서 주(州) 노동청은 역량센터로 전환되고 센터의 고용정책 업무는 세금을 재원으로 할 것이다.
- 노동시장정책과 경제정책의 결합이라는 의미에서 역량센터는 지역 사업을 대체하는 것이 아니라, 행정 관할을 넘어서 이들을 조정하고 주, 지자체, 기업, 상공회의소 등에 보완적인 해결방안과 자원을 제공할 것이다. 역량센터는 자신의 노동시장정책적 역량을 다음 업무에 활용할 것이다:
- 역량센터는 대기업에 대한 1차 접촉 상대(주요고객관리 Key Account Management)며, 중소기업의 상담, 고용 상담, 입주 지원, 성장 상담, 창업자문 자문) 시 일자리센터를 지원하고, 주정부와 접촉점이 되며, 지역을 넘는 자격정책을 조정하고, 동향과 지역 노동시장연구를 수행할 것이다.
- 역량센터는 직업재교육 기관과 그 교육제공 증명서를 발급하면서 재교육시장의 투명성을 조성할 것이다. 역량센터는 당면한 기술부족을 찾아내어 이에 적합한 기본 계획을 수립할 것이다.
- 역량센터는 고용정책 실무에서 일자리센터에 자문을 제공할 팀을 갖춘 컨설팅 부문을 설치할 것이다.
- 명확한 자료를 갖추고 일관된 집적(클러스터) 전략을 갖춘 지역에

서 매우 높은 성장동력과 그 결과 창업과 입주 그리고 포트폴리오 관리에 의해 평균 이상의 일자리가 창출한다. 새로운 주에서 먼저 시작될 것이다. 바로 여기에서는 경제정책 주역들이 성장동력 클러스터를 개발하기 위하여 불가피한 적기의 협력이 우선순위를 차지할 것이다.

1. 초점: 새로운 일자리를 통해 실업의 근절

법률에 규정된 업무와 과거 역사적 발전을 기초로 연방노동청의 업무와 활동의 중점은 일자리공급에 있다. 연방노동청의 정책은 실업의 예방과 축소, 실업자의 취업능력 유지와 회복, 실업 시 위험의 충격흡수에 기여하는 것이다.

노동수요 측, 특히 고용 기회 창출에서, 창업지원 지원과 사용자에 대한 실업자 고용 인센티브(고용보조금) 외에 연방노동청은 2차 노동시장 정책만을 활용할 수 있다.

완전고용 목표 달성을 위해서 새로운 연방노동청[BA-n]의 효과가 일자리 공급 측면에서만 개발되는 것으로는 불충분하다. 고용정책의 지속가능한 성과를 위해서 노동시장, 경제, 사회 정책과 사업이 서로 조정되어야 한다. 기존의 협력방식은 더욱 강화되고, 이들 간 혼용이 더욱 고려되고, 협력을 위한 공동기반이 마련되어야 한다.

따라서 새로운 일자리 창출과 추가적인 고용 기회 개발에 효과적인 기여할 수 있는 새로운 정책이 마련되어야 한다. 이를 위하여 주 노동청은 연방노동청의 중간 기관으로서 지금까지의 기능에서 벗어나야 한다. 그 대신 연방 주 차원에서 역량센터에 의해 새로운 제도가 마련될 것이다. 그 업무의 중심에는 일자리수요의 자극, 고용지원 정책 시행 시 기업 지원, 주 정책과의 조율이 있다. 역량센터의 업무는 지원 방식으로 주정부의 경제정책과 구조정책을 보완할 것이다.

그 밖에 지역경계를 넘어 활동하는 기업을 위한 새로운 업무 포트폴리오가 필요하다. 노동시장에 대한 권위 있는 동반자로서 역량센터는 인력문제를 해결하는 데 기업을 지원한다.

마지막으로 컨설팅-분야에 의해 역량센터는 일자리센터의 자체 조직개편과 "일자리 창출 센터" 구축 시 이를 지원하고 조언할 것이다(고용개발을 위한 지역 프로젝트연합).

2. "개발 담당기관"으로서 역량센터

역량센터의 목표

역량센터는 1차 노동시장에서 고용잠재력을 개발하고, 기존 일자리의 유지와 새로운 일자리 창출 시 기업을 지원할 것이다. 역량센터는 지역에서 스스로 추진하는 구조변화와 이의 현지 이행 개념을 수립하는 일종의 "개발 기관" 역할을 할 것이다. 여기서 중요한 것은 컨설팅, 조언, 협력관계 구축, 주나 지역의 담당 기관과 공동 기반형성, 구조정책적 개발 계획 수립 참여 등이다. 이를 통해 지역에서 지속가능한 경제동력에 필요한 노동시장정책과 경제정책의 결합이 이루어질 것이다.

역량센터의 고용지원 기능에서는 무엇보다 사용자와 공공기관의 긴밀한 협력이 우선시된다. 역량센터는 이들 기관을 자문하고, 지원하며, 고용성장이라는 목표를 지향하도록 한다. 여기서 역량센터는 서로의 네트워크에 참여하여 지역경계를 넘는 지역을 넘는 파트너를 활동 속에 결합시킨다. 이런 방식으로 역량센터는 연방 주와 지역에서 "일자리 창출 기관"이 되는 것이다.

역량센터의 업무

주요고객관리

역량센터는 개별 현장이나 지역, 혹은 주의 고용상황에 심각한 영향을 미칠 수 있는 인력정책을 운용하는 기업의 주요 대화 상대이다.

역량센터의 주요 고객관리에서 중요한 것은, 이 큰 고객의 인력수요가 변한다면 빠르게 그리고 적기에 조치하는 것이다. 대기업에서 고용이 상당히 줄어드는 경우, 역량센터는 주정부와 노조, 지역 일자리센터와 조율하여 조치를 취한다. 실무(인력선발, 자격취득)는 당해 지역을 관할하는 일자리센터가 맡는다.

지역에 커다란 의미가 있는 대기업이 이주해올 경우, 역량센터는 일자리센터와 조율하여 기업의 인력충원을 지원한다.

고용상담

실업은 무엇보다 경영문제이다. 매년 700만이 넘게 새로이 발생하는 실업의 절반이 기존의 근로관계에서 생긴다. 고용불안의 경우 기업은 복잡한 결정을 내려야 한다. 지역의 전문가와 함께 역량센터는, 경제적으로 어려운 상황에서 고용을 안정화하고 실업으로 가지 않게 할 생산능력 조정의 대안을 찾도록 기업을 돕는다.

역량센터의 고용상담이 어떤 성과를 이루어 낼 수 있는지의 사례로서 니더작센 주의 고용지원 모델이 그 실례가 될 것이다.

이주 상담과 지원

기업의 입지결정에서 주된 요인은 필요한 인력의 조달과 기술수준이다. 역량센터는 이주에 관심이 있는 기업에게 노동력수요를 설명하고, 새로운 지방노동청[AA-n]과 협력하여 필요한 조치를 조정한다.

〈그림 41〉 역량센터 업무와 인력 배치

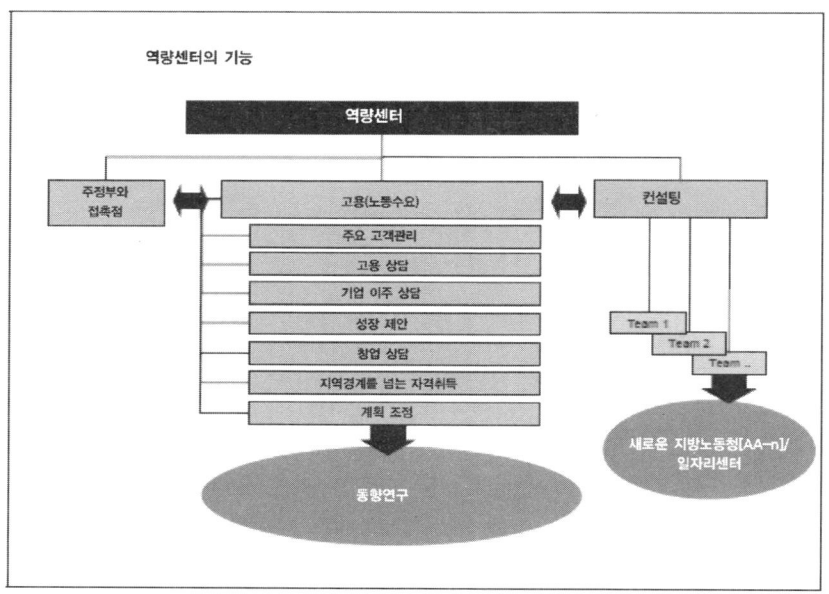

성장제안과 새로운 사업분야

역량센터는 동향연구와 지역 노동력 모니터 결과를 기초로 특히 중소기업에 대하여 새로운 사업 분야의 성장가능성과 개발에 관하여 전문가팀을 통해 자문을 제공한다. 역량센터의 네트워크는 접촉과 협력관계 구축에 데 활용된다. 기업과의 정기적인 대화에서 고용을 위한 공동사업이 만들어질 것이다.

창업 상담

높은 고용수준은 일반적인 경기상황 말고도 결정적으로는 전반적인 경제여건을 개선하고 새로운 시장 개발 위해 고용유발 정책을 효율적으로 투입하는 데 달려 있다.

역량센터는 여러 가지 문제를 가진 창업자를 지원한다. 여기에는 현지의 유능한 파트너를 찾고, 사업계획에서 지역 공공기관과 협력한 입지선정에 이르기까지 준비과정이 포함된다.

5년 후면 보통 창업자의 약 50%가 시장에 남아 평균 5명의 직원을 고용한다. 실패한 창업의 주요 원인은 경제적으로 취약한 창업 기반이다(예를 들어 제품, 주문). 지속적인 창업 상담으로 창업 단계를 넘어서 창업 몇 년 동안 중요한 시기에 신생기업 동행할 것이다.

지역경계를 넘는 기술향상 계획 조정

새로운 연방노동청[BA-n]은 재교육시장에 대하여 활성화 및 관리 역할을 맡는다. 여기서 역량센터는 시장 및 아이디어 창출의 "자극제" 역할을 할 것이다. 역량센터는 직업재교육의 담당 기관과 그 제공자로서 역할하면서 시장에 대한 투명성을 회복시킬 것이다. 지역과 담당 기관에 따른 교육 비용의 차이와 관련하여 역량센터는 평균기준과 참고수치를 전파하여 일자리센터가 결정하는 데 도움이 되도록 활용할 수 있게 한다.

자격이 없거나 낮은 기술수준 근로자 자격강화 교육은 내일의 실업에 대한 예방정책으로서 시급하다. 역량센터는 시급한 기술부족을 조사하고, 주의 교육정책 담당기관과 협력하여 적절한 계획을 수립하고 재원을 확정한다(분담금을 기초로 하지 않는다). 그리고 일자리센터의 실무집행을 지원한다.

동향연구와 지역 노동시장연구

동향연구를 통해 역량센터는 지역의 잠재력 안에 있는 미래시장을 개척하기 위한 출발점을 찾아낼 것이다.

노동시장정보는 효과적인 노동시장정책을 위한 판단의 기초다. 노동계(界)의 요구는 언제나 복합적이다. 경제동력에 따라 직업의 내용과 이미지가 자주 바뀌기 때문이다. 따라서 수요분석에 의한 미래의 자격수요의 조사가 조기의 그리고 목표를 정한 재교육 계획과 설계에 필요한 전제다.

역량센터의 핵심 업무 중 하나는 그래서 일자리센터의 업무집행을 위한 지역경제 연구성과 제공이다. 나아가 역량센터는 지역의 노동시장을 연구해야 한다. 그래서 성장시장과 미래기술을 찾아내고, 이러한 분석을 기초로 정책권고안과 활동계획을 마련하여 지역의 노동시장 담당 기관에 제공하는 것이다.

이를 위해 특히 다음 사항이 요구된다:

통합 정보기반의 준비: 전국적이고도 지역적인 차원에서 여러 가지 기술 전망 소스와 다양한 직업을 가지고 모든 이해관계자들이 이용할 수 있도록 사용자 중심의 통합 정보기반이 마련되어야 한다.

양적인 면에서 데이터베이스의 개발: 지역에 중점을 두는 전국적 노동시장 전망 토론방이 구축되어야 한다. 그 결과의 처리는 사용자 중심으로 온라인에 기반한 정보체계로 만들어져야 한다.

지역 전망: 중기적인 지역 전망을 위해 대체로 독립적으로 이행되는 일련의 조정된 정책이 개발되어야 한다. 그 실무는 역량센터에 의해 관리된다. 여기에는 입찰 조직 이외에도 집행기관과 연구기관의 지원과 모니터링이 포함된다.

평가: 학습하는 진단체계의 관점에서 높은 수준의 사후 분석이 그 시행에 반영될 것이다.

주 정부의 접촉점과 계획 조율

많은 지역에는 오늘날 성공을 약속하는 조치와 제안들이 있는데 이들은 연계되고 조정되어야 할 것이다. 이에 의해 새로운 일자리의 창출, 입지매력 제고, 현지 경제활동의 지속적인 활성화에 대한 설득력과 실행력이 높아질 수 있다. 그 업무를 통하여 역량센터는 경제정책 프로그램의 관철에서 주정부와 지자체의 경제정책 계획 시행을 지원한다.

일자리센터와 협력

역량센터는 일자리센터의 고용유발 정책 시행 시에 조언할 팀을 갖춘 컨설팅 부문을 설치할 것이다.

여기서 지역적 효과의 본질적 요소는 노동시장 참여기관의 프로젝트 연합의 형성과 성장지향적 개발계획의 이행에 있다. 최고-실행-사례, 조직 및 기획력과 성장시장에 대한 전문지식을 통해, 새로운 지방노동청[AA-neu]의 자문회의, 경영진과 전문인력은 경영정책 목표의 이행을 위한 정책 수립을 지원할 것이다.

〈그림 42〉 역량센터와 일자리센터의 업무 분장

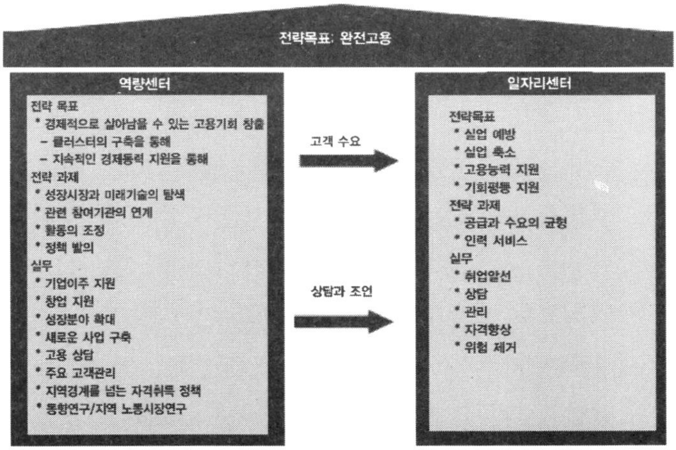

역량센터는 일자리센터의 새로운 조직구조와 업무과정의 구축에서 지원하고 조언할 것이다. 역량센터는 일자리센터와 근로자파견사업부의 서비스수준 향상, 상호협력 관리, 업무처리 과정 설계에 전문인력을 활용할 수 있게 할 것이다. 조언과 평가와 연계하여 지속적인 조직개발 업무가 상설 업무로 제공될 것이다.

3. 지역 경제계(界)에 클러스터 형성을 통한 새로운 일자리

다음 일자리 창출 전망을 결정할 잠재력은 기업의 내부뿐만 아니라, 또한 그 주변 환경 그리고 지역에 있다. 성장 및 고용 동력을 촉발하기 위해서 이러한 잠재력을 찾아내고 혁신적인 아이디에 의해 지역에 맞게 목표를 가지고 지원하여야 할 것이다.

여기서 클러스터 구축 계획이 나오게 된다. 이 경우 클러스터 개념은 특정한 지역을 중심으로 보완적인 경제적 활동과 비경제적 활동의 지역적 집중과 네트워킹을 말한다. 클러스터에서 중요한 것은 시간적으로 정해진 특정 목표 달성을 위한 기업의 협력이 아니라, 클러스터 자체의 존재다. 혁신적 다양성이 발전하는 중심축이 있기 때문이다.

가장 성공적인 지역은 세계적으로 드러난다: 조세피난처나 자유무역지대, 매력적인 지역이나 벨트지역이 아니라 클러스터가 형성된 지역이 최대의 고용증가를 보여주는 것이다. 위에서 뿌리는 식의 자의적인 예산 할당방식이 아니며, 사회문화적 경제적 공간의 "자연적" 여건 위에서 자원, 창의력, 그리고 활력의 결합이 성공을 보장한다. 강력한 핵심이 또 다른 일자리에 대한 흡인력을 행사한다. 여기에 초점을 가진 중심이 형성되어서, 업무 담당기관과 전문인력이 지역적으로 긴밀한 네트워크를 이루게 된다. 이러한 분위기에서 창업과 서비스, 주거와 여가문화를 육성하는 토양이 형성된다.

지역 특유의 경제 및 노동시장을 활성화시키기 위한 첫 걸음은 따라서 지역통합의 모색과 그 장단점의 분석에 있다. 여기서 중요한 것은 강점의 새로운 발전전망을 찾아내서 이제까지의 약점에서 경제 및 고용 지원 매력의 새로운 출발점을 만들어내는 것이다.

모든 형태의 경제공간 중에서 클러스터는 가장 높은 자체 동력을 가진다. 이의 완전 가동에는 보통 10년에서 20년까지의 오랜 기간이 필요하다. 하지만 그것이 일정한 어려운 시기를 넘어서면, 외부의 도움 없이 스스로 강력하고 고유한 역동적 과정으로서 안정되고 지속적으로 성장하게 된다.

〈그림 43〉 클러스터 형성: 역량 분야 정의

입지의 장점 확정	역량 평가	클러스터 접근방식 탐색
하드 요인 * 인프라 * 상태 * 기업환경 * 노동력 기술수준 * 행정/관료제 * 제도 * 지원가능성 * 인구밀도 소프트 요인 * 문화 * 전통 * 여가활동 * 경관	경제 * 기업 * 경제구조 * 중심 산업 * 서비스분야 연구 * 중점 * 연구소 * 학자 * 기반시설	기업 * 기업결합 * 중소기업 연구시설 * 중점 * 산업과 학계의 연계 대학 * 직업교육 수준 * 기술이전 연구소 * 명성 * 전국적 국제적 수준의 네트워크 기타 * 문화 * 경관

클러스터는 다음과 같이 다양한 방식으로 시장에 영향을 미친다:

효율성 강화

운송경로의 단축과 물류 개선으로 운송비가 줄어들고, 통신경로도 짧아지고, 시장참여자는 빠르게 서로 대응할 수 있으며, 필요한 제품과 서비스는 더 싸고, 쉽게 그리고 더 빠르게 조달 가능하다.

〈그림 44〉 지역적 성장 동력

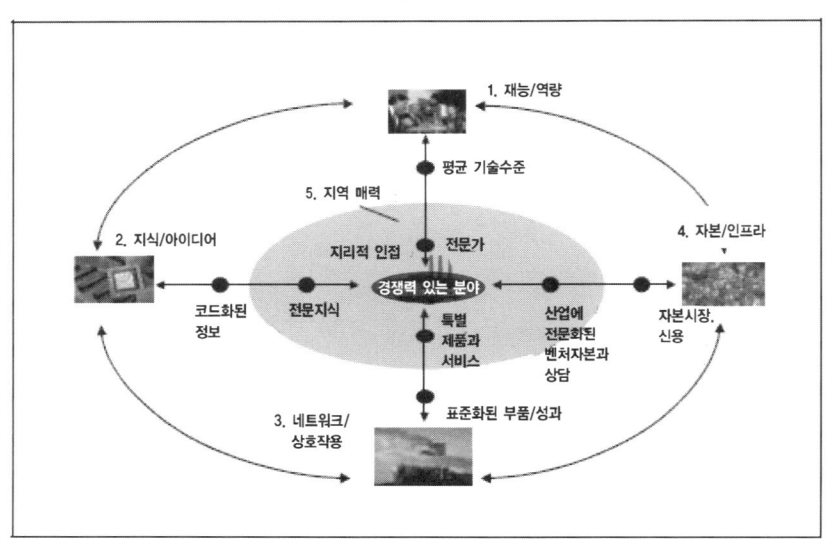

혁신과 생산성 추구

시장참여자와 기업의 공간적으로 긴밀한 연계를 통해 시장의 결함이 아주 빨리 인지되고, 혁신이 불가피하게 된다. 기술적 전문가들이 현장에 있기 때문이다. 아이디어에서 제품까지 가치창출과정의 모든 요소의 이용이 가능해서 빠르고도 원활하게 새로운 사업모델을 위해 결집될 수 있다.

운송수단에서 지역의 시설 그리고 대학과 직업교육시설에 이르기까지 필요한 인프라가 현지에 존재하고 있다. 여기에 더해 각각의 분야에 특화되어 있고 클러스터참여자의 수요에 맞춤 서비스를 제공하는 금융 및 기타 서비스 기관이 들어오게 되는 것이다.

창업 증가

클러스터 내부의 시장진입의 문턱이 외부보다 훨씬 낮다. 자본조달은 더 쉽다. 클러스터 분야마다 전문화된 투자자와 벤처자본이 자금 제공자로 이용 가능하고 이외에도 지원정책과 기회가 있기 때문이다. 부품 공급업자와 서비스업체도 현지에서 찾을 수 있다. 창업자의 주요 성공요인은 한편으로 반짝이는 사업 아이디어, 필요한 기업가 기질과 필요한 자본이 협력파트너를 발견할 기회 외에 다른 한편으로 혁신적 제품을 사용하거나 완전히 새로운 서비스 개념을 이용하려는 용기와 기업가정신을 가진 첫 고객이나 시험적 고객이다. 양자는 클러스터 내의의 사회적 관계와 특화된 혁신분위기 속에서 다른 지역보다 훨씬 더 쉽게 찾을 수 있다.

4. 역량센터의 출발점

기업 이주

이에는 다루는 것은 새로운 기업이나 기존 기업이 이미 존재하는 산업 및 서비스 핵심 지역이나 필요한 산업관련 연구시설을 가진 지역으로의 이주를 지원하는 것이 포함된다.

이주하려는 기업에게는 관심 있는 시장 외에도 무엇보다 지원가능성, 인력 및 괜찮은 부품공급업체, 간소한 관료 및 행정적 조건과 같은 입지요인이 결정적 의미를 가진다.

창업 지원

이는 아이디어 생산과 자금조달에 필요한 정책에 의해 전통적 혹은 혁신적 제품을 가진 기존 및 신규 사업 분야의 창업과 사업 및 고객 관계 구축을 위한 네트워크 활동 시작에 대한 지원에 관한 것이다.

지원에는 창업 이전과 창업 기간 중 그리고 창업 이후에 창업자들을 지원해 줄 상담과 조언이 포함된다. 여기서 중요한 요소는 사업기초로 그리고 파트너와 투자자에게 정보기초로 역할을 할 사업계획서 작성이다. 더 중요한 업무는 투자자에 의한 자본 조달과 잠재적 고객과의 접촉 알선이다.

실업자의 창업 지원과 평균 이하의 자립의 좋은 경험 그리고 새로운 일자리가 무엇보다 창업에서 생긴다는 인식은, 특별히 동독 지역의 재건에 활용되어야 할 것이다. 이런 목적을 위해서 역량센터의 행동프로그램이 특히 새로운 연방 주에서 시작되어야 할 것이다.

성장제안과 중소기업 초점을 맞춘 새로운 사업영역

여기서 중요한 것은 기존의 그리고 새로운 기업에게 현재의 전문 분야나 미래 시장에서 사업 기회를 열어주기 위하여 새로운 사업분야를 구축하는 것이다. 후자는 보통 대학과 연구기관에서 나온다. 기술이전의 개선과 노하우를 가진 연구소와 기업을 네트워크화함으로써 이러한 시장은 더 빠르게 열릴 것이다.

역량센터가 이 분야에서 주된 역할을 할 것이다. 이와 관련하여 역량센터는 주와 지역의 기존 자원을 기초로 이를 추가적인 서비스와 함께 기존의 네트워크에 편입할 것이다.

지역의 새로운 지방노동청[AA-n]와 일자리센터와 협력에 의해 지역의 노동수요와 노동공급의 실효성 있는 자극 혹은 수요에 바탕을 둔 개발에서 새로운 시너지효과가 발생할 것이다.

기업과 일자리센터를 보유하고 있는 새로운 지방 노동청[BA-n] 외에 특히 주와 지자체, 산업지구, 공공 및 민간 경제지원기관, 기타 모든 지역 경제지원 기관이 역량센터의 협력파트너와 고객이다.

역량센터의 조직

주 노동청에서 역량센터로 전환은 연방과 다른 한편으로 주 및 지자체 사이의 헌법상의 권한 배분을 전제로 이루어져야 한다.

연방은 노동시장정책의 테두리 안에서만 활동하여야 한다. 지역의 경제정책은 주의 권한에 속한다. 이는 자금 운영에서도 마찬가지다.[16] 경제정책에 실업보험의 자금이 투입될 수 없다(보험 이외 재원에 의한 급부). 지역 경제정책의 자금은 주의 자체 재원에 의한다(유럽연합, 연방, 주와 지자체의 보충적 자금).

이러한 권한 배분을 고려하면서 지금까지 주 노동청은 주 정부, 지자체, 경제의 자치행정기관와 함께 공동의 노동시장정책 및 경제정책을 계획하고 시행하여 왔다.

법정 기관 설립과 역량센터의 보고체계에서 헌법상 기준이 준수되어야 한다. 과거의 연방노동청의 관행에 비해 클러스터 개발의 관점에서 경제 및 노동 정책과 연계된 역량센터의 강화된 영향력과 더 적극적 역할에는 따라서 미래에는 연방노동청의 직할기관이었던 경우와는 다른 조직적 해결방안이 요구된다. 장기적인 목표는 주의 기관으로서, 여기에 지자체와 경제기관 그리고 기타 이해 당사자들이 참여할 것이다.

전환 시나리오

노동사무소에 대한 기술 및 업무 감독권을 가진 중간 조직으로 주 노동청의 과거 기능은 지양될 것이다. 이제까지 효율적인 업무처리를 위하여 중앙집권적으로 주 노동청이 맡았던 업무는 거점 지방노동청[AA-n]으로 이관되거나 본부가 수행할 것이다.

---

16) 기본법 109조는 "연방과 주는 재정에서 독립적이며 상호 의존적이 아니다"라고 규정하고 있다.

연방과 주는 2003년 1월 1일 이전에 행정협약(Verwaltungsvereinbarung)[17]을 체결하고, 이를 근거로 서비스 기관으로서 역량센터가 연방 주의 지역에서 고용을 활성화할 산업클러스터를 설치하거나 개발하는 경우 상담과 지원 업무를 제공할 것이다.

여기서 실업보험 자금은 단지 역량센터의 노동시장정책 업무에만 사용되어야 한다.

필요한 전문능력 강화를 위하여 주 노동청의 직원으로부터 충원 외에 외부 채용방안이 마련되어야 할 것이다. 인력 충원은 평가에 의해 시행될 것이다.

결정적인 것은, 노동수요 측에서 실업을 줄이는 데 실질적으로 기여하기 위하여 새로운 업무 조정이 즉각 시작되어야 하고 자원이 효과적으로 결집되고 네트워크화되어야 한다는 것이다.

5. 새로운 연방 주에서 시작

출발상황

동독의 상황은 개발은행(KfW)의 연구(IAB/DIW 2001)[18]가 보여주듯이, 극적인 것으로 일괄해서 규정될 수 없다. 그 개발에서 서독을 능가하는 지역도 있고, 낙후된 지역도 있다. 낙후되었다는 의미는 생활수준이 동독의 다른 지역에 비해, 그러나 특히 서독에 비해 격차가 크다는 것을 의미한다.

---

17) 연방과 주 혹은 주 사이에 체결되는 계약상의 합의(vertragliches Abkommen)로 연방의회나 주의회의 동의가 필요 없는 것으로 행정 분야의 업무만 규율한다. 학문과 연구 지원 등에 관한 연방과 주의 협력에 관한 행정협약은 기본법 91b조에 규정하고 있지만 다른 분야에 관해서는 기본법에 규정이 없다.

18) 노동연구소(IAB)와 독일경제연구소(DIW)의 공동심층면접 조사, 연구보고서.

이와 관련하여 경향적으로 다음과 같이 판단할 수 있다: 광업을 포함하여 제조업 부분이 계속 축소되고 있다; 평균 이상의 수출비율을 가지는 특히 차량조립과 화학산업, 정보처리 등을 비롯한 다른 분야가 현재 유일하게 의미 있는 성장추동력이다 – 또한 고용에 대해서도 마찬가지다.

산업구조가 지역의 성공에 결정적임을 보여주고 있다. 특히 개별 산업의 발전에 특히 중요한 것은, 지역적 혹은 지역경계를 넘는 분야와의 연계로, 농업과 에너지산업 그리고 광업 등 후자가 경제 퇴보의 영향을 가장 크게 받고 있다. 그에 반해 지역을 겨냥한 분야는 주택, 상업부동산, 기반시설 등에 대한 이전(移轉) 지원금에 기초한 따라잡기 투자에 의해 부양되고 있다.

그러나 느슨한 투자로 인해 이들 분야는 최근 2년간 건설산업의 후퇴(평균 10%)가 보여주듯이 위험에 처해 있다. 동독에서의 적극적 고용개발은 결정적으로, 이전 지원과는 독립적이 되기 위하여 지역경계를 넘는 분야를 강화하고 경쟁력을 높이는 데 달려 있다. 제조업에서는 2000년에 처음으로 임금 비용이 서독 수준 이하로 떨어졌다. 이러한 발전이 지속된다면 동독에도 지역경계를 넘는 경쟁력 있는 분야를 확보하는데 성공할 수 있을 것이다.

특히 낮은 생산성의 영향을 받고 있는 구조적으로 취약한 지역의 문제는 선택적 이주로 인해 더 심화된다. 특히 좋은 고용전망을 갖고 있는 지역으로 수준 높은 인력의 유출은 이 지역을 낙후하게 만들 것이다. 따라서 이 지역에 입지적 매력과 고용상황을 크게 개선한다는 목표를 가진 정책이 중요할 것이다.

고용상황에 대한 또 다른 영향요인은 기반시설과 특히 지리적 조건이다. 폴란드와 이보다는 적지만 체코와 접경한 지역은 매우 불리하다. 나아가 공간적으로 서독에 인접한 지역은 노동력의 유출과 특히 지역 중심의 서비스 산업분야에서 높은 경쟁압력으로 인해 부정적인 영향을 받는다.

전체적으로 동독 내의 불균형은 아주 세분된 구조를 보여주고 있다. 특히 작센-안할트와 메클렌부르크-포어폼메른 지역의 농촌지역이 특히 불리한 반면에, 베를린 주변과 남부는 전체적으로 상황이 나은 편이다.

지역 지원정책과 지역 경제정책

개발은행(KfW), 독일보상은행(Deutsche Ausgleichsbank; DtA)[19], 그리고 "지역 경제구조의 개선" 공동업무[20] 등의 지원정책을 통해 지원을 받은 지역에서는 고용개발은 미미하지만 긍정적이었다.

긍정적 고용개발에 대한 기본적인 접근방식은 기존 기업의 보호 외에 창업이다. 평가에 따르면 창업기업은 각기 평균 3개의 새로운 일자리를 창출하는 것으로 추산된다. 이에 더해 서비스 산업에 대한 수요를 확대함으로써 그리고, 장기적으로 기존 기업의 경쟁력도 강화하는 데 이바지하는 혁신과 생산성을 이끌어 감으로써 더 많은 고용효과를 가져다준다.

노동시장정책(일자리창출 조치, 구조조정조치, 직업재교육 정책조치 등에 약 70억 유로)은 전체적으로는 한시적으로 긍정적인 기여를 한다. 이것이 잠재적 노동력을 활성화하고 지역의 필요에 적응하기 때문이다. 따라서 이러한 자금은 혁신 성공에 필수적인 생산능력에 대한 투자다. 노동시장

---

19) 개발은행(Kreditanstalt für Wiederaufbau)은 1948년 마샬플랜을 집행하기 위하여 설립된 독일 정부 소유 은행. 보상은행(Deutsche Ausgleichsbank. DtA)은 1950년 실향민에 대한 신용 제공을 위하여 1950년에 주식회사 형태로 설립되었다. 그 후에 실향민은 물론이고 산업계의 전쟁 피해자들에게도 신용을 공여하였다.

20) 독일에서 지역경제 구조 개선은 주의 책임이다. 그러나 기본법 91조a 1항에 "연방은 주의 업무 수행에서 그 업무가 국가 전체로 보아 중요하거나 생활수준의 개선을 위하여 연방의 협력이 필요한 경우", "1. 대학부속병원을 포함하여 대학의 확장과 신설, 2. 지방경제구조의 개선, 3. 농업구조와 해안보호의 개선 분야에서 협력한다(공동업무)"고 규정되어 있다.

정책 자금의 부수적인 효과는 오래된 문제를 해결함으로써 일반적인 입지조건 개선이었다.

그래서 앞으로도 투자지원 정책과 적극적 노동시장정책이 유지되어야 한다. 물론 필요한 자료분석의 기초 위에서, 어떻게 특히 구조적으로 취약한 지역에서 이러한 자금이 클러스터와 여타 경제 중심지 구축을 목적으로 어떻게 사용될 수 있는지 검토되어야 할 것이다.

입지조건과 지역발전

경제적으로 건강한 기업, 특히 지역경계를 넘는 지역에 관심을 가진 대기업에 의해 최초의 클러스터를 형성한 지역은 동독에서 전체적으로 더 긍정적으로 발전하였다. 이러한 기업은 지역경계를 넘어서는 분업으로 결합되어 있고 이에 더하여 지역에 자극을 준다. 이는 중장기적인 지역 번영을 위하여 그에 상응하는 산업적 핵심요소가 반드시 필수적임을 의미한다.

이러한 핵심요소는 다시 일련의 입지요인에 달려 있으며 그 중 가장 중요한 것은 다음과 같다: 하나는 지자체 정부, 국제상공회의소(Internationale Handelskammer), 의회, 노동청과 같은 지역 공공 기관의 존재와 참여의 수준이고, 다른 하나는 지역경계를 넘는 교통망, 특히 도로교통망이다.

지역의 고용과 소득의 발전은 또한 기존 기업의 효율성에 의해 결정된다. 효율성은 다시 자본재의 현대성, 기업의 혁신역량, 특히 지역경계를 넘는 역동적인 시장에서의 경쟁력, 수익, 개별 지역 간 연계성 등에 달여 있다. 이를 넘어 소유관계, 특히 성공적인 민영화와 기업의 규모와 발전 등도 또한 역할을 한다.

동독에서 효율적인 대기업이 존재하는 지역은, 상응하는 조직이 없는 지역보다 훨씬 더 성적이 좋다. 이는 우선 대기업이 지역을 넘어서는 시장에서 성공적으로 운영할 수 있음으로써 이에 필요한 경쟁력을 더 잘 확보할 수 있는 경향이 있다는 것과 관련이 있다. 이러한 결과는, 현대적인 자본시설을 활용할 수 있고 지역경계를 넘어서 활동하고 있는 기존의 (대)기업을 중심으로 클러스터를 구축하는 것이 신규 고용기회 창출에 근본적으로 기여할 수 있다는 것을 분명히 보여주고 있다.

성공적인 클러스터 구축 사례

아우토비전(Konzept AutoVision)[21] 계획을 가지고 있는 폴크스바겐 그룹과 함께 동독의 라이프치히 사례가 보여주듯이, 중기적으로 보다 더 긍정적인 고용효과를 가진 성공적인 산업클러스터 구축이 시작되었다.

〈그림 45〉 성공적인 클러스터 구축 사례

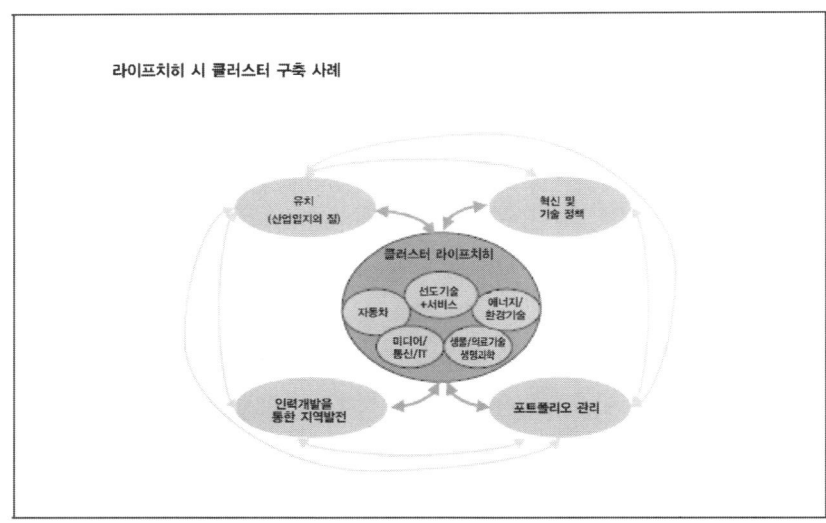

---

[21] 폴크스바겐 그룹의 인력 관리, 정보 관리, 라이선스 관리를 비롯한 다양한 서비스 담당 자회사로 후에 폴크스바겐 서비스주식회사(Volkswagen Group Services GmbH)로 바뀌었다.

라이프치히 시는 새로운 연방 주의 다른 지역과 마찬가지로 심각한 구조변화의 영향을 받았고, 실업률은 작센보다 약간 높은 18.7% 수준이었다.

라이프치히 시는 지역경제 진흥에서 네 가지 핵심 업무에 집중했다:

* 창업
* 기업의 유치
* 중소기업 혁신
* 산업입지를 강력한 성장과 적극적인 세계화로 연결

라이프치히 시의 지역경제 진흥은 클러스터 구축을 추진할 경쟁력 있는 다섯 가지 분야를 찾아냈다.

* **자동차**

동독 정권 시절 이미 존재했던 자동차 분야의 역량과 오랜 기계조립 전통에 기반하여 라이프치히는 이 분야에서 활동하는 많은 중소기업을 갖고 있다. 이 외에도 직업교육을 잘 받은 인력을 보유하고 있었다.

이런 여건 그리고 신속하고도 비관료적인 공간 공급을 라이프치히는 오랜 자동차 전통과 연결시킬 수 있었다.

* **건강/생물공학/의료기술/생명과학**

특히 식물-생물공학과 의학-생물공학 분야에서 뛰어난 대학과 연구시설을 기초로 라이프치히는 생물공학-클러스터를 첫 번째 반열에 올려놓기 시작하였다.

1995년에서 1999년까지 기간 중에만 생물공학 기업의 수는 300%나 증가할 수 있었다. 작센에 본부를 둔 생물공학 기업 전체의 1/4 이상이 라이프치히에 근거를 두고 있다.

* **미디어/정보통신기술**

독일에서 가장 효율적인 통신망 중 하나인 현대적 통신망과 같은 유리한 입지요인, 프리랜서 14,000명을 포함한 미디어 분야 종사자 40,000명 이상의 고급인력, 40개 이상의 콜센터와 2001년에 문을 연 중부 독일방송국(MDR)은 이 클러스터의 몇 가지 요소일 뿐이다. 이에 더하여 많은 전통적인 그리고 새로운 연구기관과 교육기관이 있다.

그 외의 클러스터 분야는:
* **에너지 및 환경기술**
* **융복합기술과 서비스**

클러스터 구축은 시 자체나 혹은 협력기관에 의한 일련의 조치를 통해 지원된다. 라이프치히 시의 경제진흥이라는 지붕 아래 다양한 참여자들의 네트워크가 라이프치히의 성공적인 클러스터 구축의 결정적 요인이다.

역량센터의 신속한 구축

특히 중요한 것은 현지의 경제정책 담당 기관의 협력 하에 성장동력을 가진 클러스터 추진을 위하여 역량센터를 신속하게 구축하는 것이다.

지역의 다양한 상황과 발전은 차별화된 지역 전략을 요구한다. 노동시장 참여기관이 공유하는 전략적 성장 및 고용정책은, 바로 자체 동력에 의해 긍정적인 발전이 전혀 기대될 수 없는 지역에 제공될 것이다.

지역의 고용 안정을 위한 지자체의 투자 지원과 관련하여 추가적인 투자프로그램은 특별히 수공업 분야에 해당된다. 그리고 유럽연합의 동유럽으로의 확장과 관련한 전체적 인프라 개선에 중점을 둘 것이다.

원칙적으로 구조적으로 취약한 지역(동독 지역은 물론 서독 지역에서도)의 고용상황 안정과 개선을 위해서 그리고 한시적으로 그리고/혹은 특정한 표적집단을 대상으로 적극적 노동시장정책에 의해 추가적 노동수요 발생을 새로운 연방노동청[BA-n]의 새로운 정책이 일자리 수요와 공급측에 효과적으로 영향을 미칠 때까지 주도해야 한다는 의미다.

이렇게 공공이 주도하는 공급도 가능하면 시장 친화적으로 시행되어야 한다. 이는 참여자의 사회적 및 전문적 능력을 마케팅할 수 있어야 하거나 그렇게 개발하여야 한다는 것이다.

원하는 "프로젝트 연합"의 의미에서 가능한 한 지역의 많은 참여와 풍부한 아이디어를 얻기 위하여, 앞으로는 취업알선에 앞서 일정기간 노동력 수요의 프로젝트에 대하여 연간 아이디어와 혁신 경연(競演)이 시행될 것이다.

이러한 경연에는 (잠재적) 프로젝트 담당기관으로서 모든 기업, 단체, 기관 등 - 간단히 말해 "프로젝트 연합"의 모든 파트너가 참가할 수 있다.

경연 참가자에 대한시상은 사전에 정해지고 공개된 기준에 따라 일자리센터, 근로자파견사업부, 지역 참여기관, 금융기관 사이의 밀접한 협력에 의해 결정될 것이다.

6. 새로운 일자리 창출을 위한 추가 정책

고용유발 정책과 프로젝트 추가 제안은 경제정책 및 노동시장정책 담당 기관에 대하여 실업의 도전을 적극적으로 수용하면서 동독 지역의 "일자리 창출 모터"를 가동하자는 제안이다. 새로운 연방 주에서 일을 맡아야 하는 역량센터의 활동 및 새로운 재정정책인 고용보조와 연계하여 의도적이고도 지속 가능한 새로운 고용 사업이 착수되어야 한다. 동독 지역에서의 목표는 사람들에게 살 만한 가치가 있는 희망을 다시 열어 주기 위해 실업을 절반으로 줄이는 것이다.

지역 인프라의 신속한 개발

연대협약 Ⅱ[22])와 함께 앞으로 15년의 기본방향이 설정될 것이다. 고

---

22) 연대협약은 구 동독 지역의 5개 주에 재정 지원을 위한 연방정부와 연방

용정책 관점에서 중요한 것은, 재정균형 원칙 하에서 새로운 연방 주가 사용할 수 있는 배정자원이 실제로 지방기초단체에서 - 모든 공공기관 중에서 최고의 투자 금액을 가진 지역단체로서 - 처리된다는 것이다.

기초단체는 - 동독 지역은 물론 서독 지역에서도 - 높은 투자정체(停滯)로 어려움을 겪고 있다. 도시문제연구소(Deutsches Institut für Urbanistik)[23]의 실태조사연구는 이러한 평가를 수치로 보여주고 있다. 동독의 기초단체에서 투자는 지난해에 마이너스였다. 이는 최근 30% 이상이나 감소하였다. 지역의 투자는 지역경제 안정 - 특히 수공업 - 과 이에 따른 고용에 가장 중요한 요소다

대부분의 기초단체는 일반적으로, 그렇지만 동독지역에서는 특별히 더 이상 투자를 - 비록 지출의 50% 이상이 연방 및 주의 배정예산에 의해서 이루어지고 있지만 - 실현할 수 없는 상태에 있다. 기초단체의 취약한 자체 재정 및 과세기반의 취약성 그 배경이다.

연대협약-II와 관련하여 작성된 의견, 경제연구소의 의견 및 도시문제연구소의 조사를 기초로 다음 사항이 제의되었다:

지방자치단체가 채택한 장기 수요계획에 기초하고 각각의 주 및 지자체의 개발계획에 포함된 특별히 고용집약적 분야에 대한 기초단체의 투자는 앞으로 5년 안에 강화되고 추가적으로 지원될 것이다. 이에 의해 필

주간의 협약이다. 이는 분단 관련 부담을 줄이기 위하여 연방 주의 재정 평준화 제도 틀 내에서 연방정부에 특별 재정지원을 제공하는 것을 그 내용으로 하고 있다. 납세자의 연대세와는 별개의 것이다. 연대협약-II는 연대협약-I 체결 불과 몇 년 후에 5개 새로운 연방 주가 서독 연방 주와 비교하여 2004년에 경제적으로 목표 도달이 불가능함이 예상되면서 2001년 이를 연장하기로 합의하여 2001년 7월 4일 사민당/녹색당-민사당의 공동발의에 의해 연방의회와 연방상원에서 같은 결의가 있었다.

[23] 지자체학 연구연합(Der Verein für Kommunalwissenschaften e.V)이 설립한 비영리유한회사로 독일어권 최대의 도시문제 연구소; difu.de.

요하다고 인정되는 투자수요의 일부는 고용유발적인 것에 우선 적용될 것이다. 여기에 포함되는 것은 다음과 같다:
- 학교
- 스포츠
- 탁아소
- 병원
- 물 공급
- 하수처리
- 폐기물 산업
- 폐기물 매립지[24]

〈그림 46〉 새로운 연방 주에서 시작:

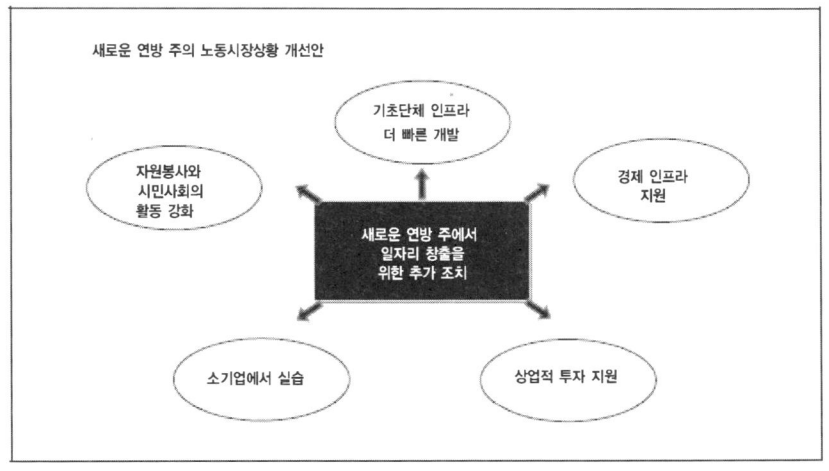

---

24) "유해한 토양변화로부터 보호와 오염지역 정화를 위한 연방법률(연방토양 보호법. Gesetz zum Schutz vor schädlichen Bodenveränderungen und zur Sanierung von Altlasten(Bundes-Bodenschutzgesetz - BBodSchG) 2조 5항 1호에서 말하는 과거의 폐기물 매립지.

경제 인프라 지원

연방, 주, 지자체는 공동 노력으로 경제 관련 인프라를 현대화하고 건설해야 한다. 이는 성장의 기본 전제이며 독일에서 산업입지로서 동독지역의 매력을 높이고자 하는 데 크게 유용하다.

경제 관련 인프라는 기업의 결정에서 매력적인 요인으로서 특별한 중요성을 가진다. 따라서 그 개념이 너무 좁게 이해되어서 교통 인프라에 한정되어서는 안 된다. 오히려 여기에는 기업의 전자통신과 우편 서비스, 에너지 및 상수도 공급과 적정한 가격의 하수 및 폐기물 처리 등의 인프라도 속한다. 여기에 유치원, 학교, 직업교육기관, 대학 등 사회적 문화적 시설이 추가되어야 한다. 또한 인프라에는 무엇보다 - 더욱 더 역량센터와 연계된 - 교육과 상담을 통해 사용자와 근로자들을 기술과 경제의 구조적 변화를 이행할 수 있도록 해줄 기술향상 시설도 포함될 것이다.

신규 입주 기업은 높은 수준에서 이들 시설이 확보되어 있기를 기대한다. 기업이 신규 입주한 지역의 출산율 저하로 학교가 폐쇄된다면 이는 매우 유감스러운 일이다. 이들 기업에게 기존의 학교는 입지 결정에 아주 중요한 요인이다. 여가활동조차도 경제 관련 인프라로 분류된다. 이은 (잠재적) 직원들에게 그 지역의 매력을 증가시키기 때문이다.

1992년에 비해 거의 1/3이나 축소된 동독 기초단체의 건설투자 지출을 배경으로 연방과 주의 일반 예산을 재원으로 목적성의 인프라 개발 배정예산에 의한 동독 지자체의 지원이 필요하다. 지역의 성장기반 개선 외에 동독의 건설산업 상황을 안정시키고 나아가 지속 가능한 일자리 유지와 창출을 지원하여야 할 것이다.

동독경제의 혁신잠재력 지원

새로운 연방 주에는 대기업과 중소기업이 밀접한 상호적인 협력 속에서 전국적이고 국제적인 경쟁력 있는 가치창출 고리를 형성하는 경제구조가 여전히 결여되어 있다.

이러한 구조적 결핍은 바로 중소기업의 혁신잠재력 강화에 의해 보완되어야 한다. 이에는 대학으로부터 기업으로 기술이전 강화와 혁신적 기업의 창업 및 혁신적 기업확장 지원에 추가적인 노력이 필요하다.

바로 현지의 혁신능력 강화와 관련하여 지역의 중소기업 네트워크와 지역적 경제순환에 대한 지원이 지금보다 더 있어야 한다. 이에는 기존 지원정책에 대한 보다 유연하고 투명한 설계와 전체적으로 지원정책에 대한 보다 더 쉬운 접근이 포함된다.

기업 그리고 기업에 의해 특히 중소기업과 수공업에 대한 투자 지원

기업에 대한 지원은 높은 수준에서 목표에 맞추어 효율적으로 추진되어야 한다. 여기서 고려할 것은 유럽연합이 동유럽으로 확대된 이후 대부분의 동독 지역이 유럽의 구조정책에서 2007년 이후의 새로운 지원기간 중에 목표-1의 투자지원지역에 포함되지 않는다는 것이다. 산업투자와 노동시장정책에서 유럽의 지원금이 감소할 것이다; 반면 기업의 구조전환과 기술향상에 대한 필요는 증가할 것이다. 유럽 지역정책에서 "단계적 축소정책"으로 새로운 연방 주에 지원 공백이 발생하여 막 구축된 산업 구조가 지속적으로 추진될 수 없게 되는 것은 피해야 한다.

전국적으로 기업에 대한 지원은 유럽의 지역지원 축소에 대하여 과거보다 더 강력하게 대응하여야 할 것이다. 더욱이 기업에 대한 지원은 중소기업에 더 중점을 두어야 할 것이다.

특화된 지원 방식

2005년부터 새로운 연방 주에 대한 투자보조금 정책에서 신용공여 중심의 투자지원정책으로 전환

또한 2005년 이후 새로운 연방 주에서 중소기업은 투자계획에서 목표를 정한 효율적인 지원을 필요로 하게 된다. 투자보조금에 대한 강한 비판(법률 요건에 따른 부작용, 복잡성, 중소기업에 한정)에 따라 2005년부터 투자지원은 개편되어야 한다.

2005년부터 투자보조금 제도는 (지원금과 연결된) 신용공여에 기초한 투자지원정책으로 대체된다. 상환 가능한 신용공여는 부작용을 최소화하여 지원의 효율성을 높이는 동시에 정해진 지원규모로 더 많은 투자계획을 지원할 수 있는 기회를 제공할 것이다. 더욱이 이율과 보조금의 차이로 지원의 중심이 정해질 것이다. 현재의 투자보조금의 자격은 그대로 유지되어야 한다.

지역 경제구조의 개선을 위한 공동업무에 수공업 대폭 포함

이른바 우선효과에 따라 과거에 수공업은 전국적 공동업무-지원 사업에 부차적인 것으로만 참여하였다. 주로 지역에서 활동하는 수공업기업은 대부분 지역경계를 넘는(30Km) 지역에서 매출의 50% 이상이라는 기준을 충족하지 못했다. 그러나 지역경제 지원기준으로서 우선효과 다음에 수출기반을 둔다는 논리는 논쟁거리다. 이 논리는 한 지역의 소득과 성장에 수출만이 책임이 있다고 주장하기 때문이다.

공동업무는 따라서 새롭게 조정되어야 한다. 지원기준인 우선효과는, 가령 유럽 구조정책에서 정의된 것처럼("지속 가능한 일자리의 창출과 유지를 위한 생산적 투자 지원", 이에는 가령 "경쟁력 지원"이 포함된다), 공개적인 지원기준으로 대체되어야 한다. 공동업무는 더욱이 – 유럽연합-구조정책에 상응하여 – 중소기업 우선지원이 되어야 할 것이다.

소기업에서 실습

오늘날 1차노동시장에서 재취업할 수 없고 장기적으로 그렇게 될 가능성도 없는 노령실업자에게는 주로 근로자파견사업부를 통해서 기업의 실습자리가 제공될 것이다. 여기서 실습 급여 보전을 진지하게 고려할 수 있다.

이에 의해 한편으로 기업에게 추가 인력의 지원을 보장하고, 다른 한편으로 기업에게 개선된 자기자본 개선을 목적으로 하는 더 많은 추가수입을 제공할 수도 있을 것이다. 실습자에게는 기업과 근로관계를 맺게 되면서 자신의 경험과 지식을 투입하고 되살리거나 경우에 따라서는 새로운 정규적으로 취업할 수 있는 기회가 발생할 수 있다.

자원봉사와 시민사회 활동의 강화

일자리 부족으로 1차 노동시장으로의 취업알선이 어려워 보이는 노령실업자는 시민사회 활동에 의해 실업급여-Ⅱ 이상의 추가소득을 얻을 수 있다.

근로자파견사업부는 그들에게 시 차원의 단체나 협회에서 매달 40-60시간의 일거리를 제공할 수 있다.

참여와 아이디어 경쟁에 의해 일자리 사업이 생겨날 것이다.

7. 실업 상태의 고급인력의 외국 파견과 개발 원조

개발원조에는 인적 자본이 필요하다.

구직 고급인력은 개발원조에 귀중한 잠재력이다. 특히 젊고 기술이 있고 외국어 교육을 받은 고급인력은 기존 프로젝트에 필요한 인력 보강과 관련하여 크게 유용할 수 있다.

선진국 간에는 국내총생산(GDP)의 0.7%의 개발원조가 정해져 있다. 연방정부 역시 여기에 참가하고 있다. 구직 고급인력 투입을 통해 개발도상국 및 신흥경제국에 대한 연방공화국의 참여가 확대되고, 프로젝트 진행 속도가 높아지며, 정부와 지역정부에 대한 자문 능력이 보강될 것이다. 그래서 많게는 이미 실무 경험을 가진 고급 실업자 투입은 제3세계의 지속가능한 개발에 기여하게 된다. 나중에 이들은 독일 기업의 적극적인 개발도상국에 진출에 귀중한 지식 보유자담당자로서 활용될 수 있다.

현황: 젊은 고급인력/외국 취업알선

2001년 9월 192,000명의 유능한 대학졸업자가 실업자였다. 그 중 최소한 20%, 즉 구직 고급인력 중 4만 명은 기술, 의료, 혹은 사회복지 관련 직업교육을 이수하였고, 종종 훌륭한 외국어 실력 및 개발정책 및 대외경제 협력 파견에 필요한 전문적, 개인적 요건을 갖추고 있었다.

해당자들과 국가 교육제도는 이런 인력 분야의 능력향상에 엄청 투자하였다. 이에 의해 고급인력은 이들의 능력에 따라 활용되어야 하는 귀중한 인적 자원이 되었다.

취업알선본부(Zentralstelle für Arbeitsvermittlung; ZAV)는 연방노동청의 취업알선과 국제 취업알선 담당기관이다. 약 35년 전부터 취업알선본부는 연방의 경제협력개발부(Bundesministerium für Wirtschaftliche Zusammenarbeit und Entwicklung; BMZ)의 위임으로 관심 있는 연수생, 직업교육생, 전문 및 경영인력을 200개의 국제적인 공공 및 민간 기구와 개발도상국의 기구 및 기업의 빈자리에 공급해 왔으며, 이들의 취업에 관심을 기울여 왔다.

전체적으로 취업알선본부를 통해 매년 다양한 자격을 갖고 있는 약 15,000명의 인력이 약 130개 국 노동시장에서 취업알선 되었다. "재취업 전문인력"은 물론 경영인력, 정부장학금에 의한 연수생의 취업알선 규모는 더욱 확대되어야 한다. 예를 들어 중국과 러시아 등 국제노동시장에 대한 취업알선은 지속적으로 개발되어야 한다.

취업알선본부의 평가에 따르면 현재 고급인력 지원자의 약 10%는 풍부한 국제적 예비지식을, 예를 들어 교환학생이나 해외 학기를 통해 이미 습득하고 있다고 한다. 이는 한편으로 노동시장의 세계화에 대한 준비를 위해 전문대학 및 종합대학과 취업알선본부 및 노동청의 대학팀 사이의 협력 강화 필요성을 보여주는 것이다. 직업교육 동안 국제적인 학생 교환이 지원되어야 하고, 국제적 업무를 맡는 데 대한 동기가 강화되어야 할 것이다. 다른 한편으로 바로 구직 고급인력이 장기적으로는 국내 노동시장에서 직업전망도 개선할 수 있도록 국제노동세계에서의 경험과 지식에 대한 부족을 보강해야 한다.

외국에 투입하기 위한 중요한 요건은 다음과 같다:

* 직업교육 이수
* 이주와 동기부여
* 외국어 지식
* 25-40세 연령대
* 적절한 건강 조건

외국에 배치된다는 것은 고급인력에게 직업경험과 자립을 구축할 기회를 제공하는 것이다. 당국, 단체 및 기업과의 협력 속에 이들은 모든 분야의 일상 업무에 익숙해지고, 외국 배치를 통해 임기응변과 어려운 상황을 스스로 극복하는 것을 배운다. 외국 배치와 이와 관련하여 얻는 경험은 취업알선 기회를 늘릴 것이다. 처음부터 실업자인 고급인력은 해외 경제와 관련을 맺고 있는 국내 기업에게 가치 있는 인재가 될 것이다.

이렇게 구직 고급인력은 중장기적인 전망을 가지게 될 것이다.

취업알선본부/근로자파견사업부에 의한 좋은 일자리 알선

구직 고급인력 파견을 위해 취업알선본부 내에 특별한 근로자파견사업부가 설치되거나, 또 기존의 근로자파견사업부가 이에 활용된다. 공공 및 민간 개발원조 기관에 대한 고급인력 파견은 그 자격에 따라 1-3년 기한으로 이루어진다. 고급인력 업무 관련 직업교육은 "실무적응 훈련"으로 이루어진다.

근로자파견사업부의 업무에는 다음이 포함된다:

* 지원자 선발과 상담
* 경우에 따라서는 역량센터와 협력으로 국제적 기업과 공공/공익 기구에 대한 업무
* 목표로 하는 나라의 특수성에 따른 구직자 자격
* 고급인력의 각 외국 노동시장 취업과 재취업
* 기본임금 지원(경우에 따라서는 외국특별수당이나 현물 지원을 통합 통한 개별적 증액)

구직 고급인력의 상담, 선발, 자격 향상은 특별한 역할을 한다. 후에 개발원조 혹은 다른 대외 경제 업무 파견에서 성공의 초석이기 때문이다. 이를 위해 취업알선본부와 자격 있는 교육기관이 함께 적절한 인력개발 과정을 설치하고 필요한 인력을 지원할 것이다. 중기적으로는 귀국하는 개발원조기관 근로자 풀에서 이들 기관의 인력을 충원할 수 있을 것이다.

파견 분야

구직 고급인력에게는 3가지 분야가 있을 것이다:
가령 다음과 같은 공공 및 민간 국제개발협력기구

* 독일 기술협력협회(Deutsche Gesellschaft für technische Zusammenarbeit; GTZ)
* 독일 투자개발공사(Deutsche Investitions-und Entwicklungsgesellschaft; DEG)
* 독일 국제개발재단(Deutsche Stiftung für internationale Entwicklung;

DSE)
* 독일 개발서비스(Deutsche Entwicklungsdienst; DED)
* 칼 두이스베르크 협회(Carl Duisberg Gesellschaft e. V.; CDG)[25]
* 독일 개발정책연구소(Deutsche Institut für Entwicklungspolitik GmbH; DIE)
* 독일 개발협력 주교단(Misereor)
* 세계를 위한 빵(Brot für die Welt)
* 또 다른 자선 및 공익 기관

인력 보강을 통해 상담과 실무 개선과 속도가 기대되는 진행 중인 사업 분야에서 공공, 교회, 공익 및 민간 기구의 국제개발협력 분야에서는 단기적으로 구직 고급인력의 외국 파견 증가가 크게 기대된다. 그러나 투자 자금 조달이 필요한 신규 사업은 이에 의해 개별 사례로만 처리될 수 있을 것이다. 기본임금이 연방노동청에 의해 지원됨으로써 공공기관과 원조기구는 현지 경비만 부담하면 될 것이다.

산업정책을 목표로 한 대외정책의 강화

개발협력 이외에, 대사관과 영사관, 해의 상공회의소, "경제의 집"(Haus der Wirtschaft)[26]과 같이 민관 협력기관에 의한 해외 독일 기업의 이익 증진과 지원은 더욱 중요해지고 있다. 연방, 주, 독일 기업자치기구는 독일 기업 관련 업무에서 자금 및 인적 자원에 한계가 있다. 독일의 세계적 기업은 점점 더 빈번하게 해외 공관, 독일 홍보재단 혹은 개별적

---

25) 본에 본부를 둔 국제 직업교육 및 인력개발 지원을 위하여 1949년에 설립된 비영리 단체; 홈페이지(www.cdc.de) 참조.

26) 독일 산업계의 3개 대표 조직인 독일사용자연합(BDA), 독일경제인연합(BDI), 독일상공회의소(DIHK)의 본부가 입주해 있는 시설로 베를린에 있다.

인 현지 산업입지 행사의 지원 요청을 받고 있다.

대외경제 지원 협력과 강화 외에도 외국에서 문화 및 교육 인프라의 지원에 대한 많은 수요가 있다. 독일문화원(Goethe-Institute), 만남의 학교(Begegnungsschulen)[27], 기타 다문화적 기관은 예산의 제약을 받고 있다.

적극적인 산업 및 문화 대외정책을 지원하기 위하여 필요한 전문 능력과 외국어 실력을 갖고 있는 구직 고급인력 풀로부터 인력자원이 있을 수 있을 것이다. 중장기적으로는 여기서 산업입지로서 독일과 새로운 고용 창출 및 외국에서의 실제 경험을 통한 고급인력 취업알선 능력 개선이라는 윈-윈 상황이 나올 수 있다.

기술, 경제, 법률, 교육학 교육을 받은 고급인력은 다음 분야에 파견될 수 있다:

* 유럽연합 상주대표부
* 대사관/영사관의 무역파트
* 대외경제진흥 기관(대외상공회의소, 수입협회, 관광 홍보)
* 독일문화원, 만남의 학교, 외국의 독일재단
* 학생교류, 연수생 교류, 학자 교류의 지원

기업과 학문 간의 중개자

역동적 구조전환은 독일의 기업과 대학 사이에서, 특히 독일의 경계를 넘는 상시적인 지식이전을 필요로 한다.

전문대학, 종합대학, 전문가협회는 지속적인 소통과 공동사업의 정의와 운영을 맡은 대체적으로 잘 돌아가는 기술 및 지식 이전 부서가 있다. 그러나 기존의 전문가 풀은 이미 존재하는 자원을 늘이기 위해서 적절한

---

27) 해외의 독일학교. 독일어 초등학교 과정에서 비독일어계 학생들이 함께 수업한다. 비영리기관이 운영하나 종종 공공 자금 지원이 있다.

대학졸업자를 통해 인력을 보강할 수 있을 것이다. 특히 중소기업은 시장조사 및 신제품과 새로운 서비스 성공 가능성 검토를 위한 인적 자원을 필요로 한다. 젊은 고급인력은 – 이들의 직업교육기관과 밀접히 연계하여 – 대학과 전문가협회의 기술 이전 부서의 추천을 효과적으로 이행하기 위하여 인근 지역의 중소기업을 지원할 수 있다. 또한 추가적 인력 지원에 의해 대학에서의 업무처리 최적화, 독일의 경계를 넘는 마케팅활동, 기업-연구-네트워크 연결이 더욱 빨라질 수 있다.

대학의 마케팅과 기술이전 그리고 국제협력 본부 업무는 강화되거나 – 아직 없다면 – 새롭게 구성될 수 있다. 이러한 전문지식망(網)은 역량센터가 지원하는 지역 개발 담당기관으로 더 효율적으로 통합될 수 있다.

활동분야는:

* 대학의 마케팅, 기술이전, 경계를 넘어서는 프로젝트와 협력 사업본부
* 기업과 대학 간의 문화교류 관리
* 대학에서의 업무처리 최적화
* 동향 탐색과 기회 파악
* 지식이전 – 중소기업을 위한 전문가 풀

구직 고급인력은 이러한 방식으로 경제와 학문 간의 상호협력에서 실천적 경험을 확보하고, 자신의 취업능력을 향상시킨다. 이들은 후에 기업의 중개자로 활용될 수 있다.

자금조달/고용보조금

실업자+
고용보조금
(= 증권/
참가서류)

실업은
"자본을 동반한다"

표적집단:
창업과
기존 기업

수습기간 후
정규 근로관계로 전환

근로자파견사업부에
의한 적합한 실업자
선정

근로자파견사업부에
기업의 요청

큰 프로젝트
시작에 활용

클러스터 형성에
우선권 설정

일자리로
실업 해결

자금 준비
(개발은행 50%+
은행 분담 50%)
지급 개시

신용기관에 취업보조금
신청
(지급능력 검토)

장기일자리 용 시설을 위한
대출로서 사용자에 의한
취업보조금 예치
조건: 긍정적 기업진단+
신용자격

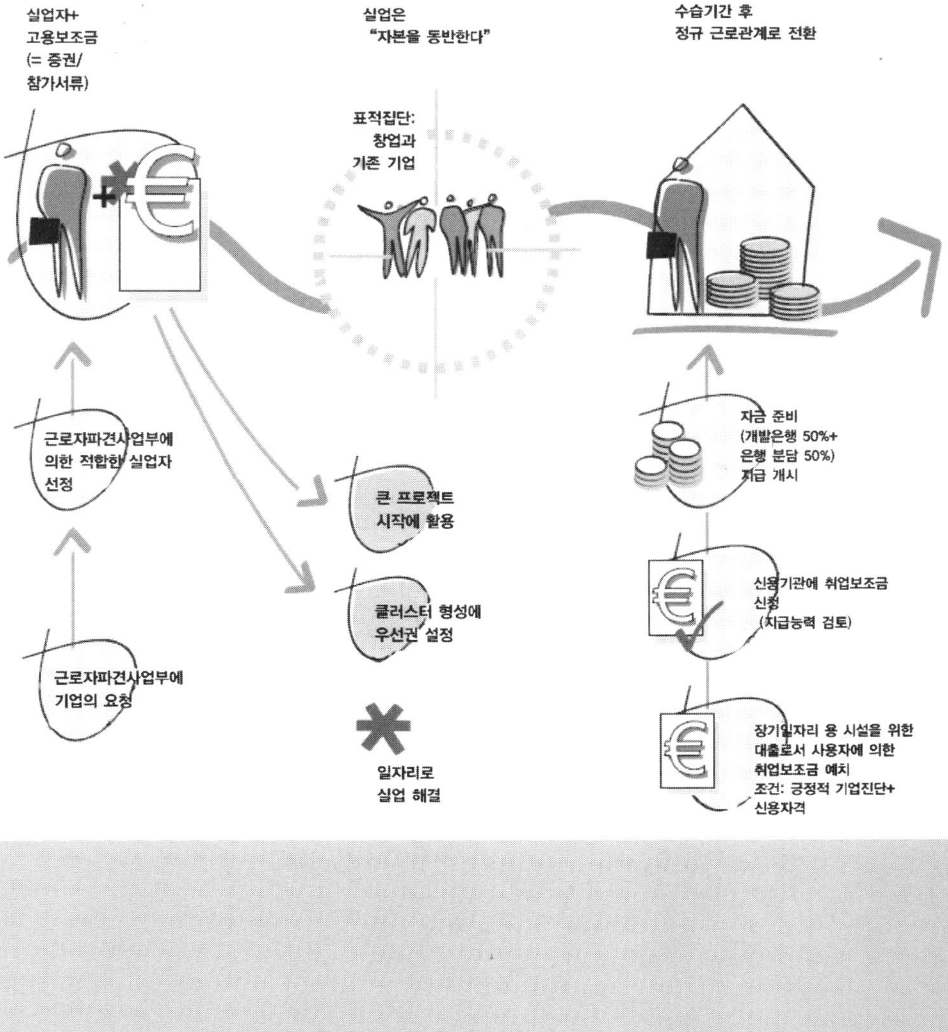

▌ 실업을 없애기 위한 정책 자금조달

- 고용보조금 개념에 의해 실업 자금은 일자리 자금으로 대체될 것이다. 수습기간경과 후 기업이 실업자를 장기적으로 채용한다면, 기업은 대출의 형태로 일괄 자금 중에서 선택하여 지원받을 수 있다. 이러한 신용 제공은 중소기업은 물론 신, 구 연방 주 모두에 적용된다.
- 고용보조금은 새로운 일자리를 창출하고 적합한 신용도를 가진 모든 기업이 이용할 수 있다.
- 연간 10만 유로(지원 신용 5만 유로, 후순위 채무 5만 유로)의 고용보조금과, 10만 명의 근로자에 대한 보상으로 연간 100억 유로의 자금수요가 발생할 것이다.
- 실업 축소에 대한 개별적 혁신 모듈의 효과는 정확히 계산될 수 없다. 하지만 개략적인 추산은 가능하여 설득력 있는 규모의 목표 설정이 가능하다. 그 결과 향후 3년 안에 2백만의 실업자를 취업시킨다는 야심적인 목표가 이 목표 범위 내에 들어가게 된다.
- 실업 축소에 대한 레버리지 효과는, 무엇보다 장기실업으로 위협받고 있는 사람들에게 도움이 된다면, 가장 좋을 것이다. 근로자파견사업부는 이러한 집단을 목표로 한다. 그러나 모든 정책은 서로 연계되어야 하고, 실업의 기간 단축뿐만 아니라 실업의 최소화에 기여해야 한다("뉘른베르크에 대한 보급은 없다").
- 실업자 2백만 축소는 오늘날의 기준에 따르면 실업급여와 실업부조에서 196억 유로의 절감효과를 가져올 것이다. 이 절감액 일부는 1인 기업 혹은 가족 기업과 근로자파견사업부에서의 고용 지원에 사용될 것이다. 예를 들어 친기업적인 능력향상에 유리하도록

적극적 노동시장정책 업무개편은 더 많은 효과를 가져올 것이다.
- 실업의 축소는 실업보험료 납부자만이 아니라 모든 납세자에게도 이익이 된다. 절감액의 2/3는 실업보험료 납부자에게, 1/3은 납세자에게 돌아갈 것이다. 경제활동 참가가 가능한 사회부조수급자를 일자리센터와 근로자파견사업부에 연결하는 것은 특히 고용창출 투자에 절감 자금을 절실하게 필요로 하는 기초단체에 도움이 될 것이다.

1. 고용보조금: 실업/인프라 정책 대신 일자리에 자금투입

고용보조금 시행 – 금융제도 신뢰

목표는 1차노동시장에서 가능한 많은 실업자를 취업 알선하는 것이다. 이러한 새로운 도약을 위하여 채용된 직원들에게 "일자리-자본"(Job-Kapital)이 제공될 것이다. 이 개념은 다음 두 가지 요소에 기초한다:

* 첫째, 실업자의 채용 인센티브를 마련하여 실업 축소에 기여
* 둘째, 특히 중간 규모 기업이 금융에 접근할 수 있도록 하기 위한 정책 마련

두 가지 요소는 이 개념에 서로 연계되어 있다:

중간 규모 기업이 수습기간 경과 후 실업자를 장기적으로 채용하면, 기업은 대출의 형태로 일괄 자금 중에서 선택하여 지원받을 수 있다. 이러한 신용 제공은 중소기업은 물론 신, 구 연방 주 모두에 적용된다.

기업이 주거래은행에서 긍정적인 신용평가에 따라 제공되는 신용은 다음 두 가지 신용으로 구성된다:

* 지원신용(차입금)
* 후순위 채무(전환사채)

후순위 채무는 기업의 결산서 구조를 개선하고, 차입금은 추가자금을 공급해 줄 것이다. (긍정적인) 자기자본비율의 효과는 소기업의 경우 적은 자산총액으로 인해 대기업보다 확실히 더 작을 수밖에 없었다. 그래서 이는 절대적으로 바람직한 부대효과를 갖게 될 것이다.

두 가지 채무에는 기업의 지급능력에 따라 위험에 상응하는 이율이 책정된다. 전제는 기업이 긍정적으로 진단되어야 하며 전체적으로 대출자격이 있어야 한다는 것이다.

주거래은행에 대한 전체 채무를 개발은행(KfW)이 차환해 줄 것이다. 차입금 상환에 대해서는 주거래은행은 차입금 상환에 관하여 관례적인 신용평가에 높은 관심을 갖고 있는 개발은행에 대하여 책임진다. 주거래은행의 후순위 채무에 대한 책임은 면제된다. 위험분담, 위험판매, 위험성 재무관리에는 자본시장의 해법이 활용될 것이다.

채무불이행 시 이 채무에서 수취하던 위험 할증 이자는 후순위 채무 손실 보전에 사용될 것이다. 이 할증이자가 충분치 못하면, 개발은행은 연방자금의 보증을 받게 된다. 그리고 연방 측에서는 취업한 실업자에 의한 실업급여-Ⅱ 절감액에 의해 상쇄된다.

주거래은행과 저축은행 채무 차환용 자금은 개발은행이 자본시장에서 조달한다. 개발은행은 유럽 자본시장에서 최대의 유가증권발행자 중 하나로 자신의 최고신용등급(AAA)을 기초로 매우 유리하게 자금을 조달할 수 있다. 신용 규모는 실업자 당 (양 부분 합쳐) 최대 10만 유로에 달한다.

사용자 측(피고용자 수)은 물론 은행 측(기존 대출)의 대체효과를 피하기 위해 기한이 도입된다. 고용보조금은 새로운 일자리를 창출하고 적절한 신용도를 보유하고 있는 모든 기업이 이용할 수 있다. 이는 실업자에 대해서만이 아니라 1:1의 비율로 "비-실업자"에 대해서도 적용된다.

기업에게 계획의 안정성을 주기 위해, 근로자가 퇴직하는 경우에도, 기업은 자금을 보유할 수 있다.

<그림 47> 고용보조금 개요[1]

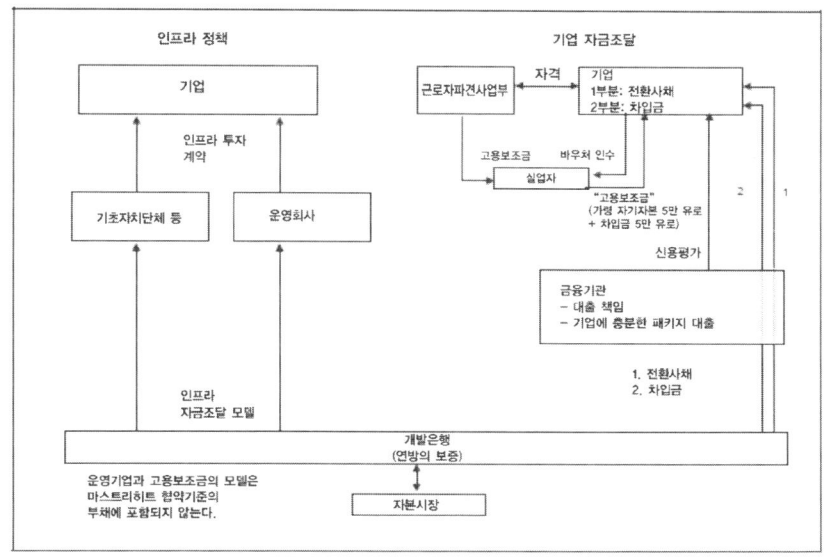

---

[1] 마스트리히트조약(Maastricht Treaty: Treaty on European Union(유럽 연합에 관한 조약))은 유럽연합의 기초가 되는 조약으로 1993년 11월 1일 발효되었다. Ⅵ장(경제 및 통화정책)에 따른 유럽통화연맹(유로존) 가맹조건은 다음과 같다:
- 환율 수렴조건: 유럽통화제도의 환율조정장치를 따라야 하며 연맹 가입에 선행하는 2년 동안 통화가 평가절하를 겪은 적이 없어야 한다.
- 인플레이션 수렴조건: 통화연맹에 참가하려는 국가들 중 물가상승률이 가장 낮은 세 국가의 평균보다 물가상승률이 1.5% 이상 높으면 안 된다.
- 금리 수렴조건: 통화연맹에 참가하려는 국가들 중 물가상승률이 가장 낮은 세 국가의 평균보다 장기금리가 2% 이상 높으면 안 된다.
- 재정 수렴조건: 연간 재정적자는 국내총생산(GDP)의 3% 이하로, 정부부채는 GDP의 60% 이하로 유지해야 한다. 이 조건을 만족시키지 못하더라도 이에 '근접'해야 한다.

1999년 1월 1일부터 유로화가 공식적으로 도입되었으며, 독일은 2001년 12월 31일 마르크화 법정통화를 폐지하였다.

세 단계의 지출업무

1. 일자리센터와 근로자파견사업부는 사용자에게 실업자의 취업을 알선한다. 각 기업의 자격에 대한 신용평가는 가능하면 채용 전에 이루어질 수 있다.
2. 근로자는 사용자에게 고용보조금을 증권으로 예치한다. 이 증권은 자금조달 근거로서 주거래은행이 발행한 것으로 보조금이 아닌 자기자본 기능을 가진다.
3. 기업은 증권을 자신의 신용기관에 제출한다. 신용평가 후 금융기관은 개발은행에 자금을 청구하고, 50:50의 비율로 은행 몫을 보충한다.

〈그림 48〉 고용지원금 – 세 단계 지출업무

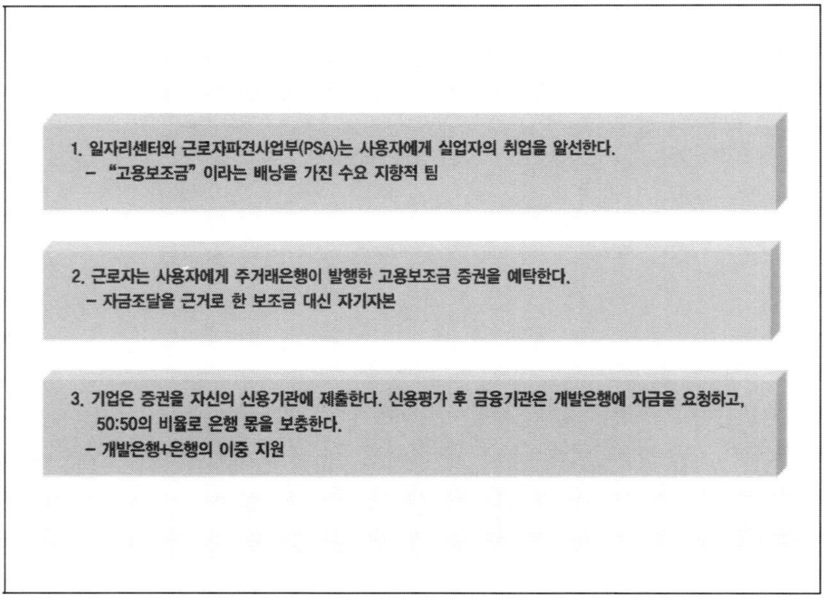

1. 일자리센터와 근로자파견사업부(PSA)는 사용자에게 실업자의 취업을 알선한다.
   - "고용보조금"이라는 배낭을 가진 수요 지향적 팀

2. 근로자는 사용자에게 주거래은행이 발행한 고용보조금 증권을 예탁한다.
   - 자금조달을 근거로 한 보조금 대신 자기자본

3. 기업은 증권을 자신의 신용기관에 제출한다. 신용평가 후 금융기관은 개발은행에 자금을 요청하고, 50:50의 비율로 은행 몫을 보충한다.
   - 개발은행+은행의 이중 지원

새로운 지분참여 개념으로서 고용보조금

이미 오늘날에도 좋은 지분참여 개념의 경험이 있다 – 가령 근로자저축에 의한 "자산참여법률"(Vermögensbeteiligungsgesetz), "소득세법"(Einkommensteuergesetz) 19조a에 의한 주주명부에 대한 면세, 직업교육시간증권, 폴크스바겐의 참여연금, 모든 직원에 대한 주식옵션 정책.

상환은 계획에 따라 이루어진다. 이 상환에 근로자도 참여할 수 있다. 이에 상응하여 근로자는 이윤참여, 발언권, 기간을 정한 조건부 주식 매입 계획 등 기업에 참여하게 된다.

규모

연간 10만 유로(지원 신용 5만 유로, 후순위 채무 5만 유로)의 고용보조금과, 10만 명의 근로자에 대한 보상으로 연간 100억 유로의 자금수요가 발생할 것이다.

일괄 정책이 효력을 발하여 실업이 급감한다면, 그 규모는 더욱 늘어날 것이다. 자본시장은 이에 보답할 것이다. 왜냐하면 구매력 증가와 실업에 대한 전체 경제적인 지출 감소로 국민경제 실적이 증가할 것이기 때문이다.

지자체의 인프라 – 채무 부담 여유가 협소한 상황에서 자금조달 방안 (개발은행 보고서를 기초로)

많은 도시와 지자체가 조세수입 감소, 높은 사회복지비 지출과 인구유출로 어려움을 겪고 있다. 긴급한 투자만 집행되고 다른 부분은, 완전히 취소되지 못한다면, 연기된다. 동시에 예산 적자의 **빠른** 진행을 막기 위하여 지자체의 자산은 매각될 것이다. 하지만 필요한 투자 집행을 위하여 다음의 방법이 가능할 것이다:

(1) 지자체의 장기부채

많은 지자체에서 채무 부담 여유는 좁아지고 있다. 하지만 실업 축소 정책은 도시와 기초단체의 재정상황에 긍정적인 영향을 미친다. 실업 감소에 의해 무엇보다 사회복지지 지출의 부담이 완화된다. 그 결과 앞으로는 조세 수입에 의한 재정 여유가 기대될 수 있다.

여기서 인프라 정책이 마련될 수 있다. 5년 거치 30년 상환의 경우 지자체의 재정상황에 맞춘 예산에 부담이 되지 않는 자금조달이 가능하게 된다. 이는 개발은행의 인프라 프로그램에 의해 가능할 것이다. 여기서 지자체의 인프라 정책 자금조달이 가능할 것이다.

(2) 기업식 모델

기업식 모델에 의해 절박하게 필요한 투자를 민간 방식의 사전 자금조달이 가능할 것이다. 현재의 지출이 차입금에 의한 것이 아니기 때문에, 자본 예산 부담에서 벗어날 수 있다. 지자체의 이런 이점을 자금조달에 유리하게 추가하기 위하여, 개발은행은 인프라 프로그램에 다양한 매출채권 매입제도를 개발하였다. 이에 의해 개발은행은 중간에 민간 사업자가 있기는 하지만 지자체에 지자체의 채무와 비슷한 조건을 제공할 수 있다.

프로그램 구조 – 구조적 취약지역 우선

프로그램 구조는 지자체 프로젝트와 구조적 취약 지역, 예를 들어 새로운 연방 주를 우선순위에 둔다. 주요 표적집단은 중견기업이다.

물론 새로운 개념의 대규모 프로젝트를 더하여 클러스터 형성을 우선순위에 둘 수도 있다. 이는 어느 지역 어떤 사업도 지원한다는 것은 아니다. 나아가 다양한 종류의 투자와 창업도 지원될 것이다.

〈그림 49〉 프로그램 구조 - 가능한 프로젝트의 사례

구조적 취약 지역 우선
* 지역 프로젝트에 중점/인프라 정책: 학교, 스포츠, 자녀보호시설, 병원, 상수도 공급, 환경보호 분야 사업
* 2003년 초-2005년의 연대협약에 이은 2005-2019년의 연대협약-II에서 선도적 성격을 가지는 대규모 사업으로 예를 들면, 베를린-브란덴부르크 공항, 교통 관련 투자 등
* 창업
* 상업건물 건축/토지공사/시설, 하드웨어/소프트웨어 취득 등
* 벤처자본 - 참여
* 채용 내정자 대상의 직업교육장 마련
* 기술 - 취득/사용인가 등

2. 기대되는 실업의 근절과 절감액

　실업 축소에 대한 개별 모듈의 효과는 여러 이유에서 계산하기 어렵고, 동시에 그 충분한 효과는 모든 정책의 결합된 작용에서 비로소 발휘된다. 현재의 학문은 그 이상으로 복잡한 상호작용을 - 예를 들어 한편으로 동반효과, 대체효과, 전위효과, 다른 한편으로 복잡한 상호작용 - 적절하게 파악할 수 있는 거시모델을 찾을 수 없다. 그러나 우리 정책 패키지에서 가장 중요한 요소의 기대효과를 개략적으로 평가하고 설득력 있는 목표를 만들 수 있다. 그 결과 앞으로 3년 안에 200만의 실업자의 취업 목표가 가능한 것으로 나타나고 있다.

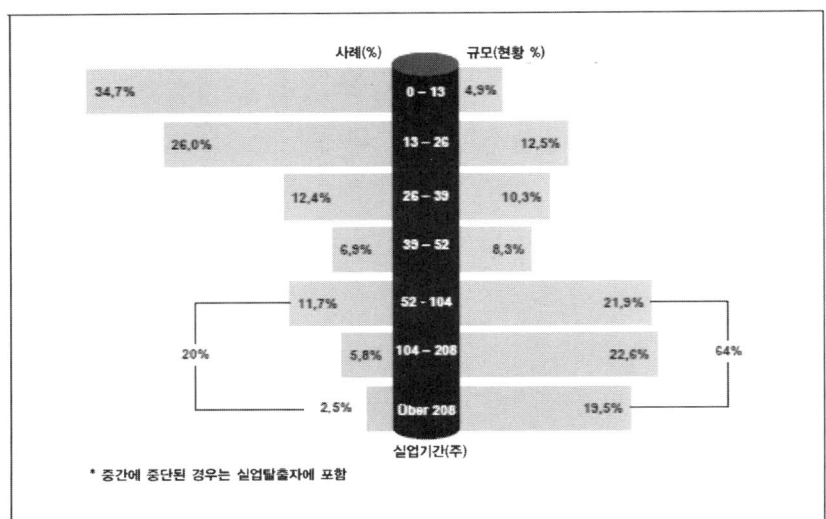

〈그림 50〉 실업기간별 분포, 2000년 6월

● **실업자 200만 축소는 실업 진입을 1/4로 줄이는 동시에 실업기간을 1/3로 줄이는 것의 결과다.**

여론의 관심은 거의 대부분 월간 실업자수와 실업율에 있다. 2002년 7월 4,047,000명의 실업자와 9.7%의 실업률은 그러나 본 위원회와 관련된 등록된 실업을 2005년 말까지 분명히 축소하기 위한 실제 출발상황일 뿐이다. 본질적인 출발점은 정책에 의해 평균 실업기간이 현저히 단축전체 목표는 3분의 1-되는 것이다.

연평균 실업 현황은 노동시장에서 실업과 취업 움직임의 결과이다. 2001년 한 해 동안 거의 700만 사례의 실업이 노동청에 등록되었다(그 중 적지 않은 사람들이 그 해에 한 번 이상 단기고용 혹은 노동불가로 인한 고용계약 파기로). 거의 690만 실업자가(또 여기에는 부분적으로 중복되는) 실업으로부터 빠져나왔다. 모든 단기적인, 반복되는 짧거나 장기적인 실업의 평균은 33주를 넘는다.2) 사실상 노동시장의 역학은 짧은 기간의 개인적 실업이라는 유연한 부분과 장기실업의 "경직된" 부분으로 나누어진다. 따라서 노동시장정책에서 적절한 정책에 의하여 개인적 장기실업화를 막거나 혹은 특별정책에 의해 장기실업을 관리하는 것이 합리적이다. 앞의 그림이 보여주듯이(출처: 노동연구소-단기보고서, 2002년 3월 19일, 3쪽), 2000년 중반 모든 "실업 사례"의 거의 35%가 13주 이내의 실업인 반면, 모든 사례의 20%가 1년이 넘은 장기실업으로 전체 실업의 거의 2/3를 차지하였다.

따라서 실업 현황을 2005년까지 200만 명으로 줄이기 위해서 본 위원회 안은 두 가지 변수를 출발점으로 하고 있다.

* 보고서 상의 모든 정책에 의해 평균 실업기간을 1/3로 줄인다면, 400만 실업자는 134만으로 줄어들 것이다.3)
* 실업자 200만이라는 새로운 "기준점"에 도달하기 위해서는, 이와 동시에 실업에 진입을 목표연도 2005년에는 거의 25% 낮추는 것이다. 이는 2005년에는 약 470만 명이 실업에 진입하는 것을 – 즉 오늘날보다 거의 150만이 적은 수치다 – 의미한다.

---

2) (원문 주1) 2001년 실업기간은 33.8주였는데, 신 연방 주의 39.7%는 서독의 실업자 당 31.2주보다 분명히 길었다. 실업(종결) 기간은 신규 실업자와 전체 실업자 간의 연결고리다: 단순한 공식; 실업현황 = 실업자수 x 기간. 385만 실업자의 연평균 현황은(2001), 약 592만 실업자를 "실업에 진입한 사람"(가령 질병에 따른 "기술적인 진입"은 제외하였다)으로서 1년 동안 평균 33.8주를 곱한 것으로부터 계산한 것이다.

3) (원문 주2) 정확한 근거자료: 보고서 상의 모든 정책에 의해 실업의 평균기간이 1/3로, 33.8주에서 22.5주로 단축된다면, 2001년 연평균 385만 실업자는 거의 128만으로 줄어든다.

● **본 위원회 제안의 출발은 두 방향이다: 실업기간 단축(특히 장기실업을 제거)과/혹은 실업 진입 축소("뉘른베르크에 대한 보급은 없다")**

단순하게 표현하면 실업과의 싸움이 전략적으로 두 개의 전선에서 시작되어야 함을 의미한다. 먼저 평균 실업기간을 (실업으로부터 빠르게 빠져나오게 함으로써) 지속적으로 줄여야 한다. 두 번째 "뉘른베르크에 대한 어떤 보급도 없음"이 성공하여야 한다. 즉, 실업에 빠질 위험을 예방해야 한다. 두 가지 출발점을 위해 본 위원회는 실업기간을 공략하든 아니면 실업으로의 진입을 공격하는 전략을 개발하였다; 부분적으로 두 차원에 동시에 영향을 주는 전략. 본 위원회는 그 위임계약에 따라 장기실업의 축소에 대한 위원회 제안의 강력한 레버리지 효과를 기대한다. 실업(진입)위험의 축소는 무엇보다 고용정책의 과제이자 도전이면서도, 노동시장에서 효과적인 (재)취업을 목표로 하는 노동시장정책의 과제이자 도전이기도 하다.

〈그림 51〉 재정효과:

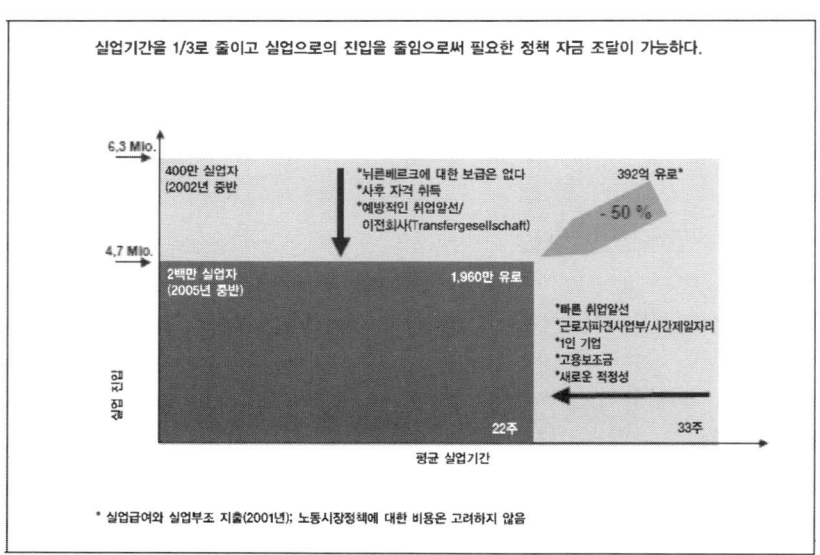

316

목록: 전략의 주 요소와 목표:

주 요소	효과	
	실업기간	진입위험
근로자파견사업부 설립	취업알선이 어려운 실업자에 집중	"접착효과"에 의한 실업자 불안 감소
근로자파견사업부와 일자리센터의 예방적 취업알선과 사용자서비스		가령 초과노동을 일자리로 전환
기간제 일자리 보강	빠른 취업알선	"접착효과", 개인적인 성장장애 제거
취업알선의 가속화와 새로운 적정성	실업 진입 단축	궁극적으로 간접 고용 효과
1인 기업과 가족 기업	자영업으로, 불법노동 대신 합법노동으로 전환 강화	취업능력 개발
미니 잡으로서 가사도우미	불법노동 대신 합법노동	취업능력 개발; 불법노동 대신 합법노동
노동능력이 있는 사회부조수급자의 일자리센터로 통합	구직자 관리 개선과 일자리 전전 방지	
노령 근로자의 통합 교량체계	자유의지로 실업으로부터의 빠른 탈출	궁극적으로 기한으로 인한 약간의 증가
적극적 일자리결산 인센티브	실업자의 채용	내부 유연성 제고와 취업능력 향상
고용보조금	실업자의 채용	지속적인 고용창출

● 실업과 고용에 대한 본 위원회 제안의 자세한 효과

본 위원회 안의 "핵심"은 근로자파견사업부(PSA)다. 이는 무엇보다 구직자의 고용과 능력향상을 맡음으로써 실업으로부터 빠른 탈출에 작용한다. 근로자파견사업부가 취업을 알선을 목표로 하여 약 50만의 실업자를 인수한다는 본 위원회의 목표에서, 1/3에서 절반 사이가 근로자가 파견 대상 사용자에게 "접착"되어 남는다는 것이다.4) 따라서 종합적인 근로자파견사업 참여자가 종합적 실업 현황에 상응한다면, 실업현황에 대한 효과는 15만에서 25만 명이 될 것이다. 하지만 (잠재적) 장기실업자에 집중함으로써 평균 실업기간은 더욱 단축되고, 그래서 더 큰 정도로 임금보상이나 노동시장정책의 다른 적극적 정책 지출이 절감될 수 있을 것이다. 가령 50만 명 (기존 혹은 예상되는 1년 이상 장기) 실업자를 근로자파견사업이 맡아서 궁극적으로는 사용자의 기간제 근로자의 1/3에서 1/2까지 맡는다면, 이에 의해 산술적으로 평균 실업기간이 - 그리고 규모에서도 - 거의 9 내지 13% 단축될 것이며, 그 규모는 첫 해에 36-52만 명 사이가 될 것이다.5)

그러나 근로자파견사업부와 일자리센터도 예를 들어 노동시간 상담과 근로자 파견을 통해 기업에게 초과근무를 피하고 이를 탄력적인 노동력으로 대체하면서 실업으로 진입 축소에 영향을 줄 수 있다. 그래서 노동수요가 증가하거나 지속되어 "뉘른베르크에 대한 보급"이 줄어들 것이다. 실업에 대한 근로자파견사업의 실질적 축소효과를 평가하는 것은 따라서 전체적으로 매우 어렵다. 25만-35만 명 대가 적절한 근사치로 보인다.

국제적 비교에서 기간제노동의 잠재력은 사라지지 않았다. 평균적으로 유럽 이웃나라에서는 경제활동 참가자의 1.4%가 기간제노동을 하고 있으며, 네덜란드에서는 4%나 된다. 독일에서는 약 35만 근로자가 기간제노동으로 경제활동에 참가하고 있는데, 이는 모든 경제활동참가인구의 0.9%이자 모든 근로자의 1.3%(1995년에는 0.63%)에 해당된다. 기간별 추

---

4) (원문 주3) 공익 근로자파견사업의 경우, 실험적 시도인 노르트베스트팔렌주의 "스타트 노르트베스트팔렌공사"(START NRW GmbH)에서는 취업률 45%가 실현될 수 있었다. "스타트 노르트베스트팔렌공사"(START NRW GmbH)에 관해서는 www.start-nrw.de 참조.

5) (원문 주4) 2000년 6월 실업규모의 분포와 관련한 모델 평가에 관해서는 "노동연구소-단기보고서(IAB -Kurzbericht) Nr.6, vom 19.03.02. 참조.

이를 보면, 2005년에는 43만 명(전체 경제활동인구의 1%), 2010년에는 52만 명(1.3%)의 기간제노동이 예상된다. 90년대 이래 기간제노동은 빠른 성장을 보여 두 배 이상 증가하였으며, 미래에는 더욱 증가하여 매년 10%의 성장을 보일 것으로 추산된다. 이러한 성장은 아마 두 가지 조건 하에서 더욱 가속화될 수 있다. 하나는 오늘날 기간제노동 기업에서 기존의 차별이 없어지고 파견 대상기업 근로자와 비교하여 노동조건이 동등해지는 경우다(가령 단체협약 등). 또 하나는 새로운 연방노동청이 직업으로서 기간제노동과 현재 부분적으로 이미 좋은 협력관계를 강화하고 특별한 업무를 이전하는 경우다. 기간제노동 기업의 긍정적인 성장동력은 무엇보다 그 취업알선-효과로 나타난다. 시장에 대한 익숙한 지식을 기초로 이들 기업은 인력으로 인한 성장의 어려움을 인지하고 극복할 수 있다. 따라서 국제적인 연구는 사업으로서 취업알선과 공공의 취업알선 사이에는 파멸적이 아니라 협력적인 경쟁이 보통 지배한다는 사실을 보여준다: 민간 부문의 기간제노동에서 어려움이 나타나면, 노동청이 취업능력이 있는 실업자의 풀을 활용할 수 있도록 기업과의 네트워크가 만들어진다. 미국의 한 연구는 더욱이 기간제노동 기업이 현저한 성장효과와 이에 따른 추가 고용효과를 낸다는 것을 증명하였다. 독일의 기간제노동 기업은, 근로자파견 대상 기업의 경우 약 30%가(일부 시장 분야에서는 훨씬 더 많이) "접착되어" 남는다고 보고하고 있다. 2005년 말까지 가능한 고용효과는 따라서 10만에서(연간 10% 성장) 20만 명대로 추산된다.

  빠른 취업알선과 새로운 적정성은 고용증가에 더욱 기여할 수 있을 것이다. 고객집단으로서 사용자를 더 주목하고, 고용상담에 의해 취업알선 상담의 전문성을 제고하고 체계적으로 지역화된 기술수준 진단에 의해 과거보다 분명히 더 많은 빈 일자리가 확보될 것이다. 현재 등록된 약 48만개의 빈 일자리(최근 12개월 평균)와 빈 일자리의 평균 지속기간 54.4일(2002년 7월)[6] 단축 그리고 3% 늘어난 약 40%의 즉시 충원 비율 제고를 기초로 노동연구소는 중기적(향후 3년) 고용효과를 약 12만 명으로 추산하고 있다. 그러나 이 추산은 매우 보수적이다. 등록되었든 아니든 간 빈 자리에는 "잠재적 빈 자리"로 지칭되는 나타나지 않은 노동수요가 추가되기 때문이다. 이 비율은 등록된 빈 자리의 70%에 달할 것으로 추산된다. 이외에도 신속한 취업알선은 인력으로 인한 성장의 어려움을 극복할 수 있고 이런 식으로 승수효과를 창출할 수 있다. 노동시장정책과 클러스터 형성, 지역적 네트워크화, 목적을 정한 인프라투자에 의한 지역의 고용정책이 강력하게 결합된다면, 신속한 취업알선과 새로운 적정성을 통한 고용효과는 25만 명까지 올라갈 수 있을 것으로 보인다.

가사도우미 수요촉진과 결합된 1인 기업과 가족 기업 그리고 미니잡의 혁신은 잠재적 고용을 더욱 실현할 것이다. 독일의 3,800만이 넘는 가계 중 거의 330만 가계가 현재 가사도우미를 찾고 있는데, 대부분 주 단위 짧은 시간, 그래서 흔히 325 유로-일자리 혹은 합법적이지 않은 고용을 찾는다. 추가적인 고용잠재력은 우선 일단 필요한 가계비에 좌우된다. 독일경제연구소(DIW)와 노동경제연구소(Forschungsinstitut zur Zukunft der Arbeit. IZA)는 비용이 10-20% 덜 들게 되면 35만에서 74만 5천 가계가 앞으로 마찬가지로 이 서비스를 이용할 것이라고 추산하였다. 수요 증가가 고용에는 두 가지로 반영될 것이다: 가계는 325유로 이상의 일자리를 제의하거나 이 서비스 가업은 이러한 수요를 사회보장보험료 납부 의무

---

6) (원문 주5) 빈 일자리의 평균 지속기간은 새로운 연방 주에서는 31.4일로 (2001년 연평균 30.5일) 서독 지역의 64.5일(2001년 62.3일)보다 분명히 짧다. 이는 동독의 노동시장의 수용능력이 더 적다는 것을 보여주고 있다. 또한 이는 취업알선 과정의 가속화를 통해서도 없어지지 않을 수도 있음을 보여준다. 노동연구소는 모델계산에서 이른바 기업의 결원시간을 언급하고 있다; 결원시간은 현재 23일인데, 동독에서는 14일로 서독의 27일보다 훨씬 짧다. (출처: "노동연구소-전체 기업의 일자리 공급 조사"(IAB-Erhebung über das gesamtwirtschaftliche Stellenangebot), 'IAB-Kurzbericht Nr. 14 vom 5.7.2002').

가 있는 (시간제) 일의 패키지로 공급할 것이다. 이런 서비스에 관심을 가진 가계의 1/3이 앞에서 언급된 시장 해결방안에 참여한다면, 다른 경우라면 실업자인 12-15만 명이 여기서 일자리를 찾을 것이다. 추가적 고용의 나머지 부분은 이른바 침묵의 예비군(Stillen Reserve)으로부터 나온 사람들이다. 두 집단은 세금과 사회보험료 납부에 의해 재정 부담 완화에 기여할 것이다.

우리가 "불법" 노동시간을 고용으로 환산하면, 독일에는 약 500만 명의 "불법정규노동자"가 있는 셈이다(Schneider, Enste: '지하경제와 불법노동', 2000). 경제활동참가자의 22%가 이미 한 번 이상 불법으로 일을 하였다고 한다(Mummert, Schneider: '독일의 지하경제: 나누어진 연방독일?', 2002). 20%를 차지하는 지하경제에서 불법 서비스의 68%는 법적 근거를 가질 수 있다(린츠대학 Friedrich Schneider교수: SüddeutscheZeitung, 2002년 6월 6일자, p.24). 500만 불법정규노동자 중 40%가 1인 기업과 가족 기업의 고용으로 전환될 수 있다면, 200만 명의 고용이 이루어질 것이다. 실업등록에 의해 그 중 10-25%가 활용되고 지속 가능하다는 것이 입증된다면, 가능한 고용효과는 20-50만 명으로 추산된다.

"뉘른베르크에 대한 보급은 없다"(실업으로 빠질 필요가 없다): 근로자와 사용자는 실업보험료 납부를 분담한다. 공동으로 부담하는(그리고 합의에 의한 비용 조정을 조건으로 하는) 분담금책정 한계에 달한 급여총액의 6.5%인 높은 보험료율은 여러 해 전부터 이미 노동비용에 부담이 되었다. 보험료는 추가 고용 창출의 장애가 되는 동시에 실업의 경우에 소득을 보장해주는 낙하산이 되었다. 두 가지 효과는 직원들의 직업능력에 투자하고 유연한 작업조직에 의한 고용유지를 보장하는 기업에게 어떤 인센티브도 주지 못한다. 그러나 많은 기업은 노동자 보유-가치와 주주-가치를 동등하게 만들 수 있는 여러 가지 방법이 있다는 것을 보여주고 있다. 이 보고서의 안에 따른 자발적인 고용결산과 보험료 할인의 형태의 흑자 결산에 대한 보너스는 이제 "뉘른베르크에 대한 보급"(실업으로 빠지는 것)을 억제하고 있다는 것이다. 그래서 어떤 고용효과를 목표로 해야 하는지는 아직 평가하기 어렵다. 실업으로의 진입을 5% 낮춘다면, 이는 – 동일한 실업기간의 경우 – 연평균 20만 명의 실업자를 축소 효과를 가진다. 그리고 다른 지표는 12만 명 근로자에게 부과되는(대응 자금 없이) 보험료 총액 절감 효과가 있다고 추정하고 있다. 여기서 모두 5-10만 명의 고용 증가가 있을 것이다.

고용보조금은 무엇보다, 부족한 자기자본이 종종 고용장애가 되는 중소기업을 목표로 한다. 심도 있는 고용상담과 연계시키고, 경우에 따라서는 기업 친화적인 기술향상과 연계시킴으로서, 특히 구조적으로 취약한 지역에서 이런 정책수단이 실업자 고용의 동인이 되기를 본 위원회는 희망한다. 이것만은 지원조건으로 인하여 더욱 지속 가능성을 가질 것이다. 이런 정책수단에 대한 부족한 경험과 낯설음 때문에 아마 출발이 지연될 수 있다. 1차년도 5만 명, 2차년도 10만 명 그리고 3차년도에 20만 명에 대한 고용보조금이 지원된다는 전제 하에, 그리고 1인당 평균 4만 유로 (최대 5만 유로)로 계산하면, 산술적으로 평균 고용효과는 약 12만 명이며 지원규모는 연평균 500만 유로 이상의 대출이 발생할 것이다. "고용보조금" 제도가 더 빨리 시작되고 "인기상품"이 된다면, 아마 두 배의 효과를 낳을 것이다.

본 위원회의 첫 번째 모듈은 2003년부터 통합조직 형태로 일자리센터 구성에 착수한다는 제안을 포함하고 있다. 그래서 모든 구직자에 대한 "원스탑 지원", 말하자면 앞으로는 실업자 외에 경제활동 능력이 있는 사회부조수급자도 일자리센터의 표적집단에 포함된다. 2000년 말에 경제활동을 할 수 있는 나이지만 경제활동에 참가하지 않는 사회부조수급자가 약 95만 명이다(소위 순잠재적 노동력). 40만 명 이상이 지자체의 고용지원정책(노동에 대한 부조) 대상이다. "쾰른 일자리센터"[7]의 경험을 벤치마킹 대상으로서 전국에 전파한다면, 2005년 말까지 거의 23만 명 이상의 구직자가 통합 일자리센터를 통하여 경제활동에 들어갈 수 있게 한다는 목표가 달성될 수 있을 것이다. 그러나 노동청과 사회복지부서의 결합 모델에 대한 신뢰할 만한 평가결과가 아직 없기 때문에, 실업에서 벗어나는 숫자가 대략 12-23만 명대로 조심스럽게 추산되고 있다.

노령자에 대한 한시적 고용을 쉽게 하고 임금안정과 보험료 축소 등 "교량정책"의 부담완화효과를 실제적으로 평가하는 것은, 경험 부족과 정밀한 모델 설정의 어려움으로 인하여 쉽지 않다. 개략적으로 다음과 같이 생각할 수 있다: 지난 4년 간 지속적으로 감소하였지만 55세 이상 노령실업자의 수는 지난해에도 여전히 714,000명이었고, 실질적으로 2002년 7월에 585,000명이 될 것이다. 실업의 감소는 실업기간의 단축이나 경제활동 참가 증가의 영향이 결코 아니었다. 이에 반해 실업 감소에 대한 분명한 기여는 사회법전-Ⅲ의 428조[8] 적용과 노령근로자 단축근무제(근로자가 55세가 되면 노동시간은 절반으로 하고 임금은 70%를 보장받는 제도)다. 연령에 맞춘 인력정책 변화에 의해 그러면서도 노령자에 대한 용이해진 기한설정으로 인해 취업율이 상승할 수 없다면, 앞으로 인구구성 변화로 인하여 노령실업자의 수는 다시 증가할 것이다. 노령근로자의 1/4에서 1/3이 보고서에 제안된 정책의 긍정적인 영향을 받는다면, 노동시장에서 부담 경감효과에 의해 15-20만 명 실업자가 줄어들 수 있을 것이다.

---

7) (원문 주6) Arbeitsamt Köln, Information and Controlling, März 2002.

8) 1985년 일자리지원법(Arbeitsförderungsgesetz)105c조 1항에 58세에 달한 실업자는 서면으로 취업알선 취소 신청을 할 수 있으며, 이에 따라 실업급여 신청 자격은 보유하지만, 구직 노력을 할 필요는 없다는 내용으로 도입되었다가 하르츠 개혁으로, 사회법전-Ⅲ의 428조에 의해 2008년 1월 1일 이전에 58세에 달한 실업자에게 적용하기로 개정되었다.

● **연방노동청과 사회복지부서의 현재 지출: 현대적 노동시장 업무의 전환가능성**

2005년 말까지 실업자 2백만 명 축소는 노동행정의 "효율성 혁명" 외에, 경제정책상 적절한 조건과 모든 사회집단의 자조 과정 참여에 의해 이루어져야 한다. 물론 실업기간 단축과 실업 진입 위험축소를 통한 연간 실업자 감소는 "급부 제공" - 특히 실업급여와 실업부조 -을 상당히 절감할 것이다. 이런 임금보상 급여로 2001년 거의 374억 유로가 지출되었고, 2002년에는 최소한 3,82억 유로가 지출될 것으로 전망된다.[9] 도시와 기초자치단체는 게다가 2000년에는 경제활동 능력이 있는 사회부조 수급자에 대한 기존 생계 지원에 대략 48억5천만 유로를 지출하였다 - 이는 생계비 지원(Hilfe zum Lebensunterhalt. HLU) 총액의 절반 이상이다.[10]

이러한 금전 급부에는 적극적 고용지원에 대한 지출도 들어간다. 2001년 노동행정은 적극적 노동시장정책 업무에 219억 유로를 지출했다. 2002년 회계연도에는 여기에 221억 유로가 계획되어 있다. 이는 연방노동청 전체 지출의 거의 40%에 달한다. 그 중 대부분, 즉 거의 2/3가 취업 항목의 재량 급부 성격을 가진다(2001년 집행 139억 유로; 2002년 예산 142억 유로). 또한 1/3(2001년 집행 80억 유로; 2002년 예산 79억 유로)이 적극적 노동지원 기타 의무와 재량 급부에 지출되었다. 지자체 고용지원 지출에 관해서는 약 10억 7백만 유로의 총액에 대하여 그다지 알려진 것이 없다; 여기서 지자체재정 개혁 과정에서 차별화된 인식이 확보되어야 한다.

작년에 연방노동청의 적극적 노동지원 예산 219억 유로 중 약 45%가

---

9) (원문 주7) 2002년 실업급여+실업부조 예산 총액

10) (원문 주8) 생계비 지원 등록자 중 25만5천 명 이상이 경제활동에 참가하거나 직업교육 및 재교육을 받고 있다. "순"-잠재노동력은 약 95만 명으로 추산된다.

새로운 연방 주에 투입되었다. 연방노동청은 노동시장 총지수(Arbeits-marktgesamtindikator. 사회법전-IV 71b조 2항 참조)[11]에 따라 지역의 적극적 노동시장정책 예산을 관리한다. 노동시장 총지수는 바로 일자리 지원에서 실업과의 싸움과 국가의 이전 급부 축소 목적으로 구 연방 주와 새로운 연방 주 사이의 균형을 기하고자 하는 것이다. 이러한 노동시장 총지수는 다시 지역 노동시장의 각각의 일자리부족과 수용능력을 나타내는 다양한 지수로부터 구성된다: ① 사회보험료를 납부하는 고용의 변화(서독에서만 증가가 나타난다), ② 실업자 외에 또한 관련 노동시장 정책(일자리 창출 정책; 구조조정 정책-동독 기업구조조정 정책Strukturanpassungsmaßnahen:- Ost für Wirtschaftsunternehmen: SAM OfW 제외-; 전일제 고용화 정책) 참가자 수를 포함한 (현재 예상되는) 불완전고용비율, ③ 실업자 중 특별한 집단의 비율(노령자, 중증장애인, 장기실업자, 직업 관련 자격증 없는 실업자, 취업 복귀자), ④ 그리고 무엇보다 지역의 기존 노동수요에 고려할 정규노동으로의 진입 정도.

이제까지의 노동시장정책의 관리는 가능한 한 효과적인 자금 투입 목표에 따랐다. 이는 적극적 노동시장정책의 "방향전환" 시에 고려되어야 한다. 하지만 연방노동청은 무엇보다 새로운 근로자파견사업부와 통합 일자리센터 자금을 재편성해야 한다. 그래서 새로운 정책에 유리한 적극적 노동시장정책으로의 "방향전환"의 경우에 초기 비용이 발생한다는 것이 고려되어야 한다. 재정 분배도 마찬가지다. 따라서 예를 들면 직업재교육 지원(Förderung der beruflichen Weiterbildung. FbW) 정책 축소는 이제까지의 유지관리비를 줄이게 될 것이고, 물론 그 대가로 실업급여와 실업

---

11) 사회법전-IV 71b조 2항은 "…자금 배정 시 특히 지역의 고용 추세, 노동 수요, 실업의 종류와 범위 및 전년도 예산 지출 추세가 고려되어야 한다…"라고 규정하고 있다.

부조 - 또한 보험료 납부 지출이 다시 발생하게 된다. 과거의 상황과 새로운 상황 사이의 "결산"은 그러나 미리 판단하기는 어렵다. 왜냐하면 이는 무엇보다 잔존 임금보상 급부 청구액과 과거의 직업재교육 지원 정책 혹은 새로운 정책 "이월 비율"에 달려 있기 때문이다.

무엇보다 방향전환 시 그 자체로 분권화되어 현지에서 재량권을 가지고 사용할 수 있는 취업항목(Eingliederungstitel)[12]의 지출자금은 다음 회계연도의 사업계획과 연결되는 것이 고려되어야 한다. 경험상 이는 지출금액의 약 3/5이고, 그 중 다음 해 지출 항목의 약 45-50%가 이에 속한다. 이는 다음을 의미한다: 노동청에서 새로운 길을 가고자 하는 사람은 누구나 일찍 발을 들여놓아야 한다.

● **연방노동청 사업 (직접)비용의 산정**

실업에 대한 지출을 일자리 자금으로 전환함으로써(예산의 활성화), 즉 효율적인 정책으로 그리고 자본시장에서 추가 자금 동원을 통한 적극적 노동시장정책 지출에 의해 관련 목표의 자금조달도 가능할 것이다. 현재의 급부 기준에 따른 약 400만 명의 실업자에 대한 실업급여와 실업부조 비용만으로도 약 392억 유로에 달한다. 그 중 -정확하게 말해서 - 보험료 납부자가 2/3(실업급여), 그리고 납세자(연방)가 1/3(실업부조)를 부담한다. 현 상황에서는 연방노동청이 또한 실업자 10만 명에게 간접비용을 고려하지 않고도 거의 10억 유로를 지출한다.[13]

---

12) 취업 항목(Eingliederungstitel)은 직업재교육, 취업알선 등 노동청이 독자적으로 운영하는 노동정책에 배정된 예산 항목으로서 적극적인 노동시장 정책을 상이한 지역 문제에 더 잘 적용시키기 위한 분권화를 목적으로 1998년 1998년 사회법전-Ⅲ에 도입되었다.

13) (원문 주9) 사실상 전체 재정지출은 근본적으로 여전히 높다; 현재 약 704억 유로에 달하는데, 그 중 약 271억 유로를 연방노동청이 직접 부담하고 있

실업자 200만 명 축소 목표의 달성 시 연방노동청의 예산도 – 다른 전제조건 없이 – 약 196억 유로가 경감될 것이다(그 중 2/3는 보험료 납부자, 1/3은 납세자). 실업의 축소는 따라서 보험료 납부자는 물론 모든 납세자에게도 이익이 되고, 이는 전체 재정을 근본적으로 크게 줄이는 경감효과를 가져온다. 물론 축소되는 실업자의 상당 부분이 지원받는 고용에 유입된다는 사실이 고려되어야 한다. 근로자파견사업부에 고용되는 50만 명과 1인기업 및 가족기업에 고용되는 50만 명을 고려하면, 재정적 부담완화효과는 약 135억 유로로 줄어들 것이다.

다른 측면에서는 더욱 효율적인 노동시장정책 의해 대체적으로 가능한 절감효과는 아직 고려되지 않았다. 근로자파견사업부의 도움으로 일자리 지원정책 전환 효율성이 약 30% 상승하고 전통적인 적극적 노동시장정책의 1/3이 근로자파견사업부에 의해 이루어진다고 전제한다면, 계산상으로 20억 유로의 추가 절감효과가 발생할 것이다. 이 외에 맞춤형 취업알선과 수요에 부응하는 재교육을 통해 얻을 수 있는 전체 국민경제적 효과는 계산할 수 없을 것이다.

그러나 모든 것을 계산할 수는 없다. 마지막으로 상업적 결산서보다 더 중요한 것은 실업 대신 유용하고 공동체적인 일을 하고 있는 수백만 자영업자로 인해 발생하는 사회적 비용의 확보 혹은 절감이다.

다. 이는 실업비용의 39%에 달하는데, 연방과 주, 지자체 그리고 기타 사회복지담당기관 역시 높은 사회복지지출과 낮은 세금수입, 줄어든 사회복지보험료에 의해 어려움을 겪고 있다. 모두 합하면 실업자 10만 명 당 약 18억 3천만 유로의 공공예산이 투입된다(노동연구소 계산).

국가의 전문가들

13

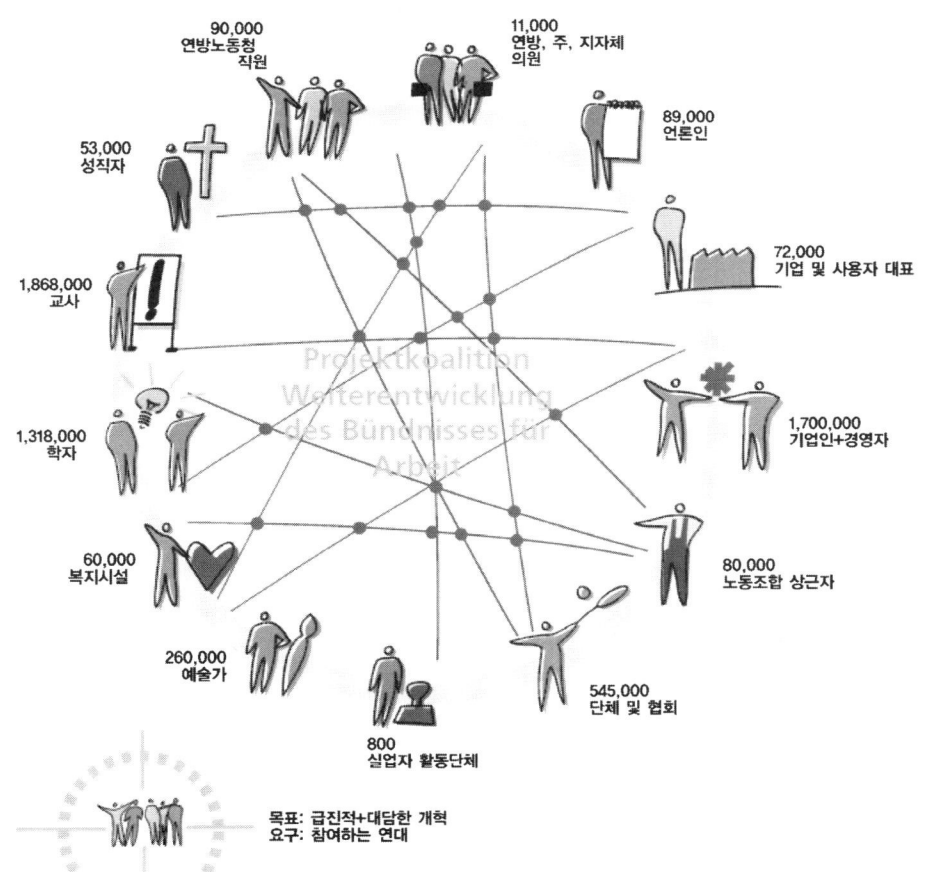

▎ "국가 전문가"의 기여 – 마스터플랜 프로젝트연합은 노동을 위한 동맹으로 귀결된다

- 문제 해결을 정치가나 노조, 기업 혹은 더욱이 실업자에게만 맡기는 것으로는 불충분하다. 이보다는 모두가 자신의 전문적 능력과 자신의 강점에 집중하고 필요한 경우 협력하는 것이 필요하다.
- 국가의 모든 전문가들의 다양한 기여가 필요하다.
- 연방과 주 그리고 지자체의 직업 정치인 11,000명
- 연방노동청 직원 90,000명
- 기업인 – 경영자 1,700,000명
- 노동조합과 직장협의회 상근자 80,000명
- 기업 및 사용자 단체의 대표 72,000명
- 학자 1,318,000명
- 학교의 교수 인력, 교사와 사회교육자 1,868,000명
- 성직자 53,000명
- 단체 및 협회 545,000 개
- 언론인 89,000명
- 예술가 260,000명
- 무료 복지시설의 책임자 60,000명
- 실업자운동단체와 자력부조집단 800개
- 전문가 연합에 의해 전국적인 구체적 프로젝트 네트워크가 구축될 것이다
- 실업은 독일 전역의 수많은 프로젝트의 연합에 의해 제거될 것이다.

1. 국가의 전문가

　유럽연합에서는 매일 거의 10만 명이 실업자가 되고, 독일에서는 매일 거의 14,000 명이 실업자가 된다. 그래서 독일에서 매년 거의 700만 명 실업에 처하게 된다. 우리는 매일 언론으로부터 이에 관해 듣고 본다. 실업은 우리 사회와 우리 모두에 대한 최고의 도전이다. 그러나 이런 도전은 흔히 "다른 사람"의 문제로서 느끼게 된다. "다른 사람"이란 정치인, 기업인, 실업자 자신이다.

　우리는 이런 운명론적인 전망에서 벗어나야 한다. 우리가 실업과 싸움에서 승리하려면, 수동적으로 행동해서는 안 된다. 우리는 계속 관찰자의 입장에 설 수 없다. 넓은 범위에 걸치는 실업은 우리 자신에게도 영향을 준다. 실업은 현재와 미래의 세대의 우리 사회의 발전기회와 잠재력을 앗아간다. 따라서 우리는 우리의 인간적이고 개별적인 상황에서 우리 사회의 가장 핵심적인 도전을 극복하기 위하여 참여할 길을 찾아야 한다. 필요한 것은 이 사회의 각자의 위치에서 참여하는 연대다.

　이는 전망의 전환에서 시작한다. 실업은 "다른 사람"의 문제일 수 없는 우리 모두의 문제이다. 우리가 이 사회에서 어떤 일을 하고 어떤 지위에 있든 간에 실업은 "우리의" 문제이자 "나의" 문제이다. 여기서 우리는 도처에서 만나는 무기력을 극복해야 한다. 우리는 우리와 함께 적극적으로 문제해결에 참여할 준비가 되어 있는 연대를 추구한다.

　이는 경악하게 할 문제에 관한 것이 아니다. 우리의 목표는 우리 사회에 존재하는 여러 가지 역량을 활성화하여 공통의 목표를 향해 가야하는 것이다.

　이를 위해 우리는 "전문가 연맹"을 결성하고자 한다. 자기의 역량을 통하여 우리 사회에 기여할 수 있는 "전문가들"은 우리에게 사회에 의미 있고 부분적으로 주어진 과제로부터 실업자의 취업을 창출하는 데 기여할 수 있는 모든 사람이다.

모든 개인에 대한 메시지는 간단하다

문제 해결을 정치가나 노조, 기업 혹은 더욱이 실업자에게만 맡기는 것으로는 불충분하다. 이보다는 모두가 자신의 전문적 능력과 자신의 강점에 집중하고 필요한 경우 협력하는 것이 필요하다.

새로운 연방노동청 직원에 대한 개별적인 상담, 관리와 취업알선의 개선에 의해 실업이 새로운 면모를 갖게 되듯이, 전문가들 또한 참여 속에서 "자기의 얼굴"을 갖고 문제를 보게 된다. 이익이 실업에 대한 싸움을 자기 문제로 만들면 만들수록, 상호 책임전가, 일방적 요구와 정체의 악순환이 극복될 수 있는 기회는 그만큼 많아진다. 전문가 연맹에 의해 문제의 기술(記述)이 아니라 문제 해결 기회가 늘어난다.

모든 개인의 기여는 전문가들의 아주 전문적인 능력에서 나오고, 이미 시작된 개인적 행동의 기본조건 변화에 의해 지지되고 강화되며, 전문가들의 결합된 서비스에 의해 실업문제의 해결에 이르게 된다.

2. 마스터플랜

의회 의원
연방노동부와 노동청
기업인
노조
사용자단체
학자
교사
성직자
단체
언론인
예술가
사회복지시설
자구 단체

의회 의원

지원 사례와 아이디어

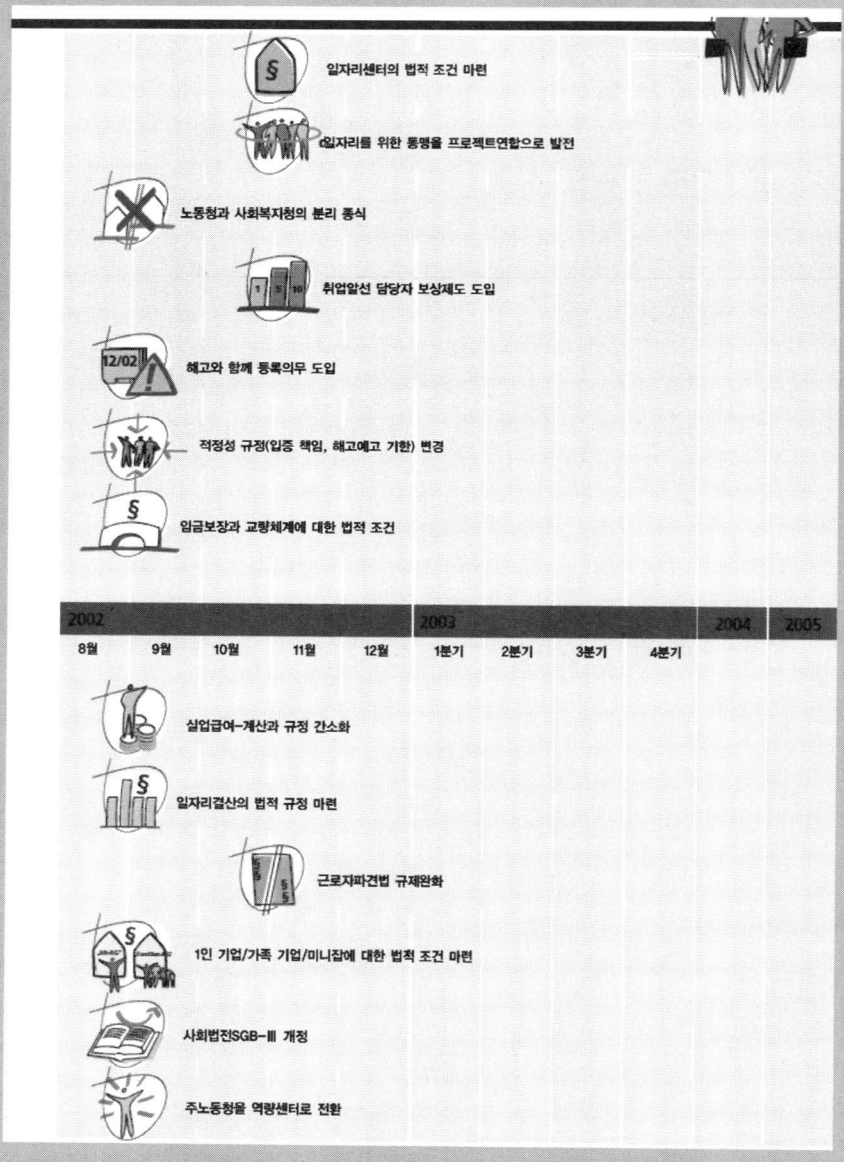

연방, 주, 지자체의 직업 정치인 11,000명

노동청의 근본적인 개혁은 독일에서 역동적인 경제성장과 대담한 행위를 할 수 있는 용기를 장려하는 기본환경을 만들기 위한 법적 및 정책적 조건을 필요로 한다.

이를 위해 현행 법령이 검토되고 필요에 따라 조속히 조정되어야 한다.

여기서 의원들에게 다음과 같은 것을 기대한다:

* 법률 개정의 가속화와 새로운 조건의 설정
* 경제정책, 재정정책, 노동시장정책, 사회정책, 구조정책, 교육정책의 연계 개선
* 동시적으로 지역 이기주의를 타파하면서 지역 개발전략의 시행
* 일관된 실업문제 해결 프로젝트연합. "노동을 위한 동맹" 후속의 프로젝트연합
* 시선은 앞을 향하고, 예를 들어 기업과 노사협의회 그리고 선거구 내 노조의 적극적 대화를 통해 확신을 가지고 혁신의 후원자로서 참여
* "자기활동 유발 – 안전 회복"원칙에 대한 적극적이고 일관된 지지 입장

연방노동부와 노동청

지원 사례와 아이디어

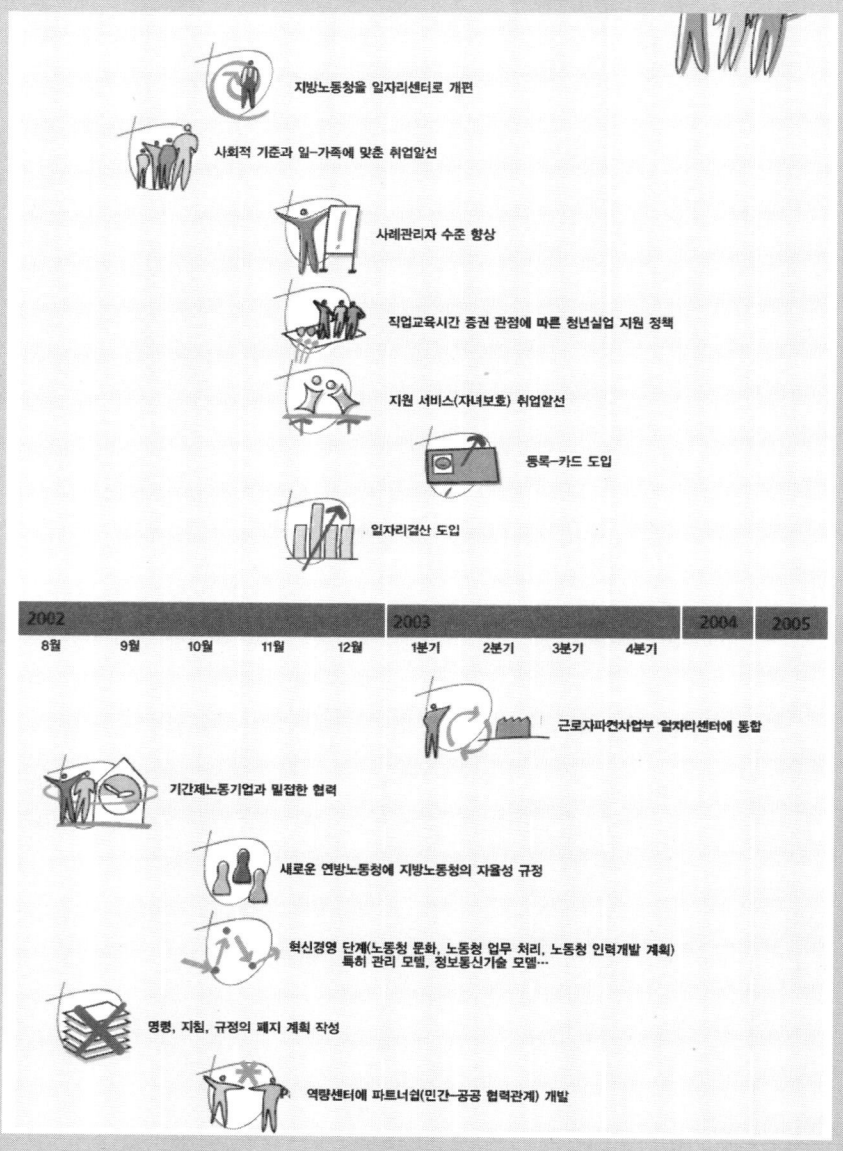

연방노동청 직원 90,000명

연방노동청에는 9만 명이 넘는 경험 있고 적극적인 직원이 일하고 있다.

연방노동청의 조직과 기능 개편에서 직원들이 중심적 역할을 해야 한다. 그들은 현장의 일상업무에서 그들의 고객인 실업자 및 기업과 관련 업무를 새로운 수준에서 집행하여야 한다. 이는 이사회, 직장협의회 위원에서 각급의 직원에 이르기까지 모든 사람들에게 해당된다.

다음의 기회의 이용이 가능하고 실현될 수 있다:

* 혁신을 진보로서 파악하는 개인적 의지와 개방성 그리고 참여; 혁신은 성과 향상으로 이어지는 업무로 나아간다; 따라서 새로운 연방노동청[BA-n]의 업무는 더욱 성공적이고, 만족스럽게 된다.
* 시선은 앞을 향하고, 확신을 가지고 혁신의 후원자로 자각하여 참여한다.
* 새로운 재량권을 책임을 가지고 설계하고 이를 활용한다.
* 연방노동청 내에서 새로운 업무를 맡는다.
* 새로운 업무를 위하여 자신의 기량을 향상시킨다.
* 새로운 조직구조와 업무절차에 적응하여, 공동목표를 위하여 다른 기관(예를 들어 일자리센터)과 함께 간다.
* 문의에 대한 자신감을 개발하고, 건설적인 대화를 이끌며, 공개적인 토론문화를 발전시킨다.
* 문제 관리자에서 실업자와 기업의 협력 설계자가 된다.
* 관료적 장벽에서 벗어난다.

기업인[1])

지원 사례와 아이디어

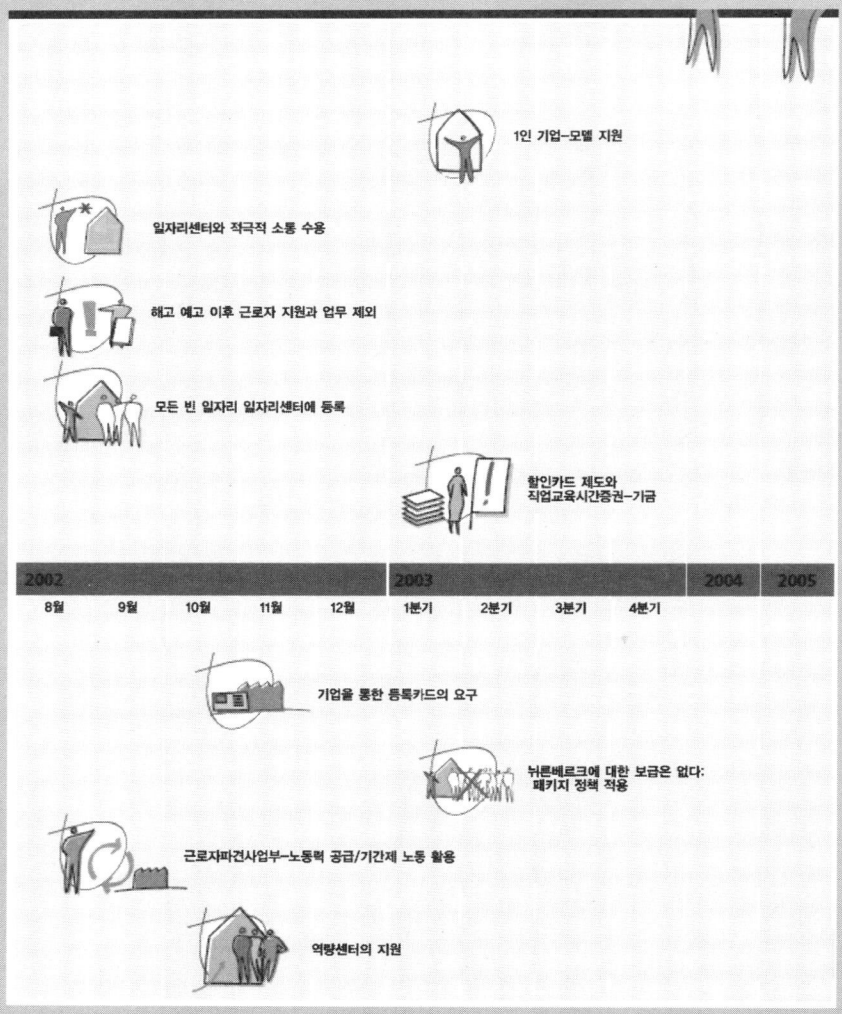

---

[1]) 기업기본법(BetrVG), 직업교육법(BBiG) 등 여러 법률에 근거한 해고예고 후의 무급 혹은 유급 업무 제외

기업인과 경영자 1,700,000명

실업 감축의 핵심적 중요성은 기업에게도 해당된다. 기업은 일자리를 마련하고 유지하며 창출한다. 일자리를 없애는 것은 오늘날 창의적이고 지속 가능한 고용전략일 수 없다. 기업 경영은 직원의 지속 가능한 고용능력을 진작하고 고용을 유지하며 확대할 수 있는 고용능력을 촉진하고 고용을 유지, 건설할 것이 더욱 요구되고 있다.

여기서 경영자에 대한 기대는 다음과 같다:

* 일자리센터와 역량센터의 고용상담 지원에 의해 고용안정을 위한 정책 개발("호흡 정책"Atmungsinstrumente 참조)
* 빈 일자리의 즉시 등록
* 직업교육장 제공
* 특히 학교와 최초 직업교육2) 간의 교량으로서 실습장 제공
* 해고예고 통지 후 해고예고기간 내 취업 면접, 상담 및 취업알선을 위한 근로자의 근무 면제
* 해고를 위협하는 구조조정의 신속한 통보
* 직업교육과 기술향상 시 기업의 협력; 직업교육연합에 참여
* 일자리 유지를 위한 기업 내 아이디어 경쟁 지원(예를 들어 정기적 행사: "한 달에 한 시간씩 각자의 일자리를 유지하기 위한 창의 시간")
* 인력개발 정책에서 사회적 쟁점에 대한 직원의 인식 제고
* 독자적인 경제적 사회적 가치로서 일자리의 창출과 유지의 전파(주주가치 외에 노동보유-가치의 적절한 자리매김)
* 새로운 연방노동청에 기회 제공과 신뢰 구축
* 창업경쟁 지원

---

2) 최초 직업교육은 자녀수당, 교육비 공제 등과 관련하여 소득세법에 규정되어 있다. 소득세법 §32 Abs. 4 Satz 2, §9 Abs. 6 Satz 2, §10 Abs. 1 Nr. 7 참조.

노조

지원 사례와 아이디어

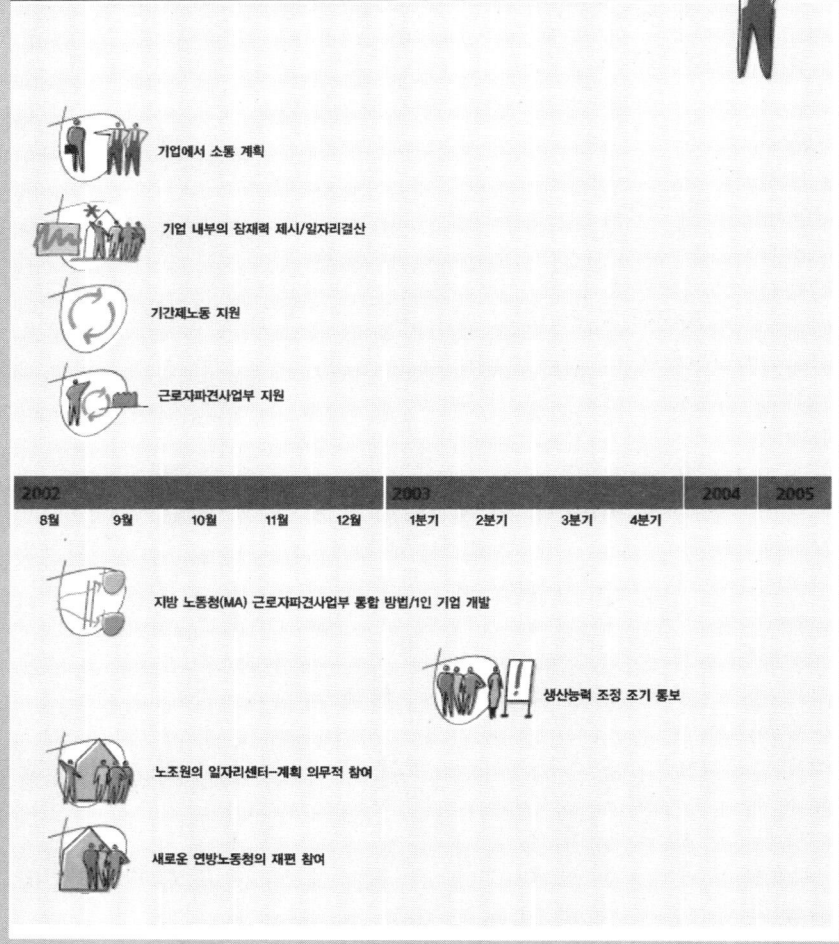

노동조합/직장협의회 상근자 80,000명

노조의 적극적 참여 없이는 실업과의 싸움은 역시 불가능하다. 그러나 이런 책임은 단지 단체협상 당사자로서 기능에서 나오는 것이 아니다.

이데올로기적 편견을 넘어서 일상적 실천은, 보호기능의 공동결정이 기업발전과 고용기회 설계 기능으로 점점 더 옮겨가고 있음을 보여주고 있다. 근로자대표에 대한 요건이 증가하였다. 설계는 기업의 판단에서 이전보다 더 자주 공동책임을 요구하고 있다. 모든 투자계획과 필요한 동의, 전략적 결정은 법인의 경우 감사위원회에서 의결된다. 이러한 결정은 중소기업과 사업장 입지 지역에 커다란 영향을 준다. 직장협의회는 이를 통해 기업매각, 사업장 이전 그리고 이에 의한 일자리보장의 경우에도 공동 책임을 진다.

전략적 사고, 기업가적 태도, 인정, 경쟁력 고려, 성과 지향, 새로운 제품 기회의 발굴 – 이 모든 것을 직장협의회 논의 대상으로 하고 새롭고 안정된 일자리를 위한 전제로서 설명하는 사람은, 최고의 의미에서 선도적인 공동결정을 운영하고 있는 것이다.

여기서 노동조합 상근자에 대한 기대는 다음과 같다:

* 실업에서 1차 노동시장의 고용으로 용이하게 이행할 수 있게 해주는 교량-모델 설계
* 노동시장에서 불리한 사람들이 쉽게 고용될 수 있도록 기업의 채용기준과 기술습득 과정 설치 지원
* 특히 여성의 고용기회 지원을 위한 가족 친화적 노동시간 합의
* 추가 일자리 창출을 위하여 합의된 특별 프로젝트
* 유연하고 차별화된 노동시간의 고용안정과 고용촉진 가능성의 집중적인 활용
* 더 많은 기업의 참여 하에 고용과 직업교육 지원을 위한 지역 연계 프로젝트 지원

사용자단체

지원 사례와 아이디어

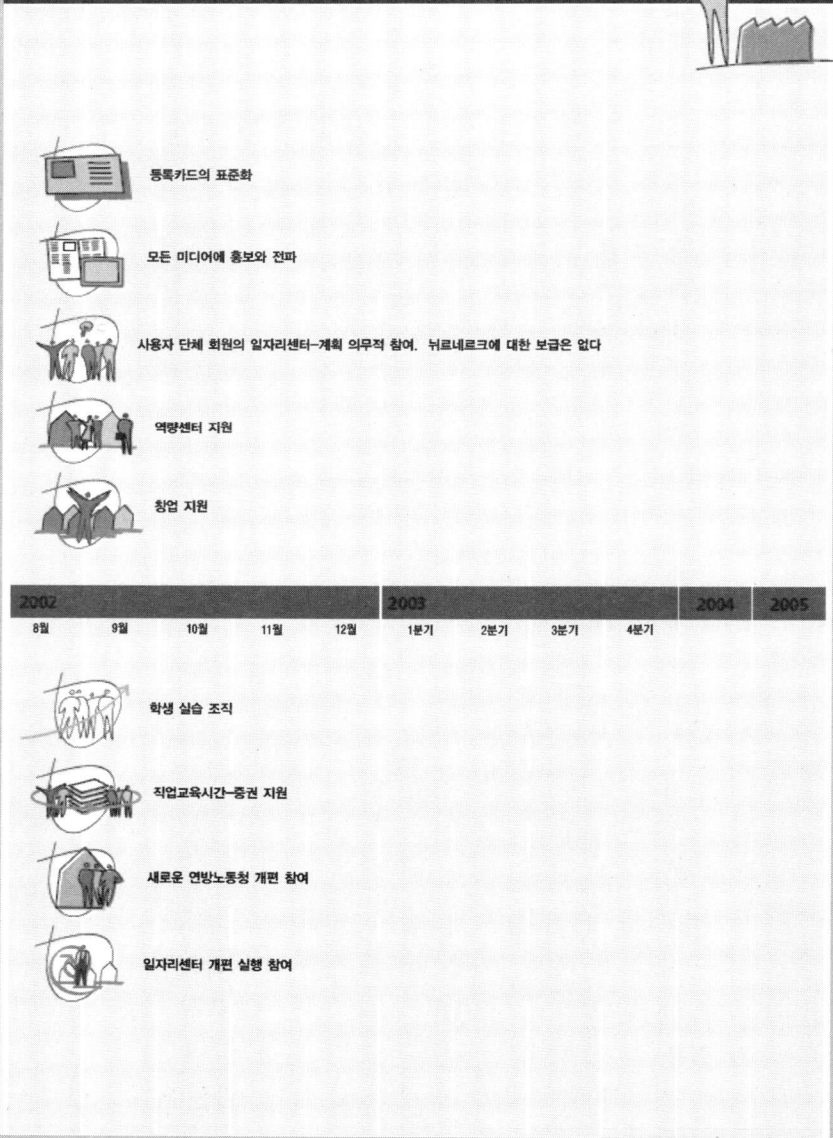

경제단체 및 사용자단체 대표 72,000명

탁월한 내용의 여론조성 시 이는 경제단체와 사용자단체도 해당된다. 이들은 독일의 산업입지와 독일 기업의 위상에 관한 여론조성에 상당한 영향력을 가진다. 이러한 잠재력은 노동시장에 관하여 과거보다 더 강력하게 활용되어야 한다. 경제단체와 사용자단체는 노동시장의 의미 있는 발전에 자극을 주는 존재일 수 있다.

여기서 경제단체와 사용자 단체에 대한 기대는 다음과 같다:

* 내부 교육 행사 시 주제에 관한 고려
* 지역의 일자리 관련 제안 참여, 새로운 역량센터와 협력
* 예를 들어 단체의 잡지에 여론 작업
* 실업자와 "자매결연"
* 일자리 축소를 막고 일자리 확대를 위한 경영상담
* 아이디어 풀 활용

학자

지원 사례와 아이디어

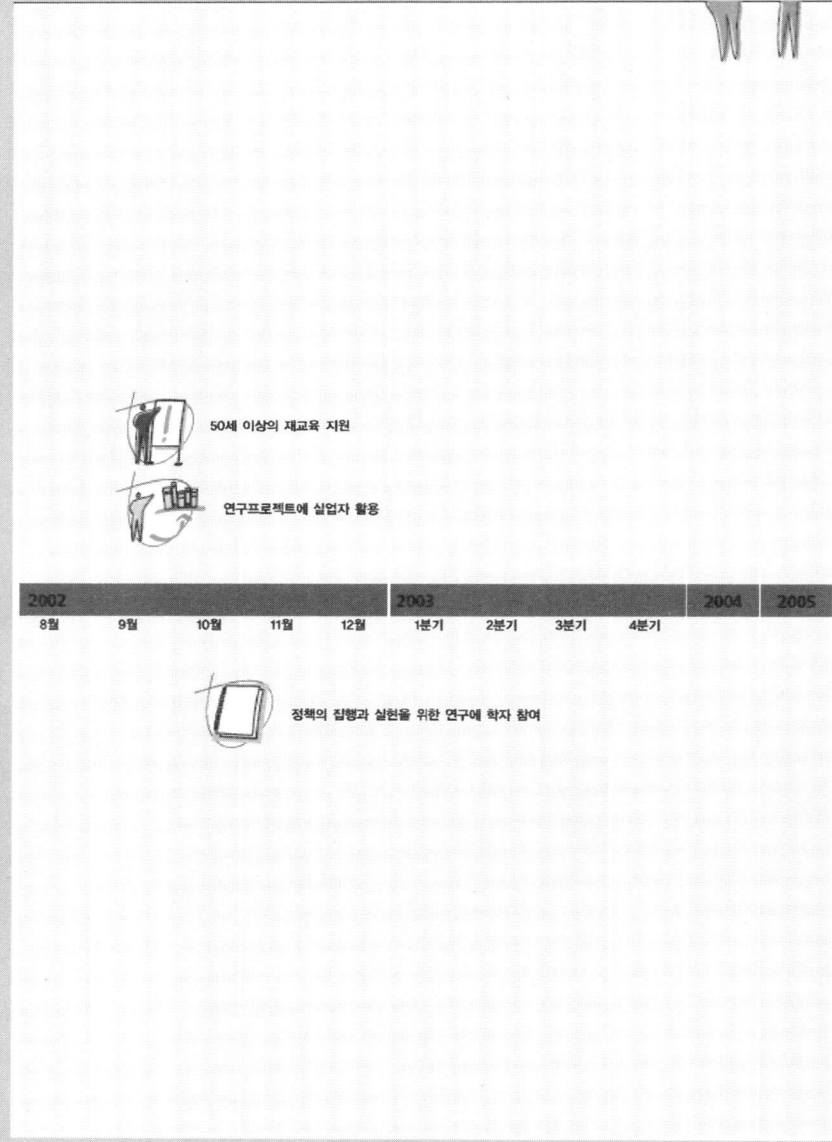

학자 1,318,000명

실업과의 싸움의 성공적 전략은 복잡한 우리 사회에서 학문의 역량 없이는 생각할 수 없다. 이러한 역량은 고착화된 구조를 분석하고 의문을 제기하고 새로운 길에 대한 시야를 열 기회를 제공할 것이다. 이는 일상적인 정책의 제한을 넘어서 전통에서 벗어난 아이디어와 개념을 개발함으로써 사회에서 사고와 행동을 추진하는 데 기여할 수 있다.

여기서 학자에 대한 기대는 다음과 같다:

* 본 위원회 계획 시행에 학자의 참여를 위하여 신속하게 시험 및 학위 주제 제시
* 특히 모든 경영학, 경제학, 사회과학의 연구 및 보건, 공학, 자연과학 교과과정에 노동시장정책 및 고용정책 문제 지속적으로 포함
* 모든 경제학 및 사회과학 교수진은 반드시 지역 일자리센터와 협력으로 노동시장정책 및 고용정책을 위한 정기적 행사 집행
* 모든 교과과정에 수개월 간의 의무적인 기업 내 실습 도입
* 모든 개별 대학과 전문대학의 일자리센터, 근로파견사업부, 역량센터와 제도화된 협력
* 모든 교수진 중소기업과 자매결연관계
* 일자리센터 및 새로운 연방노동청[BA-n]과 밀접한 협력으로 모든 대학과 전문대학에 영미식 모델에 따른 경력센터(직업 상담과 취업알선)
* 경제정책과 노동시장정책, 교육정책에 관한 국제 비교연구 강화
* 모든 학과, 또한 예를 들어 자연과학, 보건 의료과학, 공학에 관련 주제 포함
* 대학에 직업실습 교육시설 강화
* 구체적인 학과와 관련하여 학생들에게 노동시장에서의 발전가능성에 관한 정보 제공
* 실업상태의 남녀 고등교육자 보호(자매결연)

교사

지원 사례와 아이디어

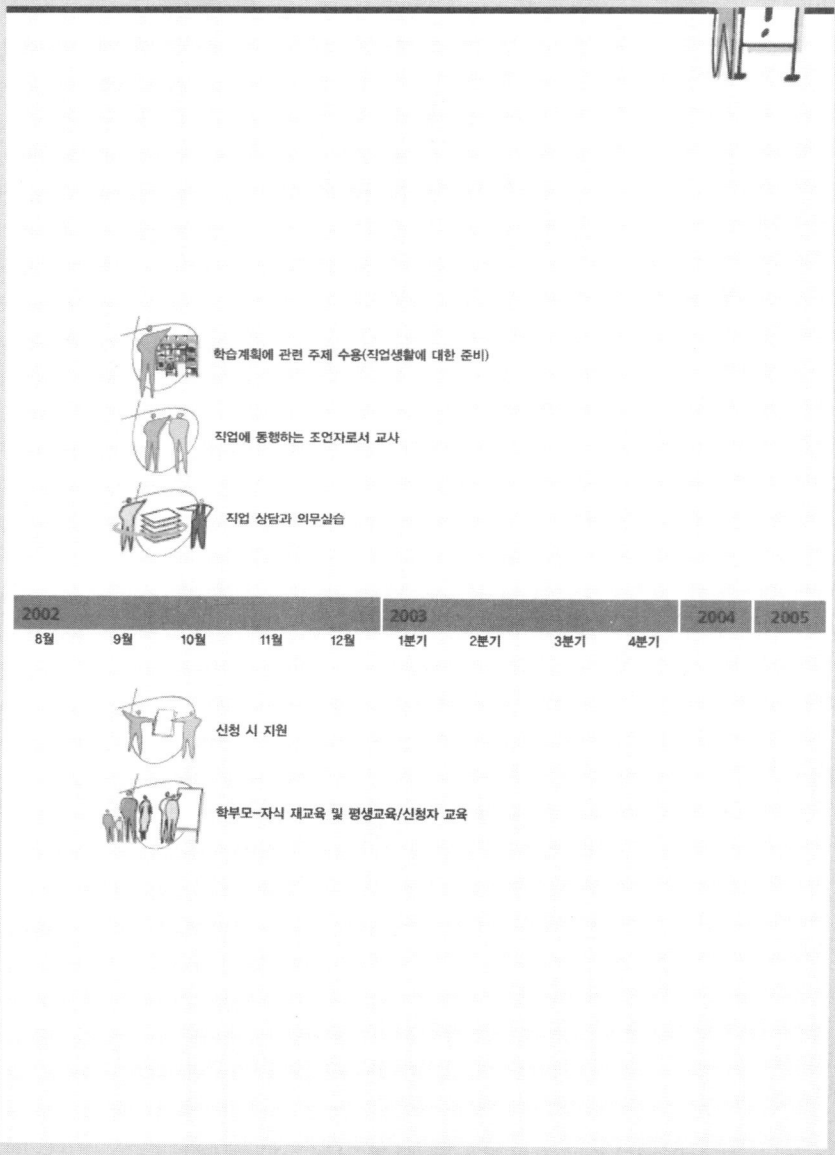

학교교사, 교육자, 사회교육자 1,868,000

교육은 실업으로부터 보호해 준다. 교육수준이 높으면 높을수록, 그만큼 더 실업에 처할 위험은 줄어든다. 학교에서는 미래의 직업에 관한 교과과정을 편성하고 있다. 따라서 교사는 따라서 학생들에게 일찍부터 직업선택을 지원하고 옆에서 상담할 책임이 있다. 교사는 기회와 위험을 제시하고 특별한 재능을 전문적으로 지원할 수 있다.

여기서 교사에 대한 기대는 다음과 같다:

* 모든 수업과목에서, 특히 사회/정치, 역사, 독일어, 철학 그리고 외국어, 수학, 과학에서 관련 주제의 강력한 고려
* 수업과목에 "경제와 노동시장"의 도입
* 예를 들어 방학 중에 기업실습에 정기적으로 참여
* 희망 직업, 직업 준비, 직업 선택에 참여
* 실업자 학부모를 둔 자녀의 관리 강화
* 취업 시 교과 과목을 넘어서는 요구에 대한 준비(예를 들어 팀 능력과 자율적 조직)
* 여기서 예를 들어 전국적인 종일학교를 통해 교육과정을 확대하거나 학부모의 취업을 위한 기본조건을 개선하는 문제에 관해서는 대부분 주의 문화부장관과 문화장관 협의회가 관계된다.

성직자

지원 사례와 아이디어

 보육원이나 유치원 일자리에 실업자 배치

 근로자파견사업부의 추가적인 자녀보호자를 통한 전국적 자녀보호

 근로자파견사업부 자원봉사 활동

 실업자와 그 가족 지원

 일자리 창출에 대한 이해 제고, 예를 들어 작업선택, 구직, 고용에서 발생하는 문제 해결
(개인적 접촉, 공동체 간행물, 신문 기고, 설교, 행사) 등 (개인적 요청, 지자체신문, 신문 기고, 설교, 행사)

2002					2003				2004	2005
8월	9월	10월	11월	12월	1분기	2분기	3분기	4분기		

기술 향상자격화/재교육을 위한 자원봉사 활용

교회는 청소년의 실습과 교육장 제공

모든 교회조직이 자매결연

성직자 53,000명

교회는 실업과의 싸움에 참여하고, 현재 실업자의 보호에 매우 적극적이다. 이는 또한 가령 개신교의 사회봉사활동회(Diakonische Werk)[3], 가톨릭교의 사회복지사업단(Caritas-Verband)[4], 기독청년회(Christlicher Verein Junger Menschen. CVJM)[5], 요한기사단(Johanniter-Orden)[6] 등, 많은 교회조직과 교회 부속 조직에도 해당한다. 그래서 예를 들어 가톨릭 직인조합 국제기구(Kolpingwerk)[7]는 성인교육의 분야에서 활동하고, 장애 청소년 취업을 지원하고 있다. 교회는 실업자를 수용하고 기술을 향상시키는 많은 프로젝트를 운영하고 있다.

교회와 성직자는 이외에 다음과 같은 기여를 할 수 있다:

* 교회공동체의 구성원, 특히 사용자의 활성화와 이해 제고
* 실업자와 그 가족에 대한 정신적 보호
* 해고를 계획하고 있는 사용자와 직접 대화
* 설교의 주제로서 실업문제 및 이와의 싸움
* 강습과 청소년 캠프에서 관련 주제로 도입

---

3) 활동과 조직에 관해서는 홈페이지 (www.diakonie.de) 참조.
4) 활동과 조직에 관해서는 홈페이지(www.caritas.de) 참조.
5) 활동과 조직에 관해서는 홈페이지(www. www.cvjm.de) 참조.
6) 십자군 전쟁 전 예루살렘 순례자의 의료 서비스 제공을 목적으로 탄생된 기사단으로 십자군 전쟁에도 참가하였다. 활동과 조직에 관해서는 홈페이지 (www.johanniter.de) 참조.
7) 활동과 조직에 관해서는 홈페이지(www.kolping.de) 참조.

단체

지원 사례와 아이디어

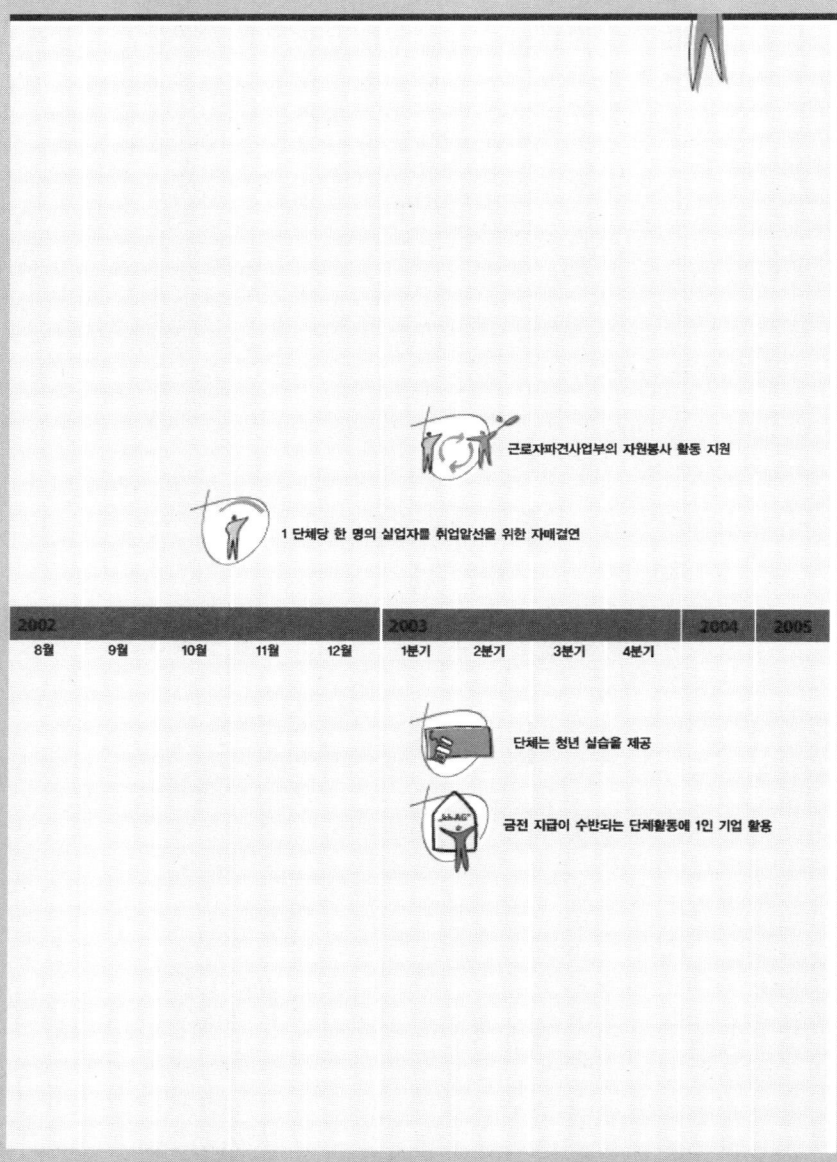

단체 545,000개

단체 생활은 독일에서 특별히 널리 장려되고 있다: 스포츠 단체, 축제 단체, 혹은 작은 주말농장 단체든 - 도처에서 사람들은 같은 관심을 가지고 만난다. 그들 중에는 근로자는 물론 자영업자, 공무원도 있고, 실업자나 사회부조수급자도 있다. 단체나 여타 자원봉사 활동 참여는 자기존재의식을 강화할 뿐만 아니라, 현대의 노동생활에서 더욱 중요한 의미를 갖는 사회적 역량을 증가시킨다. 따라서 단체는 실업자의 재취업에 중요한 지원을 제공할 수 있다.

단체는 다음과 같이 기여할 수 있다:

* 제3섹터의 건설과 확대: 일자리 창출
* 자원봉사 활동
* 스포츠와 공동체생활은 인격을 발전시키고, 인정을 전파하며, 자기의식과 사회적 역량을 강화시킨다.
* 실습, 예를 들어 재교육 실습 제공
* 직업교육장 제공

언론인

지원 사례와 아이디어

 정기적인 개편현황에 대한 사전 보도(지역 및 지역 경계 넘어서는 내용)

 개념에 대한 상세한 소개와 실업자의 새로운 기회 소개

 주 및 연방의 고용동맹 홍보와 동기 부여

 이 주(週)의 기업인...

2002					2003				2004	2005
8월	9월	10월	11월	12월	1분기	2분기	3분기	4분기		

일자리센터의 새로운 이미지 전파

건설 중인 클러스터의 광고

성공사례 소개

언론인 89,000명

언론인은 라디오와 텔레비전 그리고 인쇄매체를 통해 짧은 시간에 많은 국민들에게 접근할 수 있다. 언론인의 사명은 복합성, 다양성, 그 원인과 결과 면에서 대중들이 포괄적이고도 객관적으로 파악할 수 있도록 실업이란 주제를 제시하여야 하는 것이다. 이때 중요한 것은 실업자를 일률적으로 "책임을 회피하는 기피자"로서 낙인찍어서는 안 된다는 것이다. 이보다는 실업자 대부분이 취업과 그리고 이에 의해 사회생활과 경제생활에 참여하려고 한다는 것을 전달하기 위하여 실업과 결부된 개인적이고 인격적인 운명을 객관적으로 서술하는 것이 중요하다. 이는 취업을 위한 첫 걸음이다. 언론은 지속적인 보도를 통하여 현재 사회에 알려져 있듯이 실업의 엄청난 고통 종식을 도와줄 수 있다. "함께 맞서 싸워서 3년 안에 문제를 해결하자!"와 같은 목표를 정한 행동과 프로그램을 통해 낙관적 분위기를 조성할 수 있을 것이다.

지역 차원에서는 이미 고용지원이라는 주제를 사회적으로 납득할 수 있게 만드는 프로젝트가 많이 생겨났다. 지역 차원의 사회단체의 활성화 사례로 연방노동청의 카스트로프-라욱셀 지역 사업관리자에 의해 설립된 "연대기금"이 거론되고 있다. 연대기금은 기업과 직원들의 헌금에 의해 이루어진 것이다. 분데스리가 축구 클럽 등 단체와 많은 예술가들과 텔레비전 진행자들이 활동과 현물기부를 통해 연대기금을 지원하였다. 라디오/텔레비전/인쇄매체는 다음의 아이디어를 실천할 수 있다:

* 하나의 경쟁, "우리는 연말까지 직업교육장과 일자리 등을 마련한다"는 경쟁
* 즉 우리나라의 6백만 전문가들이 4백만 실업자를 위한 대부(후원자)가 된다는 "사람이 사람을 만난다."
* 이 주의 기업/이 주의 기업인
* 캠페인, "실업자도 체면이 있다": 모든 "전문가" 옆에는 실업자가 있다.

예술가

지원사례와 아이디어

 콘서트, 이벤트 등을 통한 고용 가구... 홍보 지원

 고용 가구와 자매결연

 자구 단체 지원

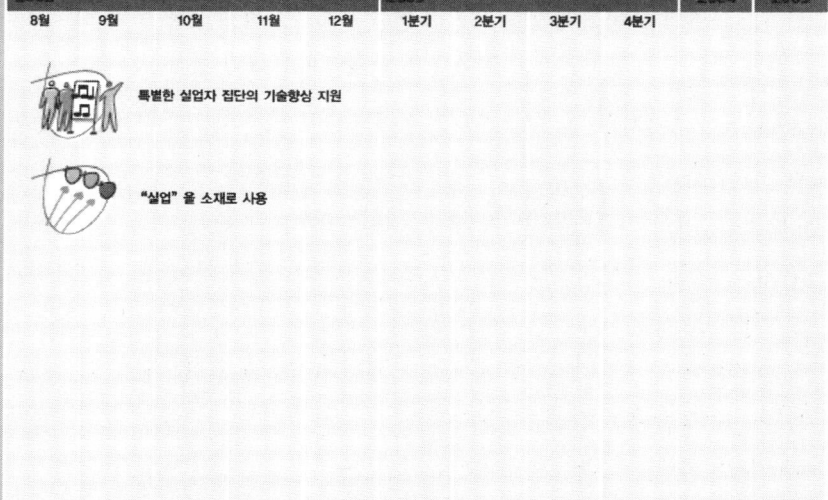

예술가 260,000만 명

예술가 또한 자신의 작품, 출연과 영향력이 갖는 대중성을 통해 많은 사람들에게 다가갈 수 있다. 자신의 뛰어난 위치를 통해 예술가는 사회에서 모범의 기능을 할 수 있고 여론을 형성할 수 있다.

자신의 예술적 성과를 넘어 예술가는 특히 다음과 같이 기여함으로써 노동시장과 실업이라는 주제를 긍정적으로 구체화할 수 있다:

* 예술가는 예를 들어 노동시장을 위한 후원 예술행사에 의해 실업에 기여함으로써 고용 활동과 기구 홍보를 지원할 수 있다.
* 예술가는 고용 기구를 후원하고, 이런 방식으로 자신의 대중성을 통해 긍정적인 노동시장사례를 지원하고 홍보해야 한다.
* 예술가는 자구 단체를 지원해야 한다.
* 예술가는 예를 들어 장기실업자나 청년실업자와 같은 특별한 실업자집단의 예술 능력 향상을 지원함으로써 가치 있는 기여를 할 수 있다.
* 예술가는 실업이라는 주제를 자신의 예술활동에서 소재로 사용할 수 있다.

사회복지시설

지원 사례와 아이디어

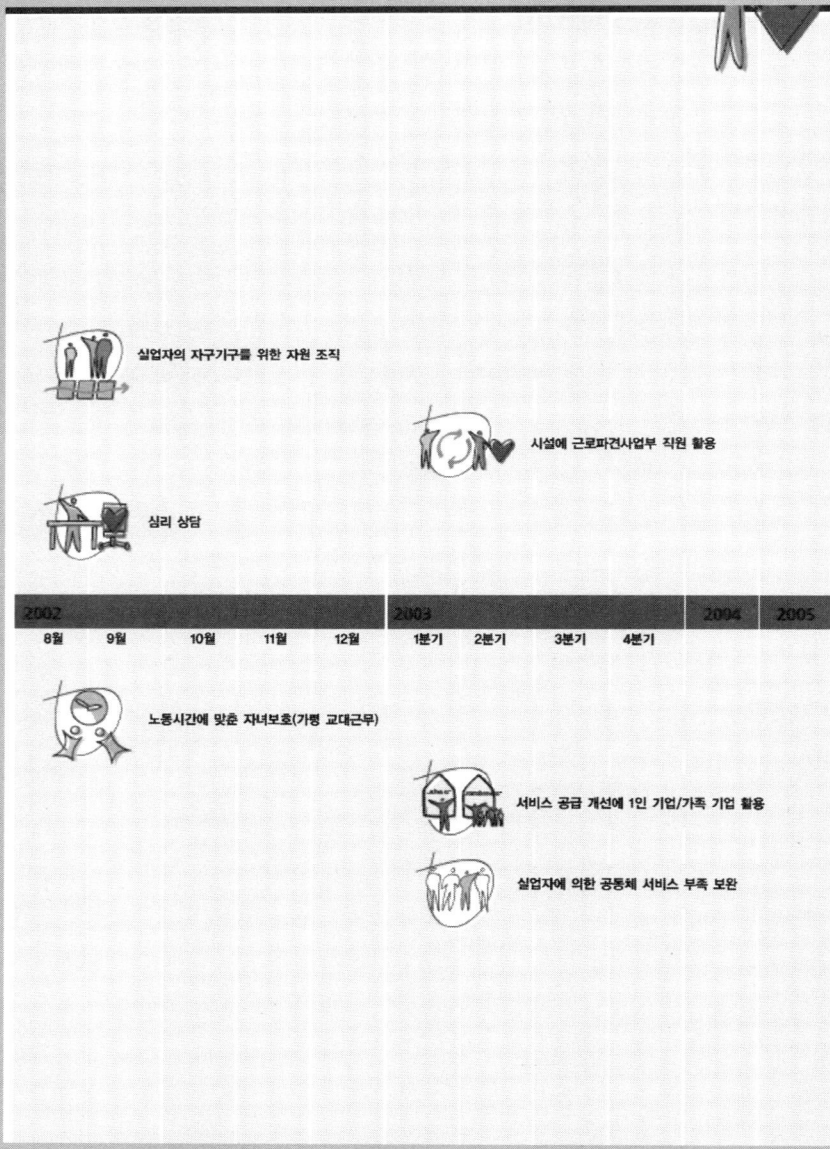

민간 복지시설 운영자 60,000명

민간 복지사업은 사회서비스에서 큰 역할을 한다. 예를 들어 환자 돌봄이나 간호가 필요한 사람, 어린이나 노인 등 특별한 집단에 대한 복지서비스 외에도 사회복지시설은 특히 보건제도와 보육에도 참여한다. 사회복지시설은 이 외에 이미 오늘날에도 실업자와 이들의 기술 향상에 헌신하고 있다.

이들은 추가적으로 다음과 같이 기여할 수 있다:

* 이들은 새로운 자구 기구를 설립할 수 있고 기존의 기구를 실업자에게 유리하도록 그 활동과 관리를 확대할 수 있도록 추가적인 자원을 준비해야 한다.
* 이들은 가사도우미 담당기관, 특히 환자보호나 노인보호를 위한 기관을 설치할 수 있다.
* 특히 어린이의 양육권자의 고용이나 취업알선은 양육에 알맞은 양육권자의 근무시간을 고려하는 적절한 자녀보호 문제로 실패하는 경우가 종종 발생한다. 이런 배경에서 민간 복지시설이 예를 들어 교대근무의 경우 "근무시간 내 자녀보호"에 더욱 집중하여 이에 필요한 서비스를 공급한다면 이는 매우 바람직할 것이다.

자구 단체
지원 사례와 아이디어

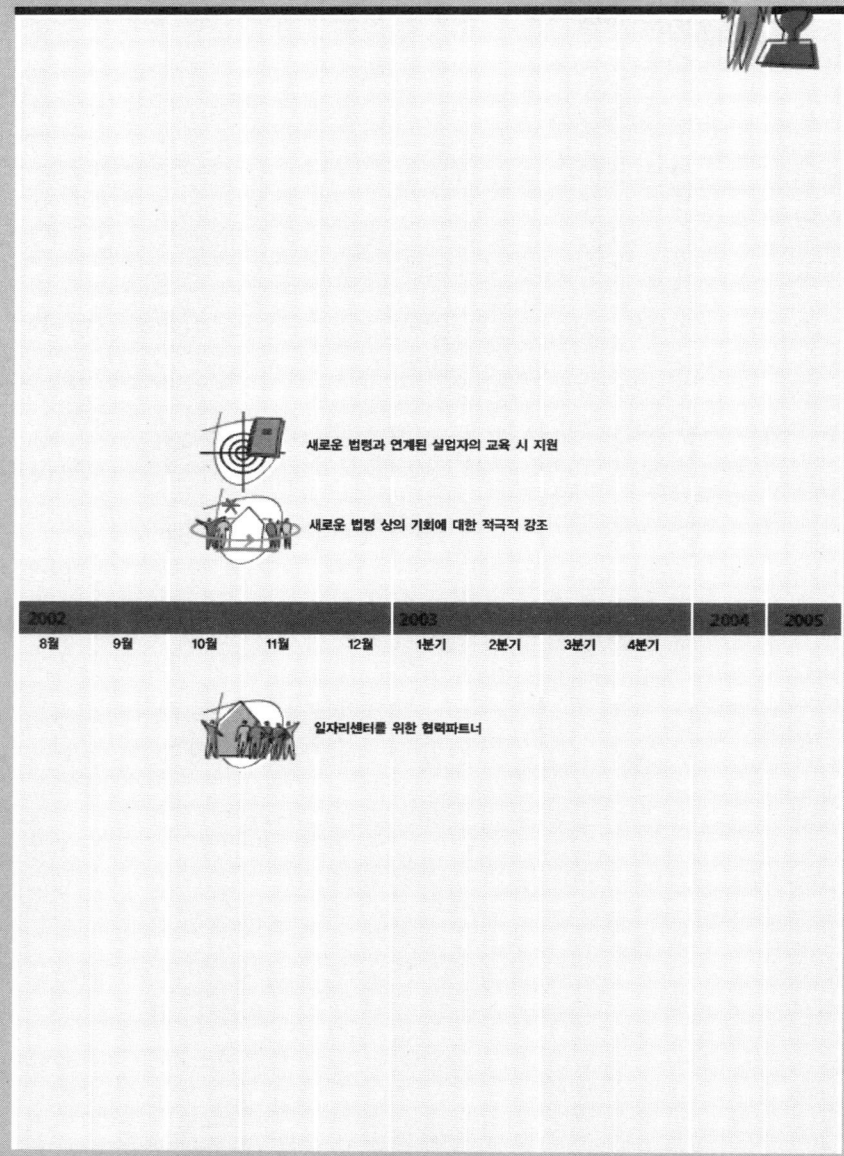

Ⅳ
실업자 기구와 자구 단체 800개

자원봉사활동을 하면서 많은 노동시장정책 사업에서 크고 작은 성과를 거두고 있는 많은 노동자 기구와 자구 단체가 있다. 이들에게는 앞으로 더 많은 관심을 기울이고, 이를 통해 과거보다 더 효과를 거둘 수 있도록 하는 것이 필요하다.

이들은 아주 구체적으로 앞으로 지속 가능한 기여를 할 수 있다.

* 이들은 실업자는 물론 사용자에게 더 많은 조언을 할 수 있다. 특히 이들은 두 표적집단에게 새로운 법령의 기회와 가능성에 관해 알려주어야 한다.
* 이들은 여론에 영향을 줄 수 있는 적극적인 사례의 제시를 함으로써 새로운 법령의 기회가 일반적으로 투명하게 될 수 있도록 하는 데 기여해야 한다.
* 모든 실업자 기구와 자구 집단은 모든 참여자들이 노동시장에서 공동으로 최상의 성과를 거둘 수 있도록 파트너로서 새로운 일자리센터에 적극적인 역할을 제공해야 한다.

3. 일자리 연대에 이은 프로젝트연합

일자리를 위한 연대는 사회적 대화 속에서 실업과의 싸움의 운명을 받아들이고 공동의 목표를 지향하기 위한 기초를 수없이 만들어왔다. 이와 관련하여 우리 모두는 다음을 인식해야 한다: 실업은 공동체의 사회적인 노력에 의해서만 줄일 수 있다.

구체적 프로젝트의 네트워크 창출

프로젝트연합 방식에 의해 우리는 물론 연대방식을 더욱 추진할 것이다. 진리는 언제나 구체적이다! 그리고 이는 또한 실업으로부터의 출구에도 해당한다. 그러므로 전문가들의 동맹에 의해 구체적인 프로젝트의 전국 네트워크를 위한 연합이 구축되어야 한다. 이는 새로운 추진력을 갖게 될 것이다. 이 프로젝트연합에 의해 참여자의 범위가 확대될 것이다. 왜냐하면 실업과의 싸움은 연방정부나 기업 그리고 노동조합의 소수의 지도부만의 과제일 수는 없기 때문이다.

프로젝트연합의 의미는 다음과 같다: 실업은 독일 전체에서 많은 기반 위의 여러 가지 프로젝트의 결합에 의해 없어질 것이다. 이와 함께 참여자의 네트워크와 목표는 각기 투명하게 검증될 수 있을 것이다. 그래서 우리 모두에게 프로젝트연합은 오래 전부터 이미 이야기되어 온 것, 즉 우리 공동체에 거대한 시험대가 될 것이다.

시행에서 역량은 물론 전국적인 규모의 집중과 협력은 성공을 가능하게 해주는 두 가지 출발점이다. 여기서 중요한 것은 모두가 여기에 적극적으로 참여하는 것뿐이다.

또한 프로젝트연합은 다음을 의미한다: 즉 우리는 실업 극복을 위한 예상된 처방에 대한 상치되는 입장을 극복하여야 한다는 것이다. 실천과 경험은 오래 전부터 우리에게, "학파"의 "순수 이론"은 문제의 해결에 이르지 못한다는 사실을 가르쳐주었다. 높은 잠재력을 갖고 있는 수백만의 실업자를 동시에 고용과 성장의 잠재력과 결합시키는 것이 실제적으로 효과적일 수 있다는 것이다.

전망: 유럽 차원의 노동시장정책

유럽연합-고용정책의 원칙

1997년의 "암스테르담 조약"[8])에 의해 고용정책은 유럽의 관심사가 되었다. 유럽연합의 역사에서 처음으로 회원국은 노동시장정책을 공동의 정치적 과제로서 파악할 것을 결정하였는데, 다시 말해 국가의 정책을 서로 협력하고, 공동의 고용정책노선을 지향하고, 매년 국가의 고용정책 발전 이행 현황에 관해 보고할 것을 결정하였다. 그래서 노동시장정책은 더 이상 각국 정부 및 사회적 파트너만의 책임이 아니라, 유럽 정책 기준의 일부가 되었다. 상호 "강약 분석"이 유럽연합 회원국들의 최상의 정책 시행에 기여하여야 한다.

본 위원회 활동에서 유럽적 차원은 무엇보다 베르텔스만 재단(Bertelsmann Stiftung)의 국가별 조사, 본 위원회 위원의 여러 이웃나라의 노동행정기관 방문, 그리고 특히 금년 5월 본 위원회 위원장인 페터 하르

---

8) 1997년 10월 2일에 체결되고 당시 15개 회원국이 서명하여 1999년 5월 1일에 발효된 15개 조의 조약으로 경제와 고용에 관해서 제1조 5B항에서 특히 내부의 경계선이 없는 지역 창출에 의해, 경제 및 사회의 결속 강화에 의해 그리고 궁극적으로 이 조약 규정에 따른 단일 통화를 포함한 경제 및 통화 동맹의 창설에 의해 "사회적 진보와 높은 수준의 고용을 촉진하고 균형 있고 지속 가능한 개발을 달성"을 그 목적으로 규정하고 있다.
www.europarl.europa.eu 참조

츠 박사가 유럽연합의 안나 디아만토풀루(Anna Diamantopoulou) 고용 및 사회 담당 위원 방문에서 참고가 되었다[9]. 유럽 전역에서 노동시장정책의 현대화 요구가 높고, 경제정책과 구조정책 그리고 사회정책과 같이 이제까지 분리되었던 정책을 통합하지 않고는 고용정책이 성공할 수 없다는 사실이 대화에서 분명해졌다.

2000년 리스본 유럽연합 정상회의에서 고용정책과 기술정책의 연관성을 다루었다.[10] 유럽연합은 2010년까지 세계의 경쟁력 있고 역동적인 경제지역이 될 것이고, 동시에 개선된 추가 일자리와 더욱 큰 사회적 결집을 창출하는데 노력하기로 하였다. 그래서 유럽의 사회모델은 기술혁신, 시장자유화, 정보사회의 확대, 평생학습과 결합될 것이다.

고용정책 기본노선 2002[11]

고용노선 2002에서 유럽연합 위원회는 노동시장정책의 현대화를 추진

---

9) 하르츠 자신이 2002년 1월 한 인터뷰에서 위원회의 성공은 베르텔스만 재단의 도움 덕이라고 말하였듯이 이미 2002년 1월부터 하르츠는 이 재단과 비공개적인 작업을 하고 있었다. 베르텔스만 재단은 다국적 미디어 그룹인 베르텔스만 유럽합자주식회사(Bertelsman SE & Co. KGaA)가 출연한 재단으로 재단의 목표를 "사회개혁에 기여하는 것"이라고 밝히고 있다; 전종덕/김정로, '독일 사회민주당의 역사', (백산서당, 2018), p.451 및 www.bertels-mann-stiftung.de 참조.

10) 2000년 3월 23-24일 개최되었으며 여기서 채택된 결의안 1조 "고용, 경제개혁 및 사회적 결속"으로 2항에 "지식 인프라 구축, 혁신과 경제개혁 제고 및 사회복지와 교육제도의 현대화"를 위한 전략적 목표 설정과 과감한 정책 합의의 필요성을 언급하고 있다; www.europarl.europa.eu 참조

11) 내용에 관해서는 "Arbeitdokument der Kommissionsdienststellen Beurteilung der Umsetzung der Beschäftigungspolitischen Leitlien 2002"(www.ec.europa.eu) 참조.

방향을 설정하였다. 기본노선은 동시에 국가의 고용전략과 그 발전의 평가기준이다. 새로운 제의 중 몇 가지는 예를 들어 특히 정기적인 연례 사회정책 보고를 규정한 2002년 2월 프랑스의 법률에서 변화의 예상과 관리와 같이 국가 정책으로 이미 시행되었다. 여기에는 예를 들어 감원 계획과 일자리를 유지 정책에 관한 보고도 포함된다. 이런 보고 의무는 중소기업에 과도한 부담이 되지 않도록 상장기업으로 제한되어야 한다.

기본노선에서 본 위원회 활동에서 중요한 정책 관련 장(章)은 다음과 같다:

* 노동행정의 분권화와 역할
* 고용능력의 개선
* 고용친화적 공과금체계
* 공급과 수요 간의 조정 개선
* 작업방식의 현대화
* 변화의 예측과 관리

본 위원회 "노동시장 업무 현대화"는 보고서에서, 이렇게 선정된 유럽연합 기본노선에 응하면서도 빠르고 효율적인 실행에 관한 연방정부의 다음 보고서에 포함되기에 적합한 안을 제안하였다. 동시에 13개의 모듈은 시장경제를 지향하는 유럽의 노동시장정책 – 이는 노동시장정책 참여자들의 자기책임을 지속적으로 요구한다 – 토론에서 중요한 기여를 하게 될 것이다.

결연한 현대화 실행

유럽의 사회적 진보를 위하여 독일 노동시장정책의 현대화에 관하여 제출된 계획 전체는 신속히 그리고 결연하게 실행되어야 한다. 연방정부가 고용을 창출하기 위해 역동적인 개발을 추진하고 있다고 믿는 우리

파트너의 기대는 매우 크다. 우리의 자원을 실업을 없애기 위해 효과적으로 투입해야 한다고 믿는 해당 관계자들의 희망을 실행력 부족으로 인해 실망시켜서는 안 될 것이다.

모든 사회정책 참여자들은 목표를 가지고 프로젝트연합에 참여하여야 하고, 용기 있고 건설적이며 지속적으로 사회적 시장경제의 매력과 경쟁력에 의해 결정될 수 있는 가장 중요한 개혁 실현에 나서야 한다. 본 위원회가 작성한 마스터플랜은 실행 입문서 이상이다; 이는 잘 돌아가는 톱니바퀴처럼 서로 잘 맞물려 돌아가고 향후 3년 동안에 공동의 성공을 달성해달라는 호소다.

이 책자는 연방노동사회부의 홍보활동의 일환으로 배포된 것이다. 이는 정당, 후보자나 선거 운동원이 선거운동 기간 중 선거를 목적으로 사용할 수 없다. 이는 유럽, 연방의회, 주 의회 및 지방선거도 해당된다. 특히 선거 행사, 정당 홍보소에서 배포와 정당의 정보지나 홍보물에 삽입, 인쇄 혹은 부착은 불법이다. 선거홍보를 목적으로 제3자에게 전달하는 것 역시 금지된다. 이 문서를 언제, 어디서 어떻게 그리고 얼마의 금액을 주고 받았느냐에 관계없이 시간적으로 향후 선거에 언급하지 않지만 연방정부 참여자로서 개별 정치 집단에 유리하다고 이해될 수 있도록 사용해서는 안 된다.

용 어

Alleinerziehende: 한부모
Anschlussunterhaltsgeld: 연계생계수당
Arbeitnehmerüberlassung: 근로자파견
Arbeitnehmerüberlassungsvertrag: 근로자임대계약
Arbeitsbescheinigung: 노동증명
Arbeitsgemeinschaft: 업무팀
Arbeitslosenhilfe: 실업부조
Arbeitsstiftung: 노동재단
Atmungsinstrumente: 유연정책
Auffanggesellschaft: 구조(救助)회사
Aufsichtsrat: 감사위원회
Aufstocker: 중복수급자
AusbildungsZeit-Wertpapier(AZWP): 직업교육시간-증권
bedarfsdeckende Beschäftigung: 필요 충당 고용
Bemessungsentgeld: 기준소득
Beschäftigungsgesellschaft: 고용회사
Beschäftigungstransfer: 고용이전
Betriebsrat: 직장협의회
BridgeSystem: 교량체계
Bundesvereinigung der Deutschen Arbeitgeberverbände(BDA): 독일사용자연합
Clearingstelle: 정보센터
Deutscher Gewerkschaftbund(DGB): 독일노동조합총연맹
Dienstleistungen in Privathaushalten: 가사도우미
Eingliederungsvereinbarung: 고용약정
Eingriffsverwaltung: 개입행정

Einstiegszuschuss: 진입보조금
Existenzgrundlagengesetz: 생계기초법률안
Familien-AG: 가족기업
Familienkass: 가족기금
Familienmitglied: 가족구성원
Geschäftsbesorgungsverträge: 위임계약
Geschäftsführung: 경영이사회
Globalbudget: 포괄예산제도
Höherversicherung: 고액보험
Ich-AG: 1인 기업
Innovationsmodule: 혁신모듈
Instituts für Arbeitsmarkt- und Berufsforschung(IAB): 노동연구소
Job-AQTIV: 노동시장 정책 수단 개혁에 관한 법률
JobCenter: 일자리센터
JobFloater: 고용보조금
Kapazitätsanpassung: 생산능력조정
Kapital für Arbeit: 일자리를 위한 자본
Klebeeffekt: 접착효과
Kommission für Moderne Dienstleistungen am Arbeitsmarkt. Hartz Kommission(Hartz Kommission): 노동시장 업무 현대화 위원회
kommunalen Träger: 지자체 집행기관
KompetenzCenter: 역량센터
Konzierte Aktion: 조화로운 행동
Korporatismus: 조합주의
Lohnversicherung: 임금보험
Manteltarifvertrag: 포괄적 단체협약
Mini-Job: 미니잡
Mischverwaltung: 혼합행정
Mitbestimmung: 공동결정
mündelsichere Anlage: 후견인 자금 투자
Neue Mitte: 신중도
PersonalServiceAgenturen(PSA): 근로자파견사업부

Qualifizierungsgesellschaft: 기량향상회사
Schnittstellenmanagement: 인터페이스 경영
Signaturkarte: 등록카드
Sozialgeld: 사회복지수당
Sozialhilfe: 사회부조
Sozialstaat: 사회적 국가
Sperrzeiten: 경력단절기간
Stille Reserve: 사실상 실업자
Strukturanpassungsmaßnahme: 구조조정정책
Tarifautonomie: 단체협약 자율
Träger: 집행기관
Transfergesellschaft: 이전회사
Überbrückungsgeld: 창업자금
Übergangsarbeitsmarkt: 이행노동시장
Übergangsregelungen: 경과규정
Umsatzsteuergesetz(UStG): 거래세법
Unterhaltsgeld: 부양수당
Vermittlung: 취업알선
Verschiebebahnhof: 관할변경(환승)
Workholder Value: 노동보유가치
Zeitkonten: 근로시간계좌
Zeitkorridor: 주당 노동시간 상하한선
zugelassene kommunale Stelle: 지자체 집행 부서
zugelassene kommunale Träger: 지자체 집행기관
Zumutbarkeit: 적정성

찾아보기

(ㄱ)

가계의 세금 공제　205
가사도우미　45, 196, 197, 202, 203, 204, 205, 249
가상 노동시장　99, 237
가족 기업　196, 202
가족금고　250, 251
감사위원회　254, 256
개발원조　297, 300
개발은행　284, 286, 308, 312
개방성의 필요　220
개인용 사무기기　253
거래세법　199
거래세액 공제　199
결손 보전 조건　254
경력단절기간　37, 125
경영정책　226
경제인프라　295
경제의 집　301
계약관리　227
계약기관　253
고객관리　270
고객관리자　247
고용결산　166, 259
고용결산서　43, 166, 170
고용기간 일치 금지　189
고용보조금　49, 306, 307, 308, 311, 322
고용보험　69
고용제의 승락　115

고용회사　168
공-사 합작사　180
공공기관 대표　256
공동업무　286, 296
공법상의 복무관계　219
공익적인 자원봉사　184
공직자 가족금고　250, 251
과잉인력 관리　221
관리고객　96
관할 변경　94
교량정책　323
교량체계　39, 142, 143, 146
교육검증 재단　193
교육계좌　70
국제개발협력기구　300
근로관계의 유연성　217
근로시간계좌　168
근로자 파견　43
근로자임대계약　185
근로자파견법　45, 177
근로자파견사업부　92, 176
근무면제　111
급부 상담　248
급부성 생계수당　160
급부축소　126
기간제 고용 회사　177
기간제노동　318, 319
기술향상 전략　186
기업 이주　281

찾아보기 ┃ 369

기업기본법 190
기업브랜딩 263
기준소득 42

(ㄴ)

노동보유가치 170
노동시간 비축분 111
노동시간-유연성 213
노동시간계정 168
노동시장 정책 수단 개혁에 관한 법률 23, 26
노동시장 총지수 325
노동연구소(IAB) 239, 258, 259, 261, 262
노동증명 155, 156, 157, 158
노동증명서 150
노동청 2000 210, 244, 245, 264
노령근로자 단축근무제 323
노령실업자 142, 146, 147
능력향상 220

(ㄷ)

다면적 관리 223
단체협상 254
단체협약 221, 222
단체협약 당사자 25
단체협약상의 복무관계 219
달성목표 도표 233
담당제 181
도시문제연구소 292
독일 소득세법 203
독일문화원(Goethe-Institute) 302
독일보상은행 286
동독 기업 구조정책 325
동향연구 275

등록카드 150, 155, 158, 239

(ㄹ)

라이프치히 289, 290
레버리지 효과 113
리스본 유럽연합 정상회의 362

(ㅁ)

마스트리히트조약 309
만남의 학교 302
맞춤 서비스 189
매개 조직 36, 108
모듈 시스템 242
모듈화 186, 192
목표약정 216, 254
문화변화 227, 264, 266
미니잡 45, 196, 197, 203, 204
민간 사업자와의 계약 180

(ㅂ)

반대급부 없이 급부 없다 66
베르텔스만 재단 361
보너스체계 117
보상제도 166
보험금지급청구권 125
보험논리 67
보험료 일괄공제 112
보험카드 155
복귀 상담 248
복무규정 208, 218
부담완화효과 323
분권화 214
불법고용 249, 250
불법노동 196, 197, 249
불법정규노동자 321

비물질적 인센티브　217
비용/효과　225

(ㅅ)

사례관리　248
사례관리자　100, 229, 246
사실 요소　98
사용자-정보-서비스　237
사회법전　83
사회보장증　161
사회보험 재정　57
사회복지수당　42, 150, 152, 155
사회부조　94
산업입지　294
산정소득　159
상담고객　96
새로운 관리모델　224
새로운 연방노동청　62, 92
생계비 지원　324
생산능력 조정　109, 169, 173, 273
서비스 지향 경영　223
성과 지향　215, 216, 222, 223
소득세법　311
소득증명　155, 156
수습기간　183, 307
숙려기간　125, 126, 127
순환보직　213
시간증권　138, 168
시작예산　249
시차근무　168
실업급여-I　40, 150, 152, 153
실업급여 II　41, 150, 152, 153, 154
실업보험　33, 162
실업보험 보조금　200
실업부조　94

실업부조와 사회부조의 통합　29, 40, 150

(ㅇ)

아우토비전(AutoVision)　288
안나 디아만토풀루(Anna Diamantopoulou)　361
안정 회복　67, 120
암스테르담 조약　361
역량센터　35, 42, 63, 166, 244, 247
연계생계수당　160
연구자료센터　261
연대협약-II　291
전문가연맹　333
연방공공행정전문대학　212
연방노동청 개편　24
연방노동청　208
연방사회부조법　127, 151
연방예산규정　224, 225
연방자녀수당법　250
연방직속 공법상 단체　253
연방회계감사원　247, 251
연성 요소　98
예방적 행동　67
예산 분담기관 대표　256
온라인 서비스　100
온라인-직업거래소　237
외국 취업알선　298
원스탑 지원　322
위임계약　252
위험 영역　126
유럽 지역정책　295
유럽연합 구조정책　296
유럽연합의 고용정책　33
유럽연합의 정책노선　81

유연성   218, 266
유연성지표   166
유연정책   59, 167
유예기간   112
의료보험금   161, 162
이동보조금   161
이동성   123
이동수단 지원   73
이사회   254, 255
이상모델   210
이전급부   38
이전회사   68, 180
이행노동시장   68
이행노동시장 원칙   69
e정부-경연(eGovernment- Wettbewerb)   237
인구구성변화   144
인증제도   193
인터넷   235, 236, 239
인터페이스 경영   93
인프라 프로그램   312
일과 직업교육 및 경쟁력 연합   133
일괄시간   168
일반 학교 교육제도   132
1인 기업   197, 198, 199
일자리-자본   307
일자리 제조기   244
일자리-정보-서비스   237
일자리센터   42, 92, 166, 246, 247, 248
임금 외 비용   55, 142, 249
임금대체급부   28
임금보조금   160
임금보험   39, 142, 145, 146
임의 고액보험   145

(ㅈ)

자기자본비율   308
자기활동 유발 - 안정 회복   38, 66, 120, 127
자녀보호   116
자녀수당   162, 163, 250, 251
자동화기기   99, 238
자동화업무   235
자동화정보기기   208, 235, 246
자동화정보설비   236
자문위원회   258
자발성   37
자산참여법률   311
자원소비 개념   225
자율적 근로시간   168
자치행정   253
자치행정기구   25
장기실업   315, 316
재교육시장   191
재량권   266
적정성   37, 120, 121
전략적 통제   225, 226
전문가 연맹   331
전문대학   221
전용 접속 회선   105
전용업무망   235, 236, 238, 239
전일제 고용화 정책   325
점프JUMP   136
접착효과   176, 181, 185
정규 근로자의 1:1 고용 의무   201
정보고객   96
정보보호   239
정보센터   35, 92, 99, 229, 246, 248
정보통신기술의 지원   234, 235, 239
정보통신기업   251

좋은 고객실천 규약집   105
주요고객관리   270, 273
중앙집중적인 데이타베이스   235
직업교육시간증권   136
지방 노동청   96
지역 재량권의 확대   214
지원과 요구   23, 34, 66
직무 순환   68
직업 상담   248
직업교육시간-증권   38, 39, 61, 130, 311
직업교육장   132, 133, 135
직업재교육   191, 192
직업재교육 지원   325
직원대표   221, 222
진입보조금   200
집적(클러스터)   270

(ㅊ)

창업 지원   281
취업 항목   326
취업알선   248
취업알선 담당자   101, 247
취업알선 바우처   25, 87
취업알선본부   298
취업약정   120
침묵의 예비군   321

(ㅋ)

클러스터   271, 278, 281, 287, 288, 289, 290, 312

(ㅌ)

탄력적 시간모델   168
통제실무   229
통제위원회   228

통합 정보기반   276
통합전문서비스   87
투입관리   222
투자보조금   295, 296
팀 조직   102, 246, 257

(ㅍ)

페터 하르츠   27, 167
포괄예산제도   248
포괄적 단체협약   218
품질 관리체계   229
프로젝트 작업   185
프로젝트연합   330, 360, 364
플러스-임금   72

(ㅎ)

학문과 통계 간의 정보기반구조 개선
   위원회   261
할인카드제도   136
합의제   257
해고예고   109
행정협약   284
협력파트너   239
확대 가족구성원   196
후견인 자금 투자   130
후순위 채무   307, 308

하르츠 보고서
- 슈뢰더 정부의 노동시장 및 사회국가 개혁 -

초판 제1쇄 펴낸날 : 2020. 2. 10

옮긴이 : 전종덕·김정로
펴낸이 : 김 철 미
펴낸곳 : 백산서당

등록 : 제10-42(1979.12.29)
주소 : 서울 은평구 통일로 885(갈현동, 준빌딩 3층)
전화 : 02)2268-0012(代)
팩스 : 02)2268-0048
이메일 : bshj@chol.com

※ 저작권자와의 협의 아래 인지는 생략합니다.

값 24,000원

ISBN 978-89-7327-560-1 93330